IQ Turbotest

IQ Turbotest

Über 500 verblüffende Zahlen-, Buchstaben- und Bilderrätsel

Joe Cameron

PREMIO

PREMIO ist ein Imprint der Arcturus Publishing Limited, London,
und der Premio Verlag GmbH, Münster

Printed in China 2006

ISBN 10: 3-86706-006-1
ISBN 13: 978-3-86706-006-6

www.premio-verlag.de

IQ Turbotest

Sind Sie bereit für den ultimativen Test Ihrer Intelligenz? Hier warten über 500 Zahlen-, Buchstaben- und Bilderrätsel, deren Lösung Sie an die Grenzen Ihrer Fähigkeit, logisch und kreativ zu denken, führen wird.

Denn in diesem Buch wurden mit voller Absicht Rätsel der schwierigsten und gemeinsten Art versammelt. Für manche brauchen Sie mathematisches Talent, bei anderen kommt es darauf an, abstakte Muster zu erkennen – alle jedoch sind höchst logisch und – wenn Sie es richtig angehen – lösbar.

Wenn Sie einen scharfen Verstand besitzen, wird Ihnen bei manchen Rätseln die Lösung gleich ins Auge springen. Bei anderen müssen Sie schon etwas nachdenken. Versuchen Sie nicht, die Lösung immer auf der Stelle zu finden – vertrauen Sie auf Ihre Fähigkeiten, und alles wird klar werden. Schauen Sie auch nicht gleich im Lösungsteil nach. Wenn Sie mit einem Rätsel überhaupt nicht zurechtkommen, dann nehmen Sie sich ein anderes vor, und versuchen Sie es später noch einmal. Womöglich bringt Sie die Lösung eines anderen Rätsels auf die richtige Idee.

Aber in diesem Buch geht es gar nicht um richtige oder falsche Antworten: Es geht darum, Ihren Geist zu üben und Ihre grauen Zellen fit zu machen. Entdecken Sie Ihr Potential!

Die Vielfalt der hier versammelten Rätsel fordert Ihre Fähigkeit, konzentriert, logisch und unorthodox zu denken, aufs Äußerste. Sie müssen Muster und Folgen erkennen, Ähnlichkeit und Verschiedenheit entdecken und Ihren eigenen Weg durch diese geballten Schwierigkeiten finden. Aber eigentlich liegen die Lösungen aller Rätsel in diesem Buch offen zu Tage – Sie müssen sie nur wahrnehmen.

Lehnen Sie sich also entspannt zurück, jetzt kommt es auf Ihren Geist an. Viel Erfolg!

Multiplikationstafel

	1	2	3	4	5	6	7	8	9	10	11	12
1	1	2	3	4	5	6	7	8	9	10	11	12
2	2	4	6	8	10	12	14	16	18	20	22	24
3	3	6	9	12	15	18	21	24	27	30	33	36
4	4	8	12	16	20	24	28	32	36	40	44	48
5	5	10	15	20	25	30	35	40	45	50	55	60
6	6	12	18	24	30	36	42	48	54	60	66	72
7	7	14	21	28	35	42	49	56	63	70	77	84
8	8	16	24	32	40	48	56	64	72	80	88	96
9	9	18	27	36	45	54	63	72	81	90	99	108
10	10	20	30	40	50	60	70	80	90	100	110	120
11	11	22	33	44	55	66	77	88	99	110	121	132
12	12	24	36	48	60	72	84	96	108	120	132	144

	Kubikzahlen	Quadratzahlen
1	1	1
2	8	4
3	27	9
4	64	16
5	125	25
6	216	36
7	343	49
8	512	64
9	729	81
10	1000	100
11	1331	121
12	1728	144
13	2197	169
14	2744	196
15	3375	225
16	4096	256
17	4913	289
18	5832	324
19	6859	361
20	8000	400

Zahlenwerte

1	A	26
2	B	25
3	C	24
4	D	23
5	E	22
6	F	21
7	G	20
8	H	19
9	I	18
10	J	17
11	K	16
12	L	15
13	M	14
14	N	13
15	O	12
16	P	11
17	Q	10
18	R	9
19	S	8
20	T	7
21	U	6
22	V	5
23	W	4
24	X	3
25	Y	2
26	Z	1

Primzahlen
2
3
5
7
11
13
17
19
23
29

TEST

1

1 RÄTSEL

Welches Raster sollte eingesetzt werden?

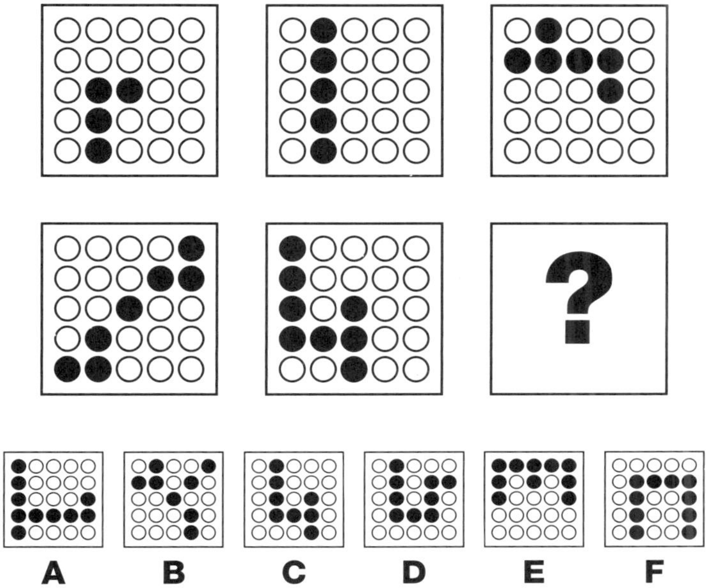

2 RÄTSEL

Was sollte die fehlende Uhr anzeigen?

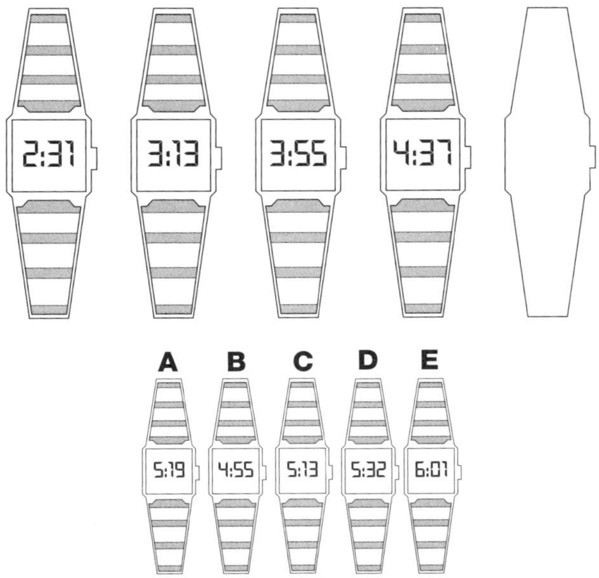

TEST

1

3 RÄTSEL

Welcher Kreis ersetzt das Fragezeichen?

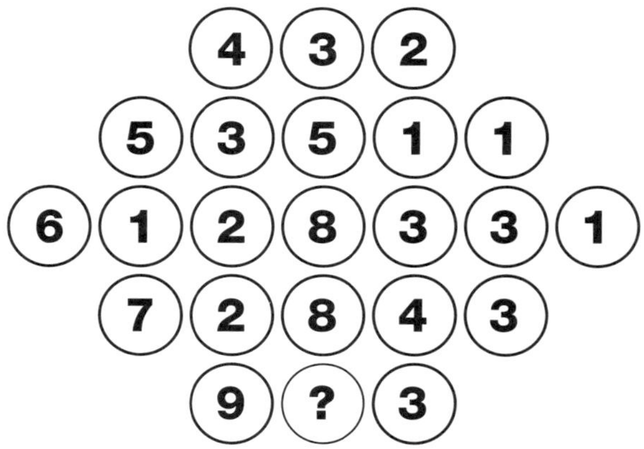

4 RÄTSEL

Welches Zahl ersetzt das Fragezeichen und vollendet das Rätsel?

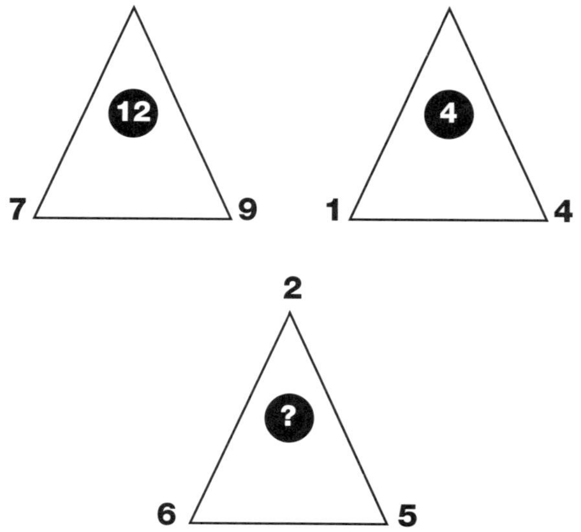

5 RÄTSEL

Welche Zahl ersetzt das Fragezeichen und vollendet den Kreis?

6 RÄTSEL

Welche Zahl fehlt hier noch?

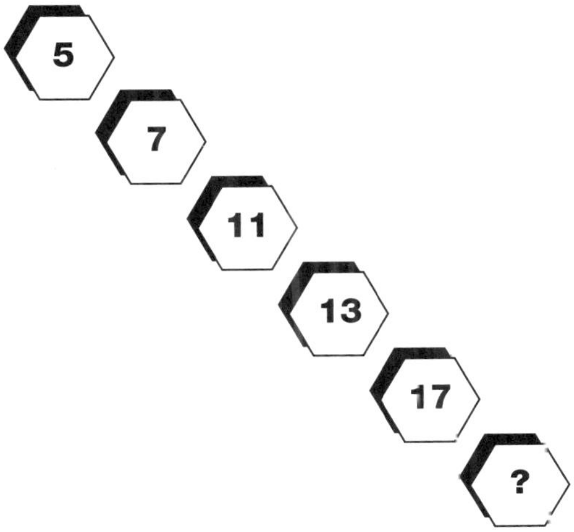

7 RÄTSEL

Welcher Buchstabe sollte hier eingesetzt werden?

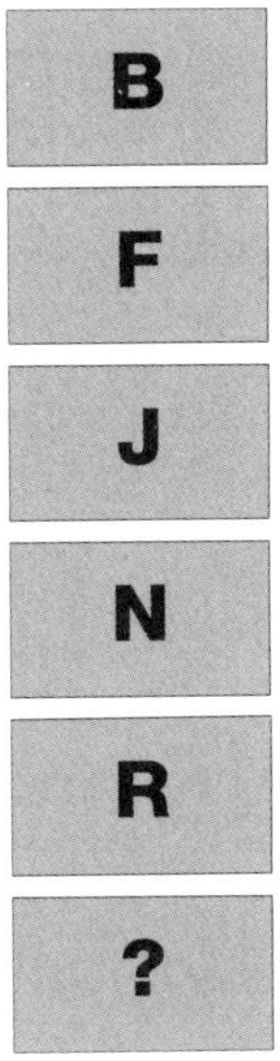

8 RÄTSEL

Welche Zahl ersetzt das Fragezeichen und vollendet das Rätsel?

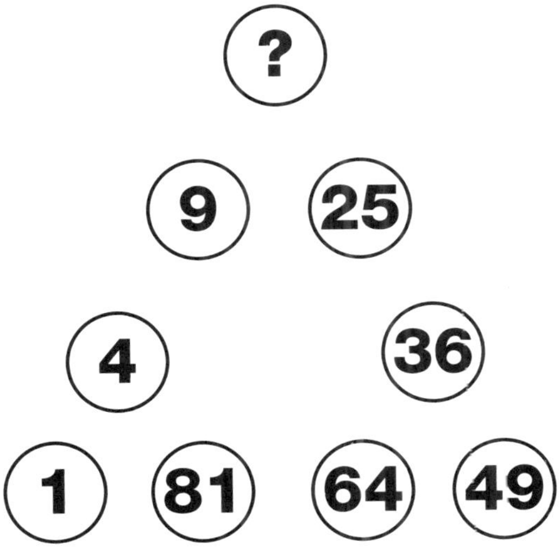

9 RÄTSEL

Welcher Buchstabe fehlt
im Sechseck unten Mitte?

E	M	H
N	O	A
I	?	D

10 RÄTSEL

Welcher Buchstabe fehlt hier noch?

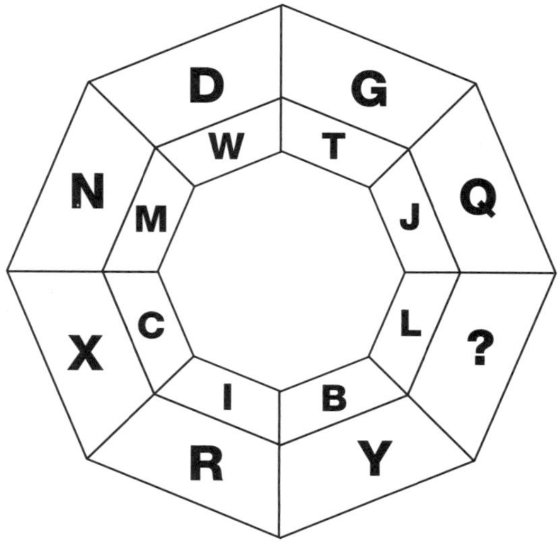

11 RÄTSEL

Welche Zahl gehört in das untere Dreieck?

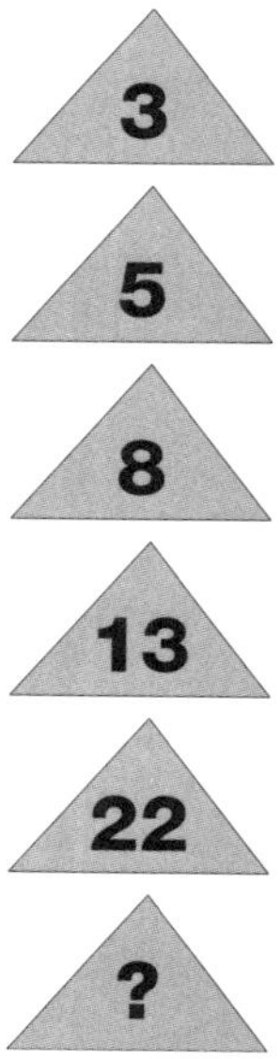

12 RÄTSEL

Welche Zahl ersetzt das Fragezeichen
und vollendet das Rätsel?

7	3	6	2
2	8	5	4
1	1	2	4
4	2	1	?

13 RÄTSEL

Welcher Buchstabe fehlt hier noch?

14 RÄTSEL

Mit welchem Buchstaben anstelle
des Fragezeichens geht dieses Rätsel auf?

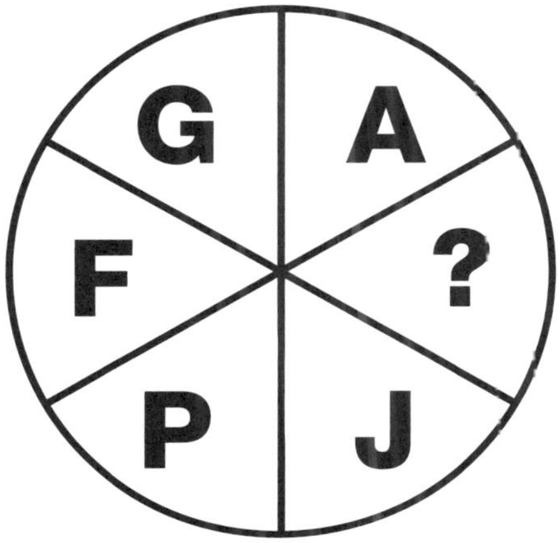

15 RÄTSEL

Welche Zahl ersetzt das Fragezeichen
und vollendet das Rätsel?

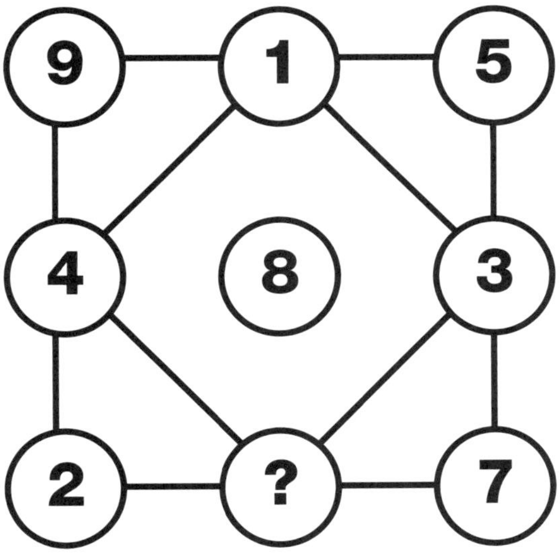

16 RÄTSEL

Worauf sollte der Minutenzeiger
bei der unteren Uhr weisen?

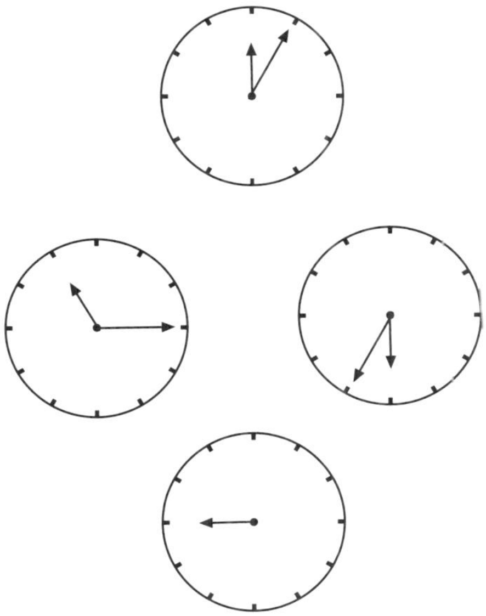

TEST

1

17 RÄTSEL

Was fehlt im letzten Sechseck?

18 RÄTSEL

Welcher Buchstabe fehlt hier noch?

19 RÄTSEL

Welche Zahl ersetzt das Fragezeichen und vollendet das Rätsel?

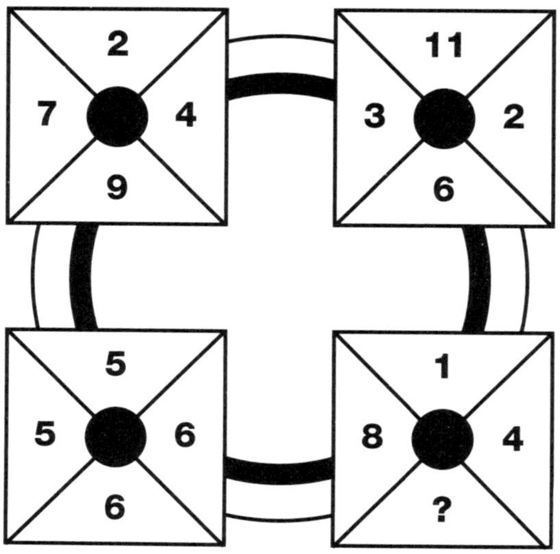

20 RÄTSEL

Welche Zahl ersetzt das Fragezeichen und vollendet das Rätsel?

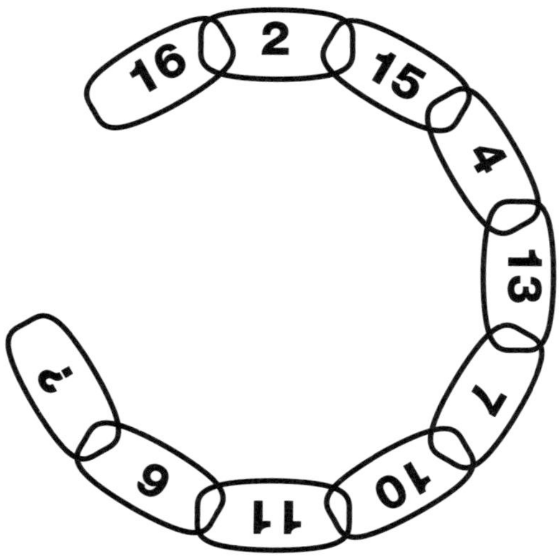

21 RÄTSEL

Welche Zahl fehlt im letzten Kreis?

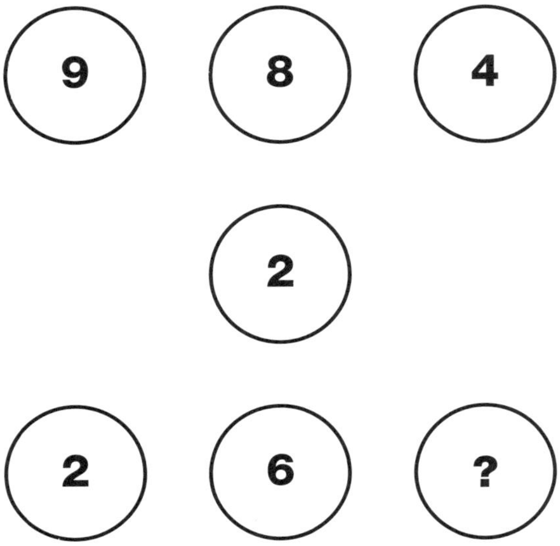

22 RÄTSEL

Welcher Buchstabe fehlt hier noch?

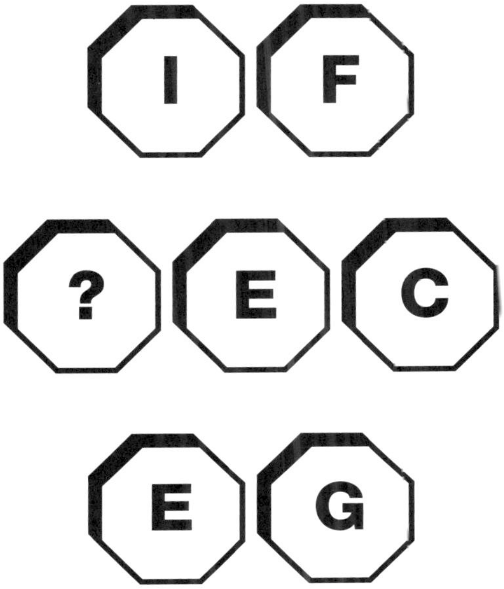

23 RÄTSEL

Welche Zahl ersetzt das Fragezeichen und vollendet das Rätsel?

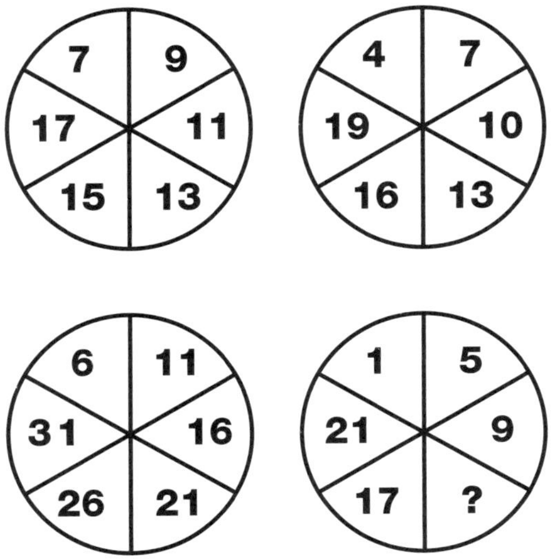

24 RÄTSEL

Welcher Buchstabe ersetzt das Fragezeichen und vollendet das Rätsel?

25 RÄTSEL

Welcher Buchstabe fehlt im Kreis rechts unten?

A	C	G	I
E	Y	K	E
I	U	O	A
M	Q	S	?

26 RÄTSEL

Welche Zahl ersetzt das Fragezeichen und vollendet das Rätsel?

7	3
5	

8	6
7	

2	10
6	

4	2
?	

27 RÄTSEL

Was fehlt im letzten Feld?

2	8	9
3	2	4
3	6	?

28 RÄTSEL

Welche Zahl fehlt hier noch?

7	3	4	6	1	9
1	1	0	9	0	7
5	2	4	2	3	2
9	9	5	0	0	1
6	7	8	2	9	7
1	5	4	8	?	?

29 RÄTSEL

Welche Zahl gehört hier nicht dazu?

A: 16, 32, 72, 88, 48, 58

B: 28, 63, 86, 35, 49, 77

30 RÄTSEL

Welcher Buchstabe ersetzt das Fragezeichen und vollendet das Rätsel?

L	G	H
C	W	A
J	?	O

TEST

2

1 RÄTSEL

Was fehlt im letzten Kreissegment?

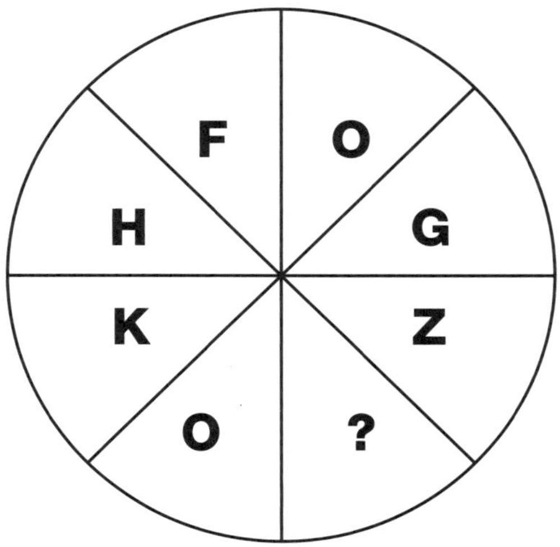

2 RÄTSEL

Welcher Buchstabe vollendet das Rätsel?

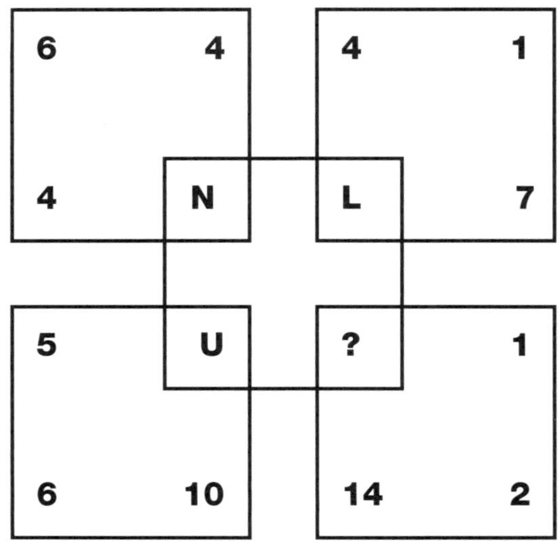

3 RÄTSEL

Welches Werkzeug bringt
die untere Waage ins Gleichgewicht?

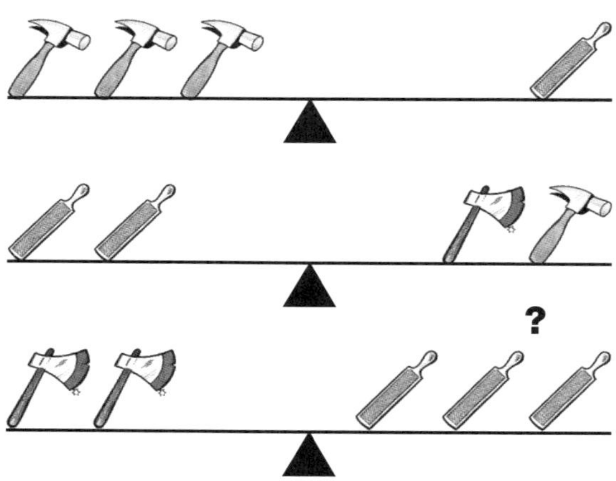

4 RÄTSEL

Welche Zahl ersetzt das Fragezeichen
und vollendet das Rätsel?

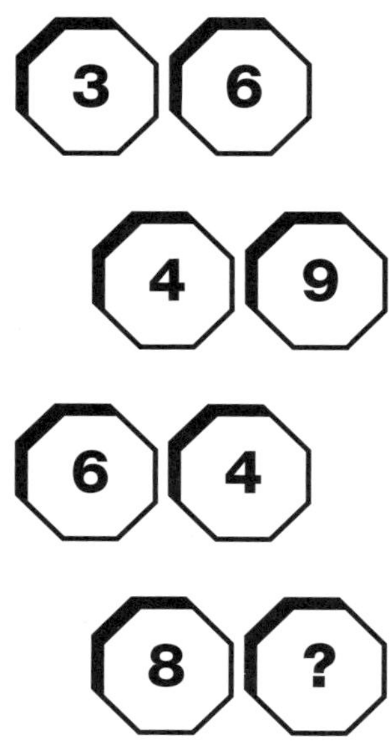

5 RÄTSEL

Welche Zahl fehlt im mittleren Kreis unten?

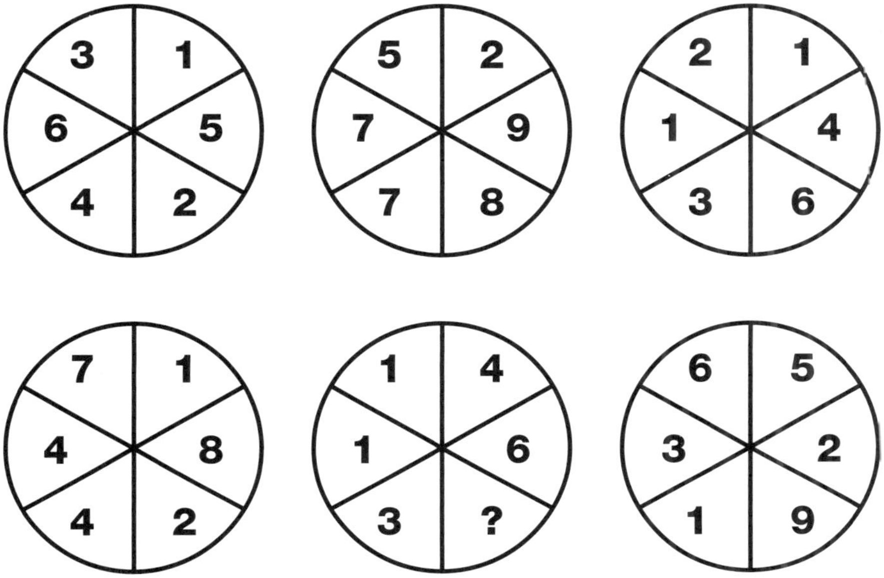

6 RÄTSEL

Welcher Buchstabe ersetzt das Fragezeichen und vollendet das Rätsel?

A	C	F	J	L	O	S	U
T	P	M	K	G	D	B	X
V	Y	C	E	H	L	N	Q
O	M	I	F	D	Z	W	U
R	V	X	A	E	G	J	N
K	H	F	B	Y	W	S	?

TEST

2

7 RÄTSEL

Welche Zahl fehlt im Kreis rechts unten?

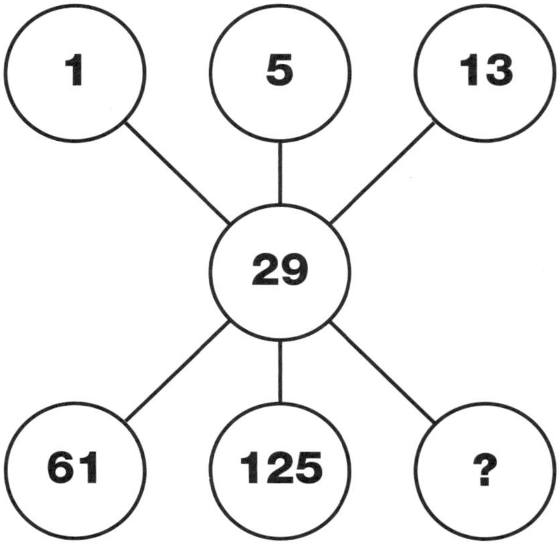

8 RÄTSEL

Welcher Buchstabe fehlt hier noch?

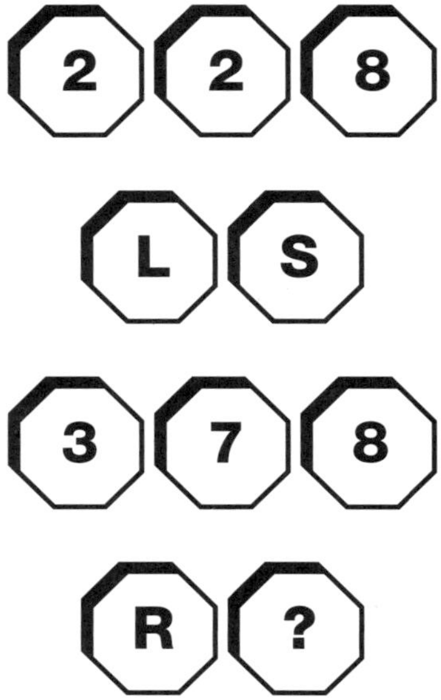

9 RÄTSEL

Welche Zahl ersetzt das Fragezeichen und vollendet das Rätsel?

10 RÄTSEL

Welche Zahl ersetzt das Fragezeichen und vollendet das Rätsel?

10	
8	13
16	6
4	19
22	?

11 RÄTSEL

Welche Zahl fehlt im letzen Kreis?

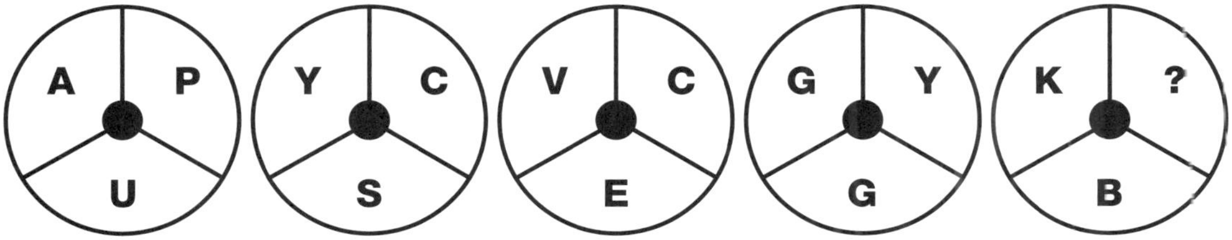

12 RÄTSEL

Welche Zahl ersetzt das Fragezeichen und vollendet das Rätsel?

3	1	4
7	2	9
1	5	?

13 RÄTSEL

Welcher Buchstabe fehlt hier noch?

14 RÄTSEL

Welche Zahl ersetzt das Fragezeichen und vollendet das Rätsel?

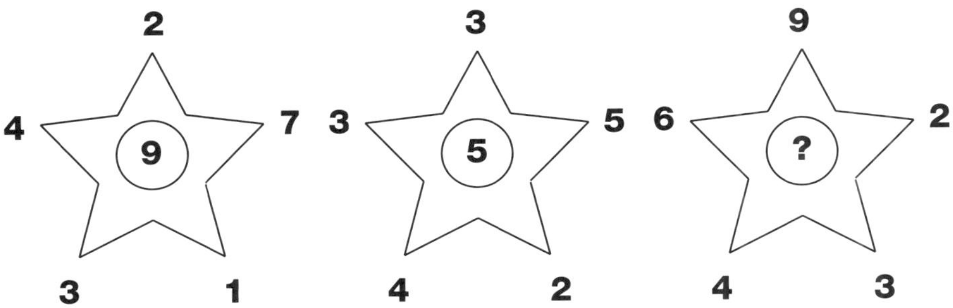

15 RÄTSEL

Welche Zahl fehlt im letzten Kreis?

2	7	17
3	11	19
5	13	?

16 RÄTSEL

Welche Zahl fehlt hier noch?

Kreis 1: 4, 11, 9, 2, 6, 1

Kreis 2: 10, 10, 5, 7, ?, 1

Kreis 3: 14, 1, 4, 9, 16, 2

17 RÄTSEL

Welcher Buchstabe ersetzt das Fragezeichen und vollendet das Rätsel?

G	B	C
H	F	H
A	D	?

B D I E K

18 RÄTSEL

Welche 4-stellige Zahl fehlt ganz unten?

195

383

575

763

955

?

19 RÄTSEL

Welche Zahl fehlt hier noch?

1	3
2	7

6	5
6	1

7	8
8	8

5	2
4	?

20 RÄTSEL

Welcher Buchstabe ersetzt das Fragezeichen und vollendet das Rätsel?

B	Y
C	X
E	V
G	T
K	P
M	?

TEST

2

21 RÄTSEL

Welcher Kreis aus der Reihe unten ersetzt das Fragezeichen?

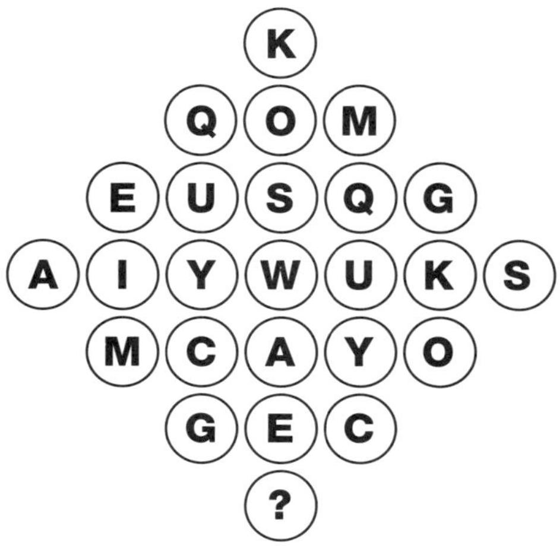

22 RÄTSEL

Welche Zahl ersetzt das Fragezeichen und vollendet das Rätsel?

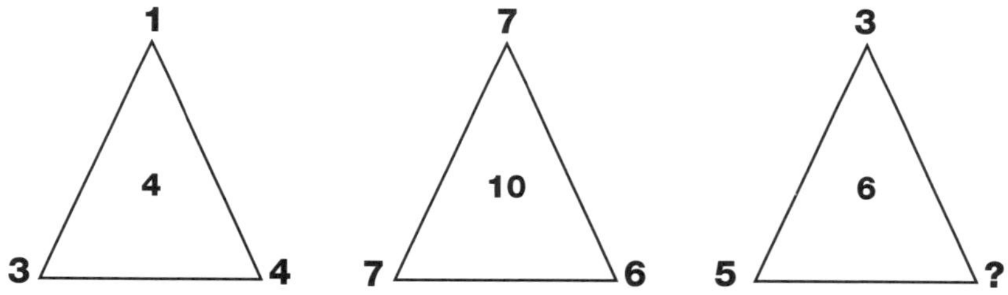

23 RÄTSEL

Welcher Buchstabe fehlt hier noch?

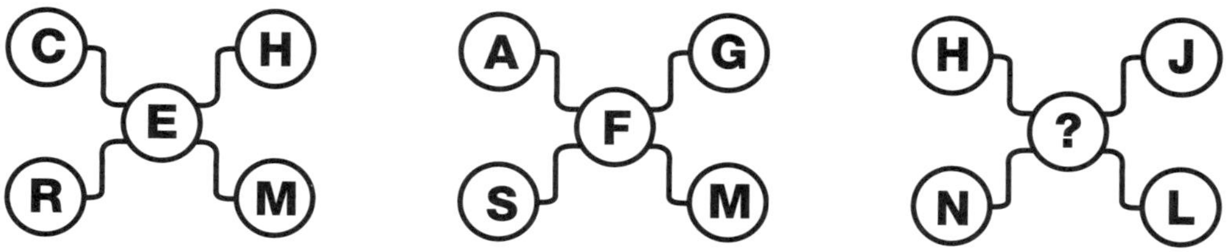

24 RÄTSEL

Welche Zahl fehlt im letzten Stern?

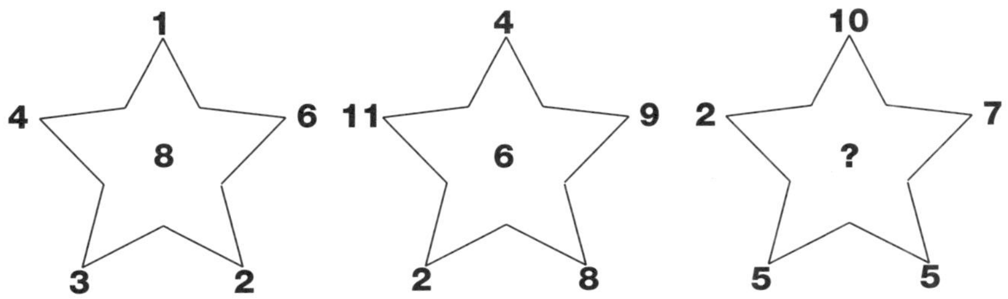

25 RÄTSEL

Welcher Buchstabe fehlt hier noch?

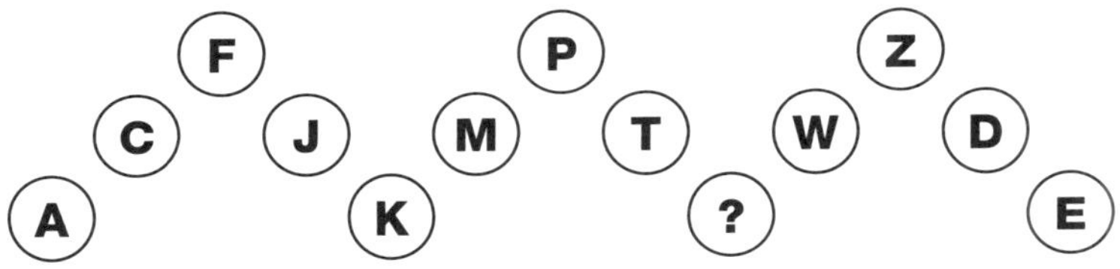

26 RÄTSEL

Welche Zahl ersetzt das Fragezeichen und vollendet das Rätsel?

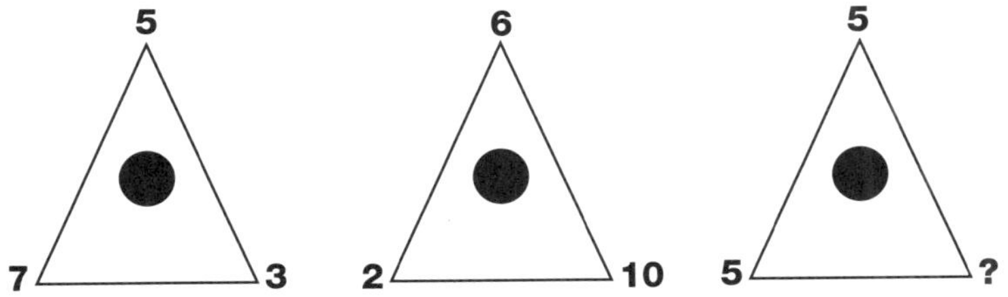

27 RÄTSEL

Welche Zahl ersetzt das Fragezeichen und vollendet das Rätsel?

T E S T

2

28 RÄTSEL

Welches kleine Gitter gehört in das große?

C	L	F	U	J	C	L	F	U	J
N	V	Q	R	A	N	V	Q	R	A
W	X	G	S	M	W	X	G	S	M
H	B	O	D			B	O	D	K
P	Y	I					I	T	E
C	L	F					F	U	J
N	V	Q	R			V	Q	R	A
W	X	G	S	M	W	X	G	S	M
H	B	O	D	K	H	B	O	D	K
P	Y	I	T	E	P	Y	I	T	E

1

	F	U	
V	Q	R	A
W	X	G	S
	B	O	

2

	K	H	
T	E	P	Y
U	J	C	L
	A	N	

3

	A	N	
S	M	W	X
D	K	H	B
	E	P	

4

	Y	I	
C	L	F	U
N	V	Q	R
	X	G	

5

	G	S	
B	O	D	K
I	T	E	P
	J	C	

29 RÄTSEL

Welcher Buchstabe ersetzt das Fragezeichen und vollendet das Rätsel?

A	J
F	M

I	R
N	U

Q	Z
V	C

E	N
J	Q

M	V
R	?

30 RÄTSEL

Welcher Buchstabe setzt die Reihe logisch fort?

A	H	F	M	K	R	P	?

TEST

1 RÄTSEL

Welche Zahl ersetzt das Fragezeichen
und schließt die Lücke?

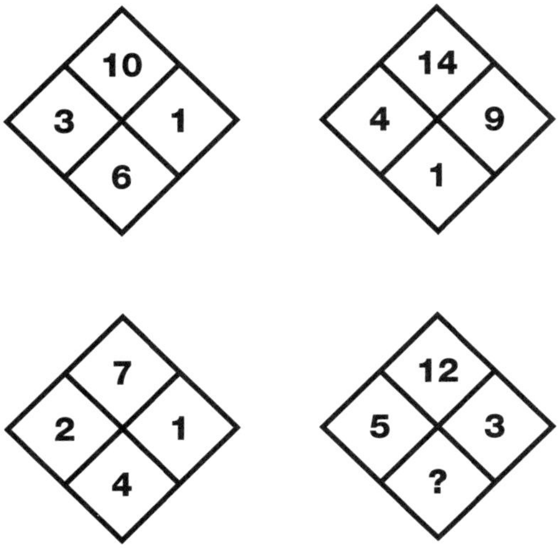

2 RÄTSEL

Welche Zahl ersetzt das Fragezeichen
und schließt die Lücke?

4	1	11	11	3
3	3	1	6	5
9	2	9	4	2
6	4	8	9	3
5	1	?	1	4

3 RÄTSEL

Welche Zahl ersetzt das Fragezeichen
und schließt die Lücke?

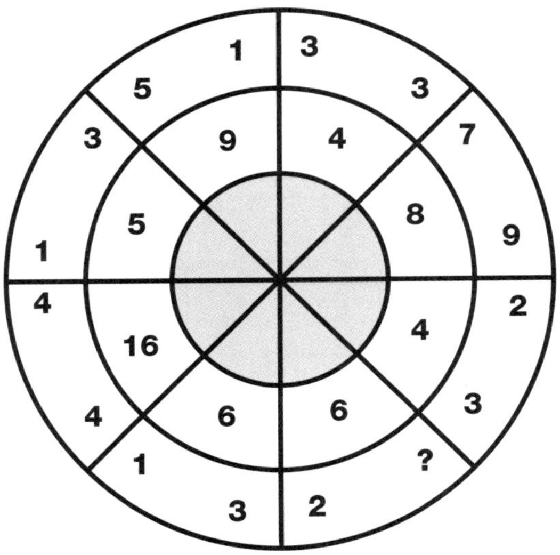

4 RÄTSEL

Welcher Buchstabe ersetzt das Fragezeichen
und schließt die Folge ab?

13	INC	2
6	QRG	7
4	DOM	8
7	SUI	7
8	AD?	2

5 RÄTSEL

Welcher Buchstabe ersetzt das Fragezeichen und vollendet das Rätsel?

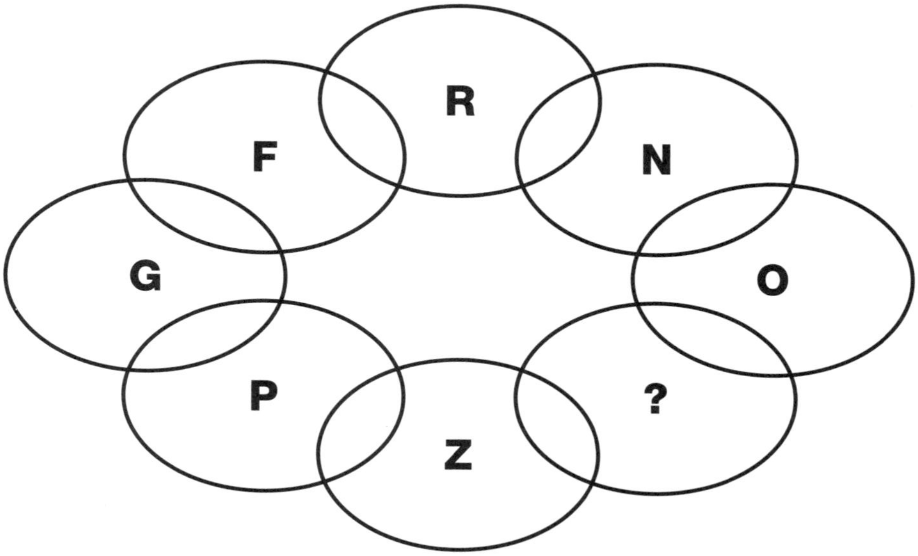

6 RÄTSEL

Welche Zahl ersetzt das Fragezeichen und vollendet das Rätsel?

4	2	8	7
6	3	6	6
5	1	5	3

1	0	8	8
7	1	4	2
8	7	2	9

3	2	4	8
2	1	8	9
7	4	9	7

3	0	6	2
4	1	6	4
6	3	?	5

7 RÄTSEL

Welcher Buchstabe ersetzt das Fragezeichen und vollendet das Rätsel?

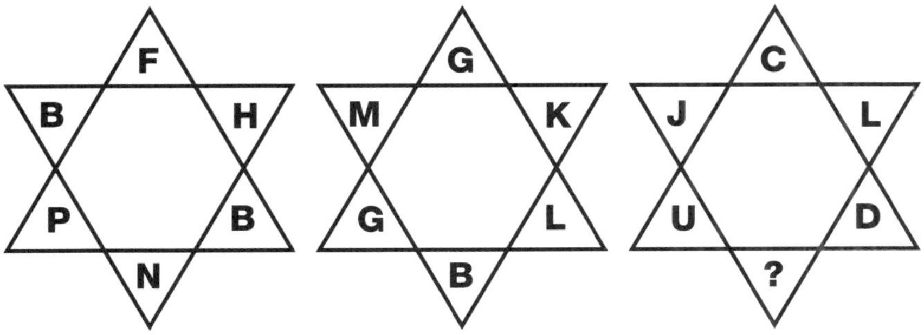

8 RÄTSEL

Welche Zahl ersetzt das Fragezeichen und vollendet das Rätsel?

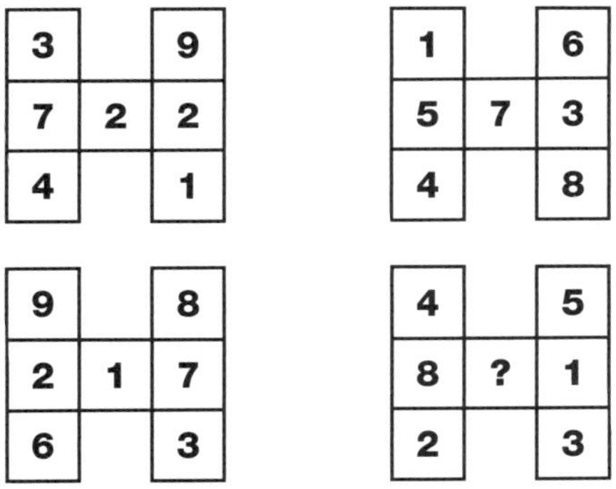

9 RÄTSEL

Welcher Buchstabe ersetzt das Fragezeichen und vollendet das Rätsel?

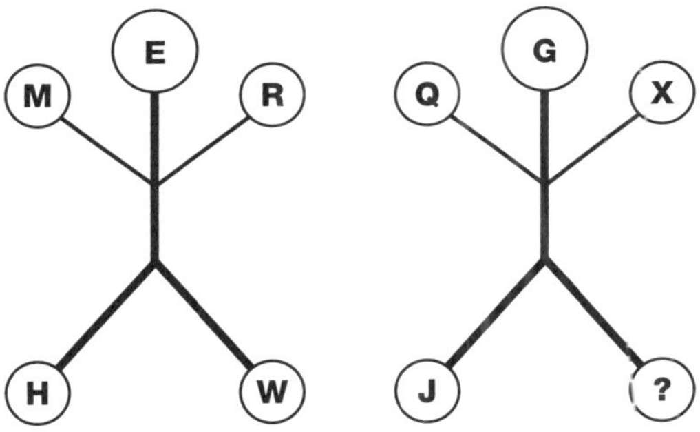

10 RÄTSEL

Welcher Buchstabe ersetzt das Fragezeichen und vollendet das Rätsel?

11 RÄTSEL

Welche Zahl ersetzt das Fragezeichen und vollendet das Rätsel?

1	7	9
3	6	3
5	4	2
2	7	5
2	6	?

12 RÄTSEL

Welcher Buchstabe ersetzt das Fragezeichen und vollendet das Rätsel?

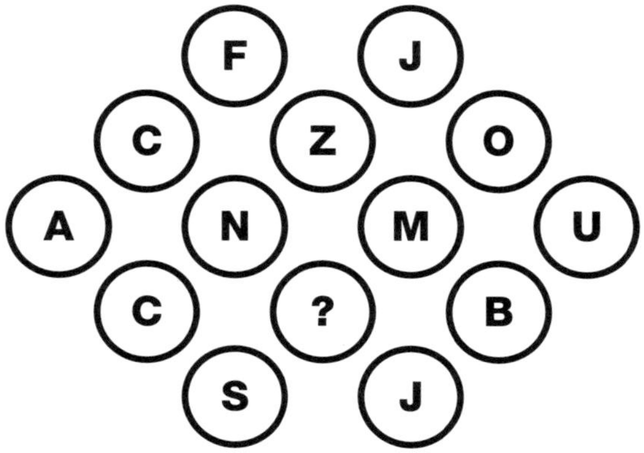

13 RÄTSEL

Welche Zahl ersetzt das Fragezeichen und vollendet das Rätsel?

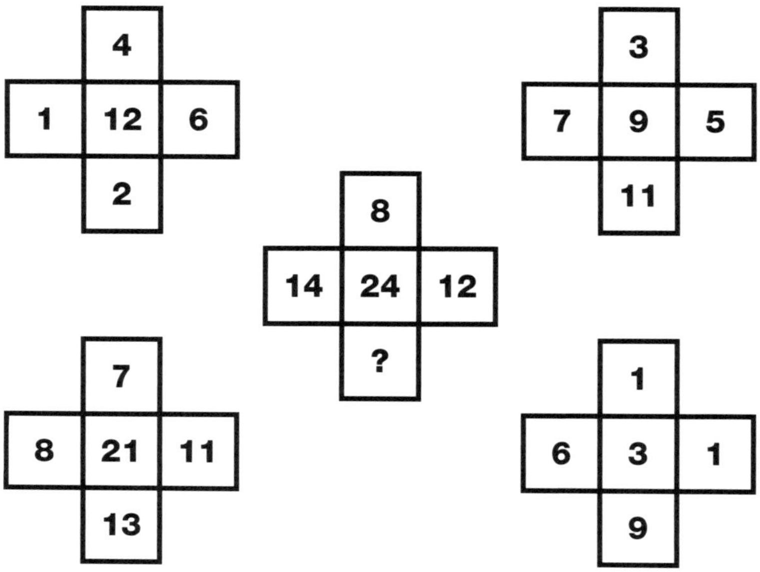

14 RÄTSEL

Welcher Buchstabe ersetzt das Fragezeichen und vollendet das Rätsel?

A			
G	I		
C	E	L	
F	D	G	?

15 RÄTSEL

Welche Zahl ersetzt das Fragezeichen und vollendet das Rätsel?

3	9
1	6

4	7
1	3

4	3
3	?

6	4
0	6

2	2
4	3

16 RÄTSEL

Welche Spielkarte ersetzt das Fragezeichen und vollendet das Rätsel?

17 RÄTSEL

Welcher Buchstabe ersetzt das Fragezeichen und vollendet das Rätsel?

P	U
K	P

Z	E
U	J

F	K
A	D

?	O
Y	T

18 RÄTSEL

Welcher Buchstabe ersetzt das Fragezeichen und vollendet das Rätsel?

D		F		I	
	X		R		M
E		M		O	
	A		V		R
G		N		V	
	E		A		?

19 RÄTSEL

Auf welche Zahl sollte der fehlende Stundenzeiger weisen?

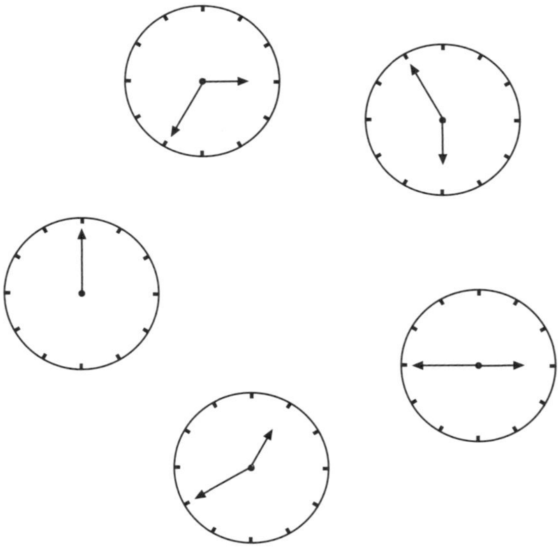

20 RÄTSEL

Welcher Buchstabe ersetzt das Fragezeichen und vollendet das Rätsel?

FM	H	CH
RL	P	GG
SJ	F	NI
DK	?	BE

21 RÄTSEL

	Bungalow	Einfamilienhaus	Reihenhaus	Grüner Weg	Kastanienallee	Gartenstraße	€ 80 000	€ 150 000	€ 200 000
Margot									
Heinz									
Bettina									
€ 80 000									
€ 150 000									
€ 200 000									
Grüner Weg									
Kastanienallee									
Gartenstraße									

Margot, Heinz und Bettina haben ihre Häuser, alle in guter Lage, vor kurzem schätzen lassen. Heinz wohnt in der Gartenstraße, aber sein Haus ist keine € 150000 wert. Das Haus in der Kastanienallee ist trotz seiner schönen Lage am wenigsten wert. Bettina wohnt in einem Reihenhaus, es gibt aber keine am Grünen Weg. Margots Haus ist kein Bungalow. Können Sie aus diesen Hinweisen erschließen, wer wo wohnt, in welchem Anwesen und wie viel dieses wert ist?

Haus	Besitzer	Straße	Wert

22 RÄTSEL

Welcher Buchstabe ersetzt das Fragezeichen und vollendet das Rätsel?

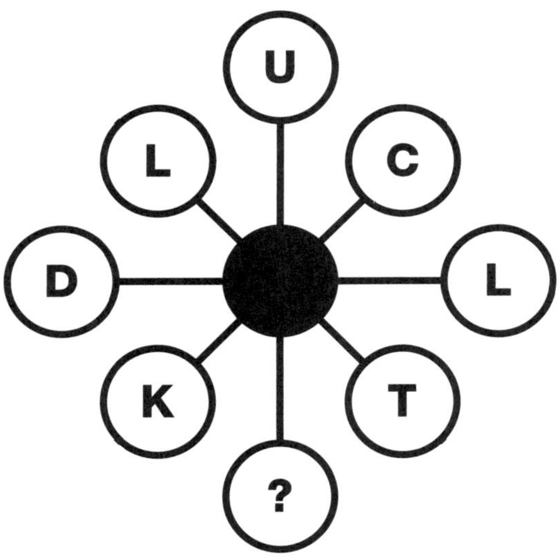

23 RÄTSEL

Welche Zahl ersetzt das Fragezeichen und vollendet das Rätsel?

6	EJI	3
M F K		D P G
9	NRG	?

24 RÄTSEL

Welcher Bilderwürfel ergibt dieses „Netz"?

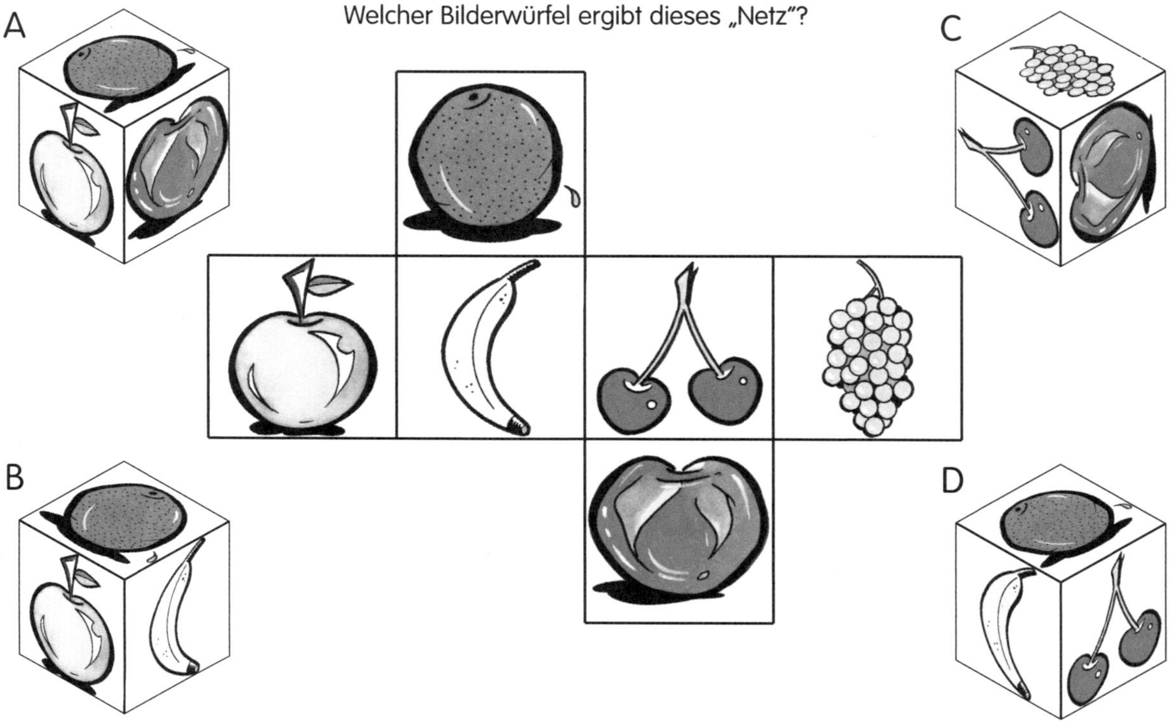

25 RÄTSEL

Welcher Buchstabe ersetzt das Fragezeichen und vollendet das Rätsel?

D G D
H L
Y
R L
S K ?

26 RÄTSEL

Max und Moritz spielen mit Murmeln. Verliert Max eine an Moritz, habe beide gleich viele; verliert aber Moritz eine an Max, hat der doppelt so viele wie Moritz. Wie viele Murmeln hat jeder von ihnen jetzt gerade?

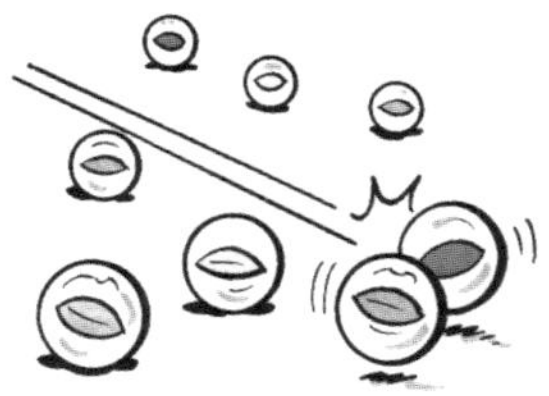

27 RÄTSEL

Welche Zahl ersetzt das Fragezeichen und vollendet das Rätsel?

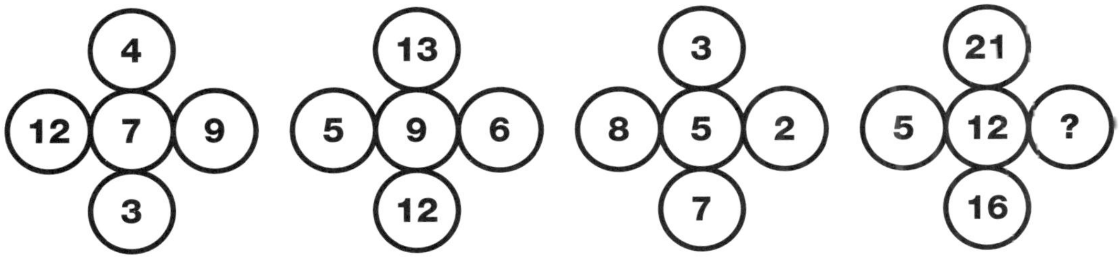

28 RÄTSEL

Welche Zahl ersetzt das Fragezeichen und vollendet das Rätsel?

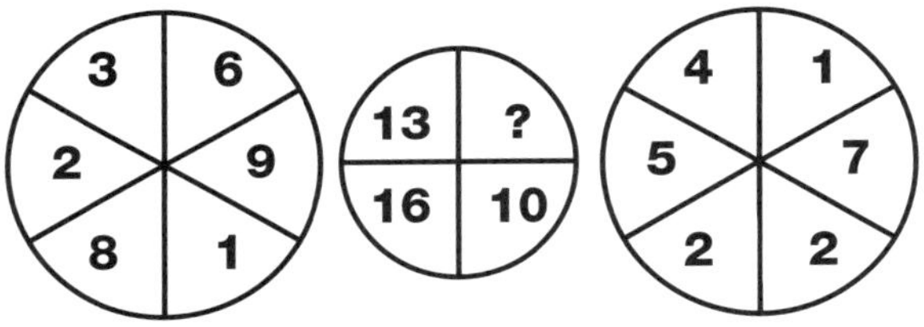

29 RÄTSEL

Welche Zahl ersetzt das Fragezeichen und vollendet das Rätsel?

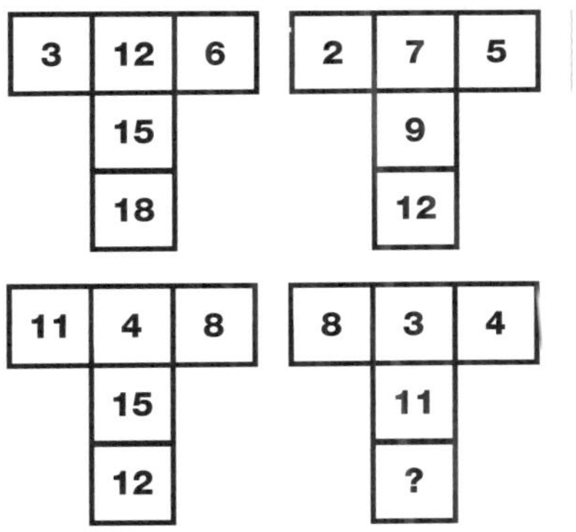

30 RÄTSEL

Welcher Dominostein muss angelegt werden, um die Reihe komplett zu machen?

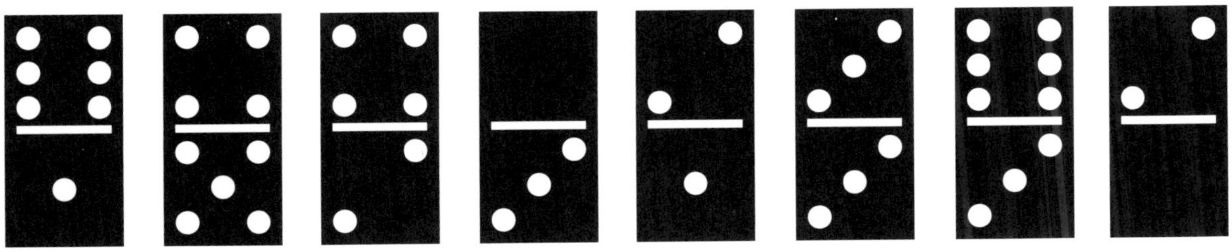

1 RÄTSEL

Welche Zahl fehlt hier noch?

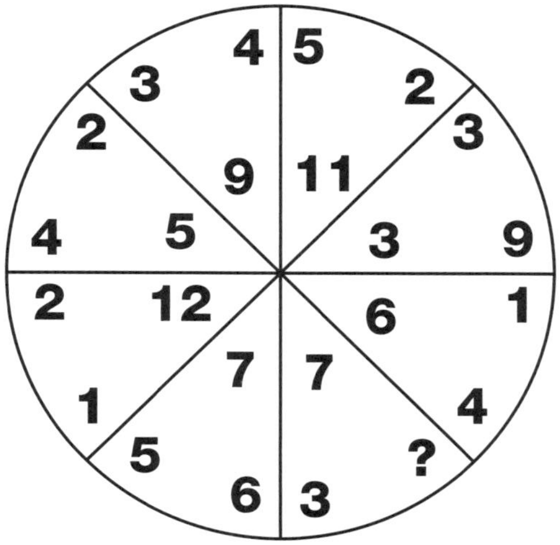

2 RÄTSEL

Welcher Buchstabe fehlt hier noch?

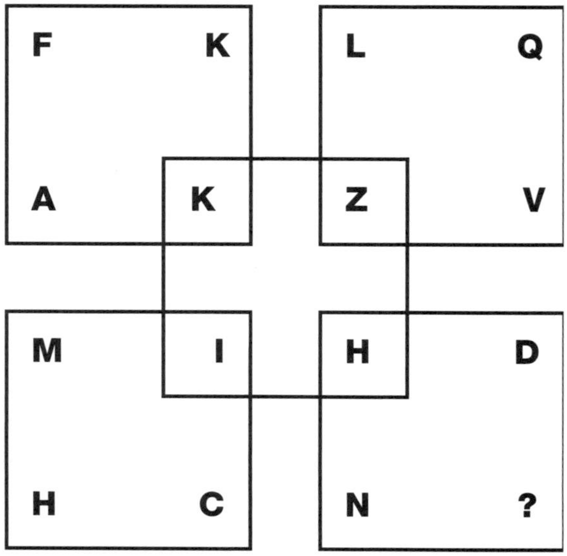

3 RÄTSEL

Welches Symbol ersetzt das Fragezeichen und vollendet das Rätsel?

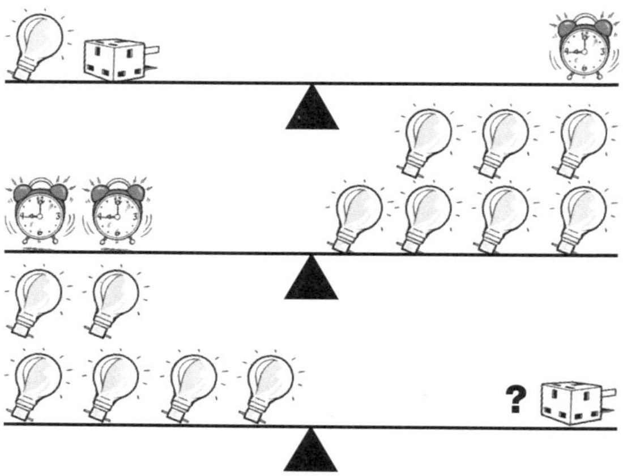

4 RÄTSEL

Welche Zahl ersetzt das Fragezeichen und vollendet das Rätsel?

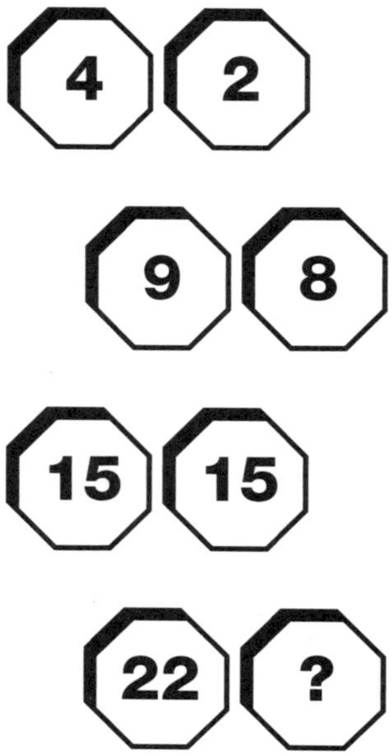

5 RÄTSEL

Welche Zahl fehlt im letzten Kreis?

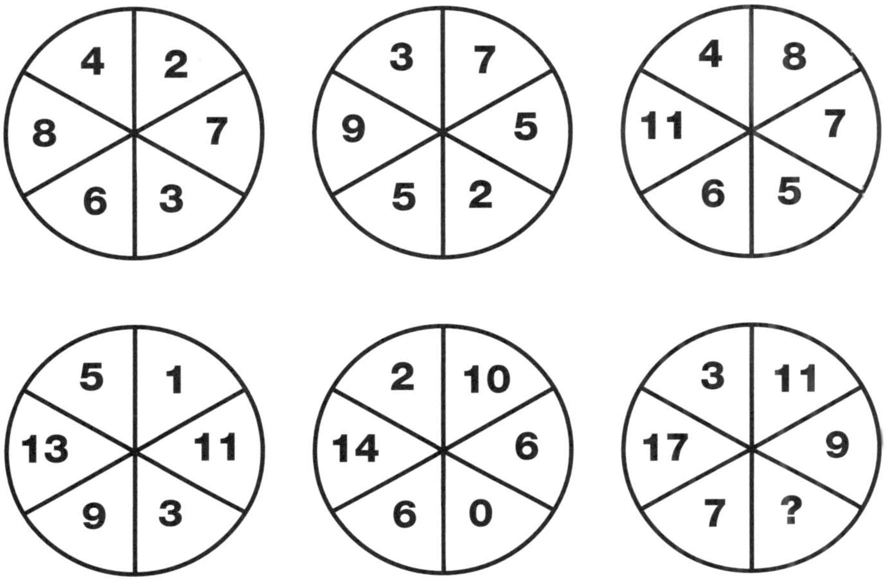

6 RÄTSEL

Welcher Buchstabe ersetzt das Fragezeichen und vollendet das Rätsel?

H	L	P	T	X	B	F	J
A	F	K	P	U	Z	E	J
M	S	Y	E	K	Q	W	C
C	J	Q	X	E	L	S	Z
Q	Y	G	O	W	E	M	U
D	M	V	E	N	W	F	?

TEST

4

7 RÄTSEL

Welche Zahl fehlt im Kreis unten links?

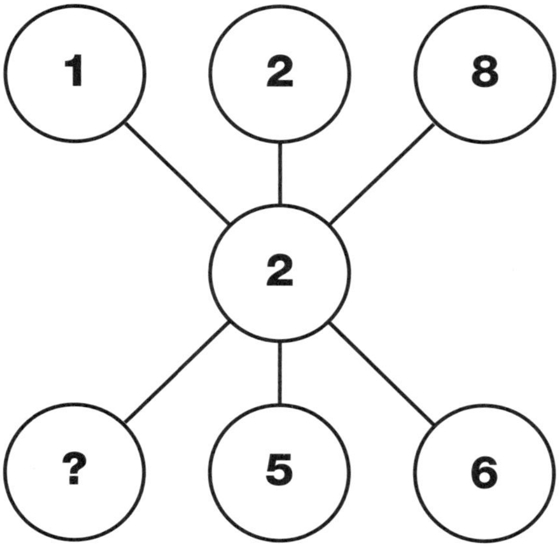

8 RÄTSEL

Welcher Buchstabe fehlt hier?

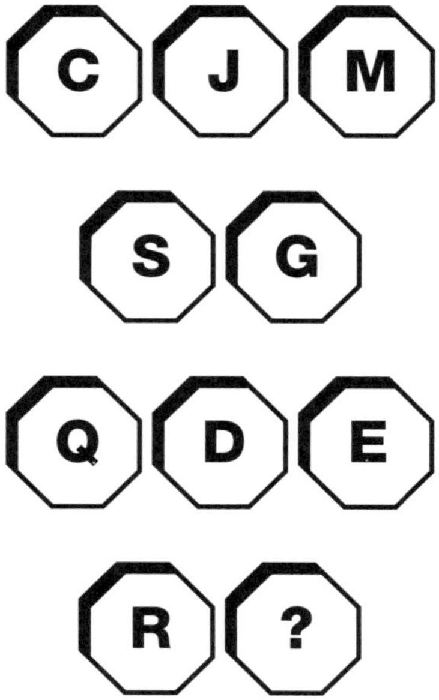

9 RÄTSEL

Welche Zahl ersetzt das Fragezeichen und vollendet das Rätsel?

32 45 60 77 ?

10 RÄTSEL

Welche Zahl ersetzt das Fragezeichen und vollendet das Rätsel?

3	5
4	1
4	7
5	3
5	?

11 RÄTSEL

Welcher Buchstabe fehlt im letzten Kreis?

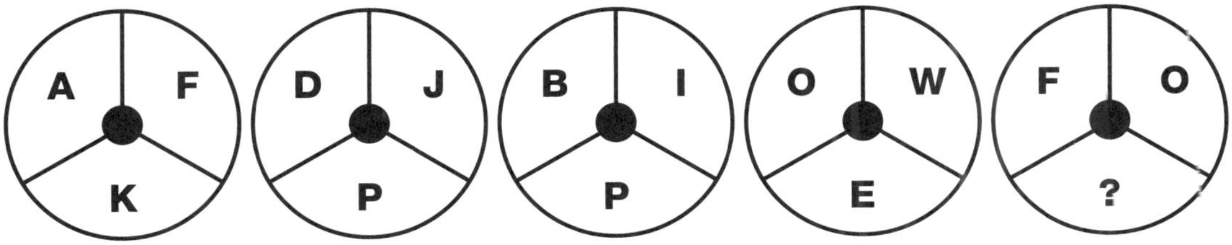

12 RÄTSEL

Welche Zahl ersetzt das Fragezeichen und vollendet das Rätsel?

1	2	3
2	1	4
5	6	?

13 RÄTSEL

Welcher Buchstabe fehlt hier?

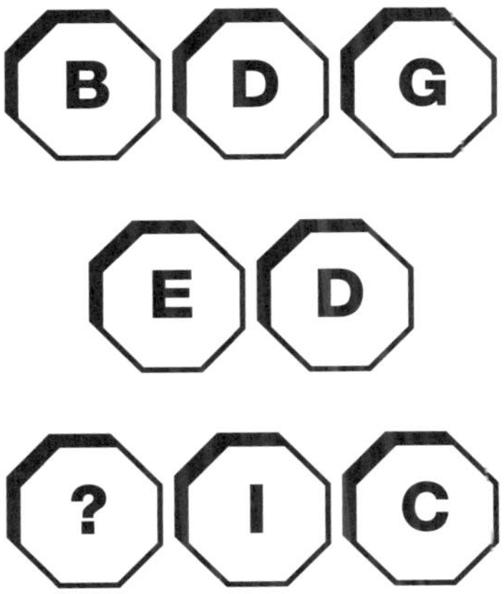

14 RÄTSEL

Welche Zahl ersetzt das Fragezeichen und vollendet das Rätsel?

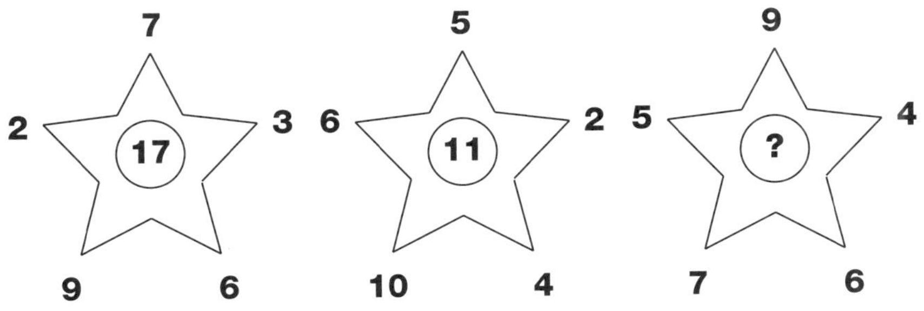

TEST

4

15 RÄTSEL

Welcher Buchstabe fehlt im letzten Kreis?

H	C	Z
K	F	W
N	Q	?

16 RÄTSEL

Welche Zahl fehlt hier?

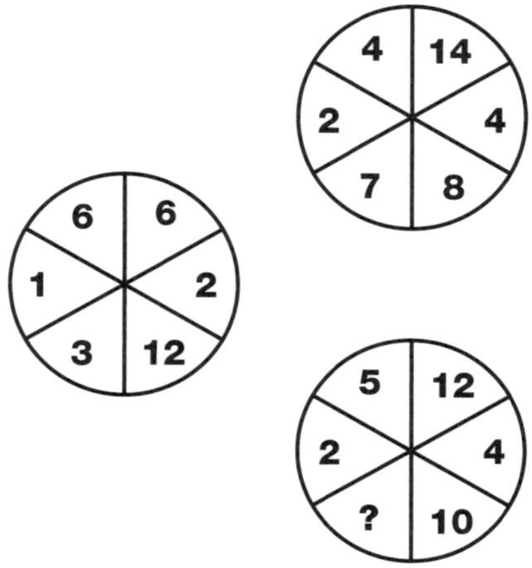

17 RÄTSEL

Welche Zahl ganz unten ersetzt das Fragezeichen im Rätsel?

L	Z	E
T	A	M
V	N	?

H	D	X	W	B

18 RÄTSEL

Welche Zahl fehlt im letzten Oval?

7122

6521

8332

4743

9911

387?

19 RÄTSEL

Welche Zahl fehlt hier noch?

7	2
9	5

3	10
13	7

6	1
7	5

4	5
9	?

20 RÄTSEL

Welcher Buchstabe ersetzt das Fragezeichen und vollendet das Rätsel?

B	H
C	E
D	B
D	I
E	F
F	?

21 RÄTSEL

Welche Zahl fehlt im Zentrum?

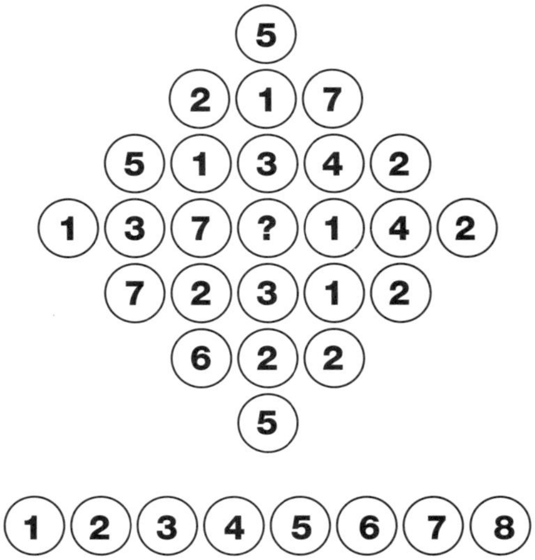

22 RÄTSEL

Welche 1-stellige Zahl ersetzt das Fragezeichen?

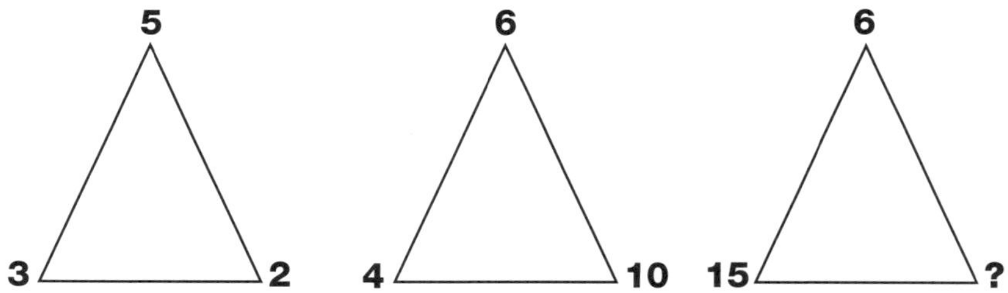

23 RÄTSEL

Welcher Buchstabe fehlt hier noch?

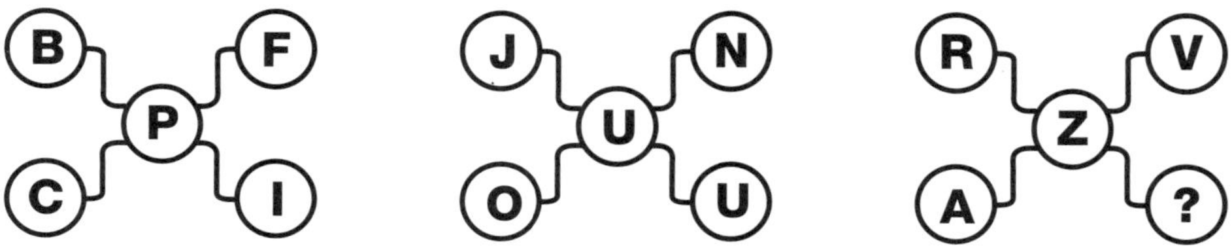

24 RÄTSEL

Welche Zahl gehört in den letzten Stern?

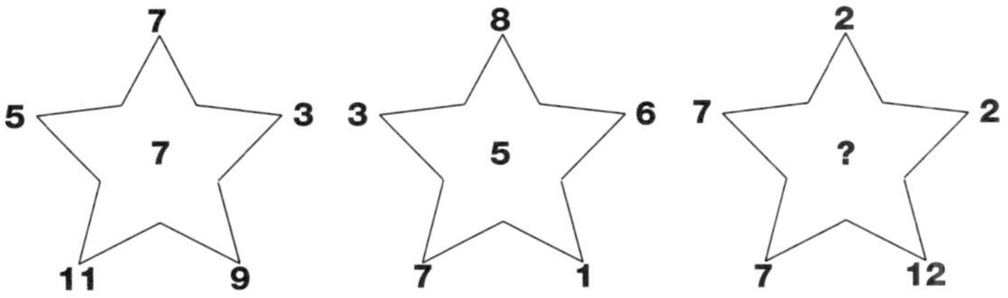

25 RÄTSEL

Welcher Buchstabe ersetzt das Fragezeichen und vollendet das Rätsel?

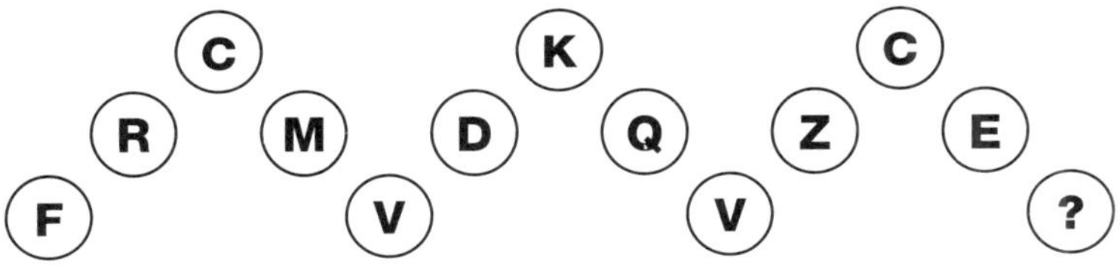

26 RÄTSEL

Welche Zahl ersetzt das Fragezeichen und vollendet das Rätsel?

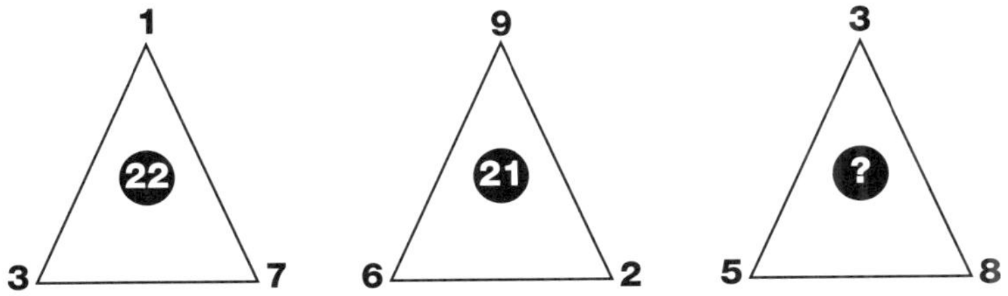

27 RÄTSEL

Welcher Buchstabe ersetzt das Fragezeichen und vollendet das Rätsel?

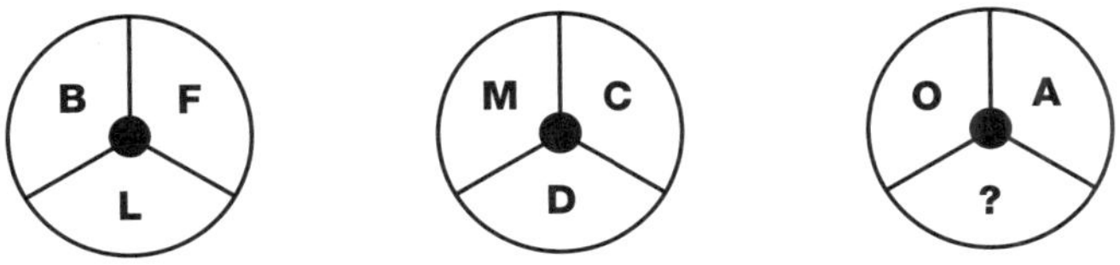

28 RÄTSEL

Welches Raster passt an die freie Stelle?

5	3	6	4	8	1	9	7	2	0
5	1	0	2	9	4	7	3	8	6
3	8	1	6	0	2	9	5	7	4
6	7	3	9			8	0	1	5
3	7	4					8	2	9
2	9	1					4	6	3
0	8	3	7			5	1	6	4
7	0	2	4	1	6	3	9	8	5
0	8	1	5	2	4	3	7	9	6
2	6	8	1	3	5	0	9	4	7

1

	4	2	
6	5	1	0
7	8	6	5
	6	2	

2

	3	5	
6	0	5	1
5	2	7	8
	4	9	

3

	3	5	
6	0	1	5
5	2	7	8
	9	1	

4

	2	4	
6	0	5	1
5	0	7	8
	9	2	

5

	2	4	
5	1	6	1
7	8	5	1
	9	2	

29 RÄTSEL

Welche Zahl ersetzt das Fragezeichen und vollendet das Rätsel?

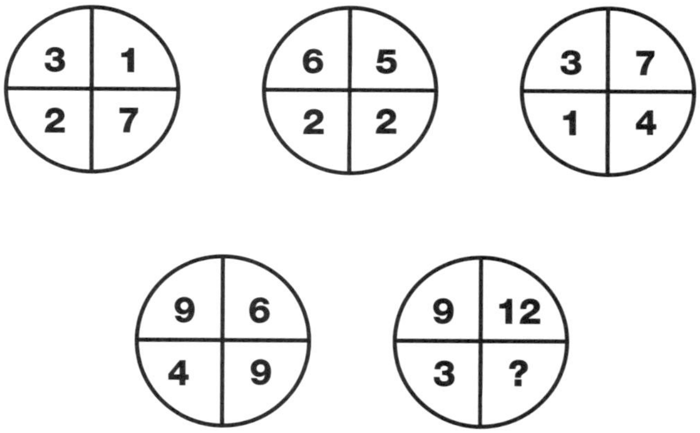

30 RÄTSEL

Welcher Buchstabe ersetzt das Fragezeichen und vollendet das Rätsel?

B C E G K M Q ?

1 RÄTSEL

Welches Raster ersetzt das Fragezeichen?

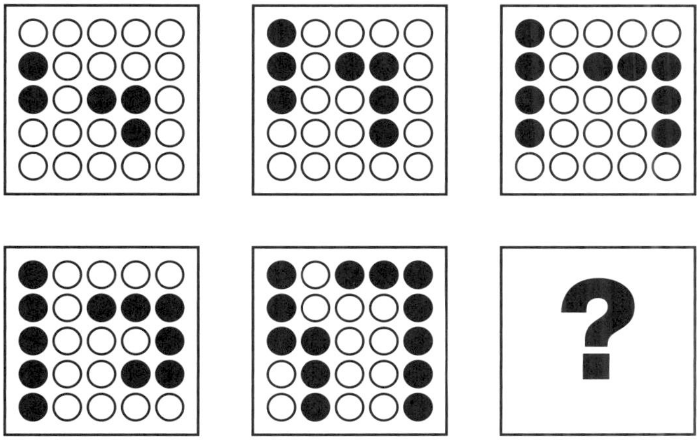

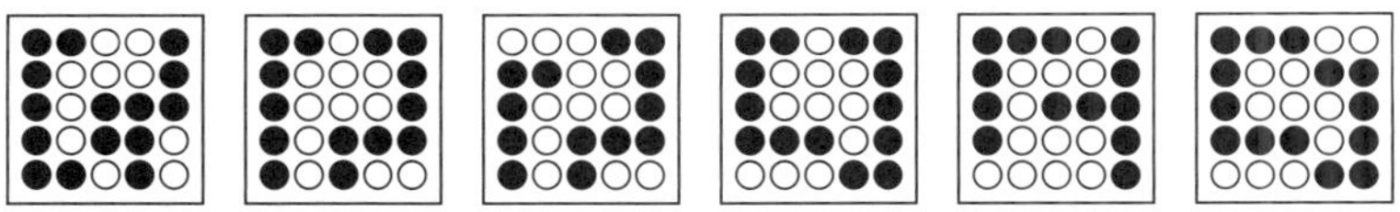

A B C D E F

2 RÄTSEL

Welche der Uhren A–E kann die Reihe fortsetzen?

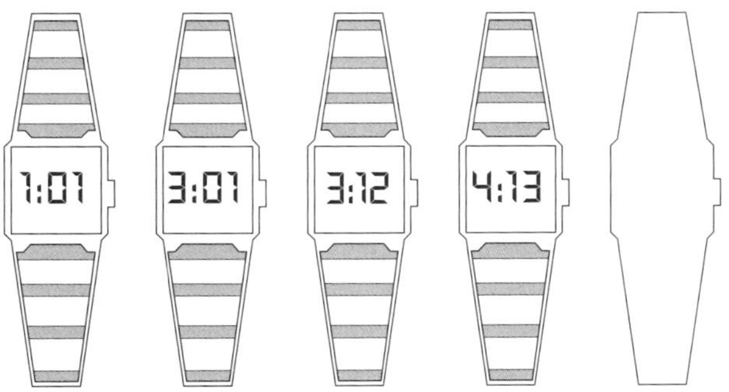

A B C D E

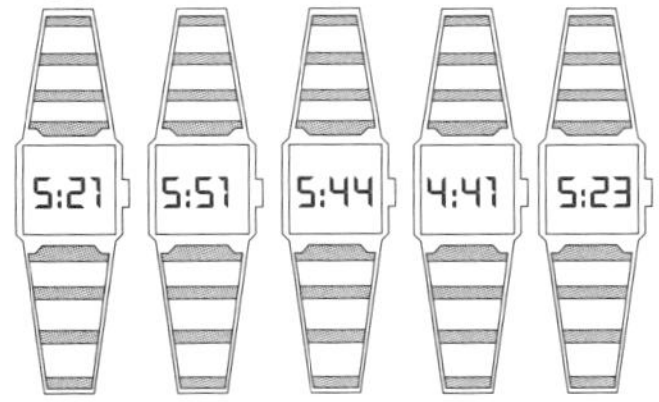

3 RÄTSEL

Welcher Buchstabe aus der Reihe ersetzt das Fragezeichen?

J P T
E M R X Y
A I V B F B E
C Q M G I
X T ?

B F H K L N Q S

4 RÄTSEL

Welche Zahl ersetzt das Fragezeichen und vollendet das Rätsel?

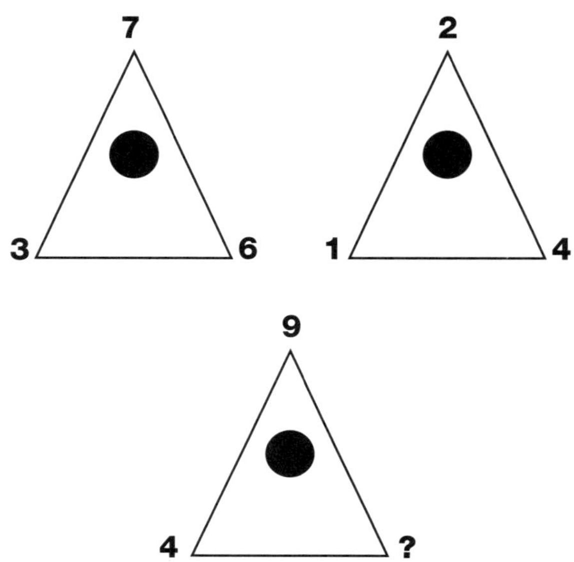

5 RÄTSEL

Welcher Buchstabe vollendet das Rad?

6 RÄTSEL

Welcher Buchstabe beendet die Folge?

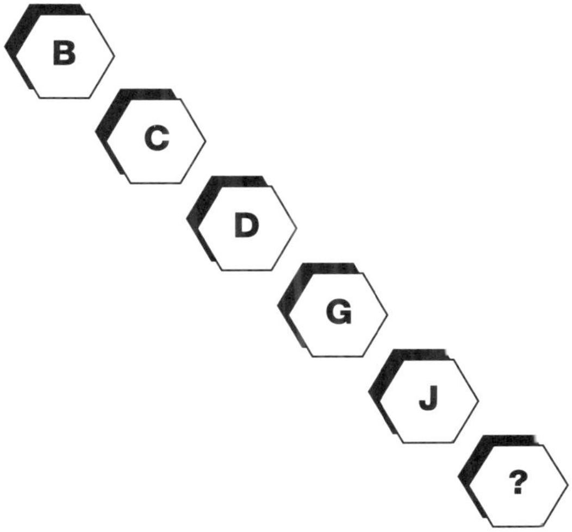

7 RÄTSEL

Welche Zahl ersetzt das Fragezeichen
und vollendet das Rätsel?

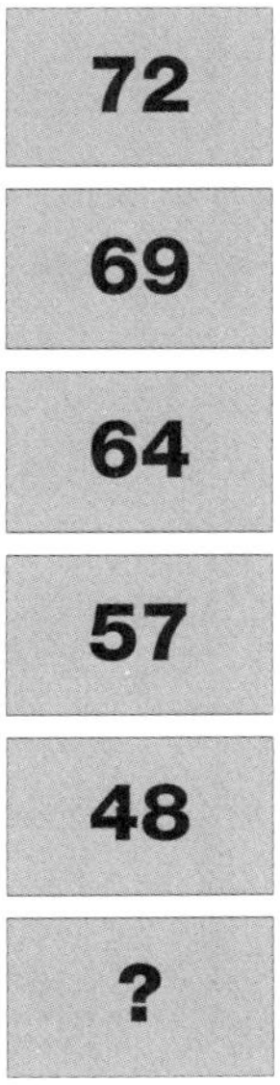

8 RÄTSEL

Welche Zahl ersetzt das Fragezeichen
und vollendet das Rätsel?

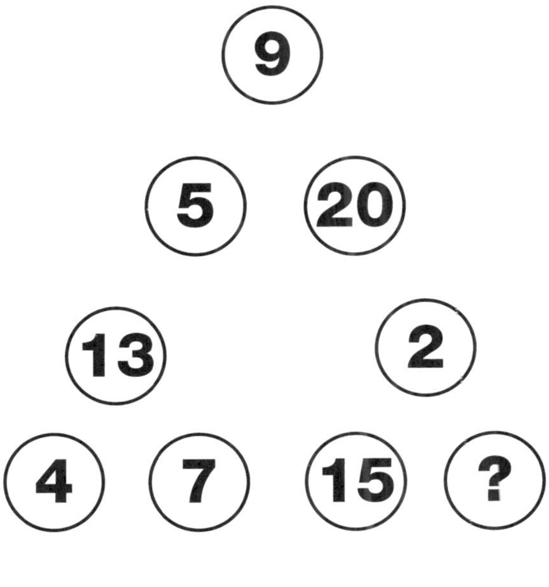

TEST

5

9 RÄTSEL

Was fehlt noch im letzten Sechseck?

K	P	N
V	Q	S
T	Y	?

10 RÄTSEL

Welcher Buchstabe fehlt hier noch?

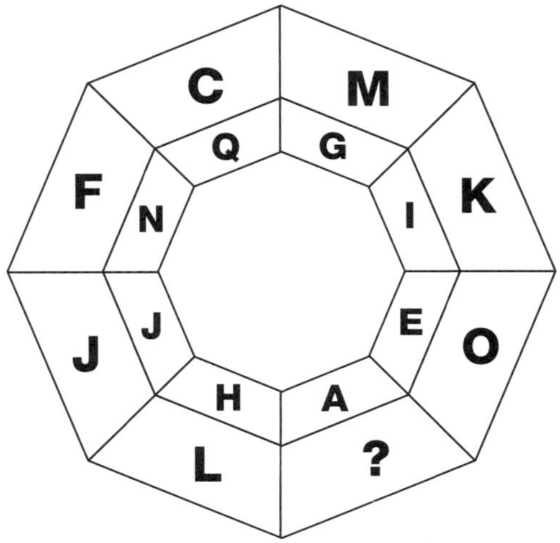

11 RÄTSEL

Welche Zahl ersetzt das Fragezeichen und vollendet das Rätsel?

23

38

45

64

67

?

12 RÄTSEL

Welche Zahl ersetzt das Fragezeichen und vollendet das Rätsel?

2	7	3	6
4	1	4	5
6	8	8	1
1	4	0	?

13 RÄTSEL

Was fehlt noch im letzten Sechseck?

14 RÄTSEL

Welcher Buchstabe fehlt hier noch?

15 RÄTSEL

Welche Zahl ersetzt das Fragezeichen und vollendet das Rätsel?

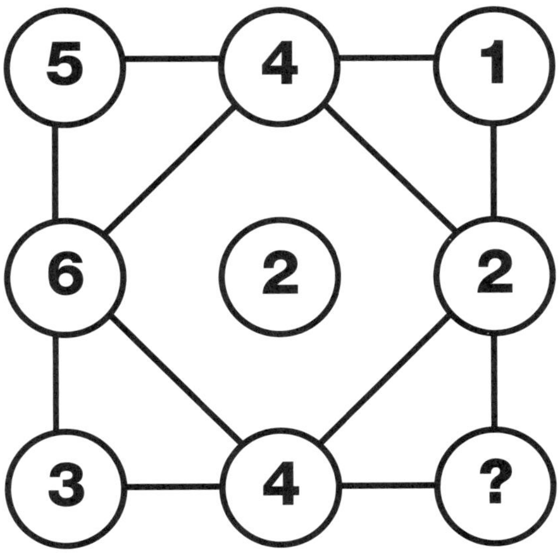

16 RÄTSEL

Worauf weist der Stundenzeiger bei der unteren Uhr?

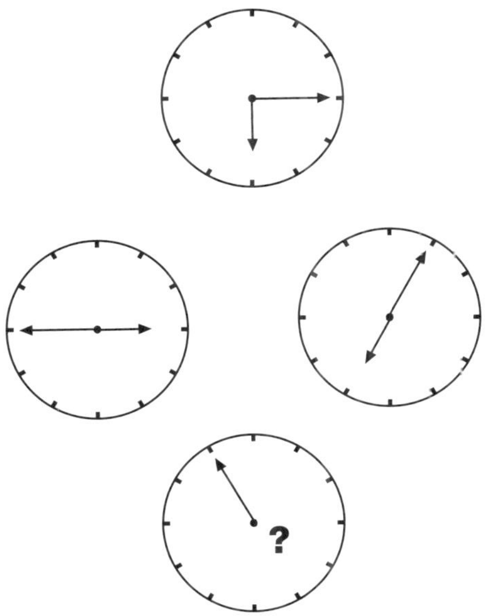

TEST

17 RÄTSEL

Was fehlt im letzten Sechseck?

18 RÄTSEL

Welcher Buchstabe fehlt hier noch?

19 RÄTSEL

Welcher Buchstabe ersetzt das Fragezeichen und vollendet das Rätsel?

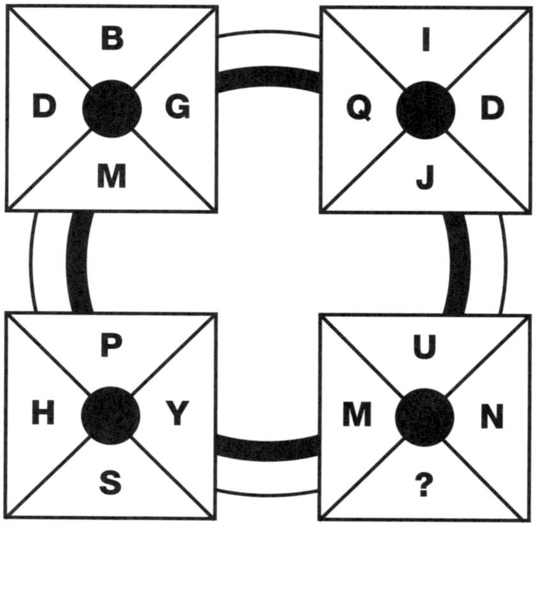

20 RÄTSEL

Welche Zahl ersetzt das Fragezeichen und vollendet das Rätsel?

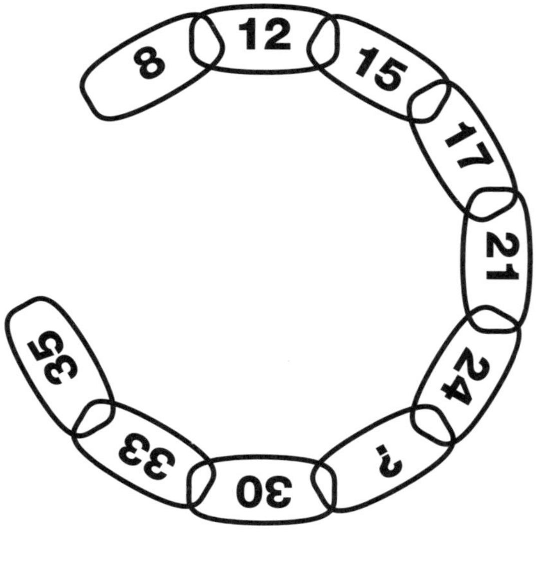

21 RÄTSEL

Welche Zahl fehlt im letzten Kreis?

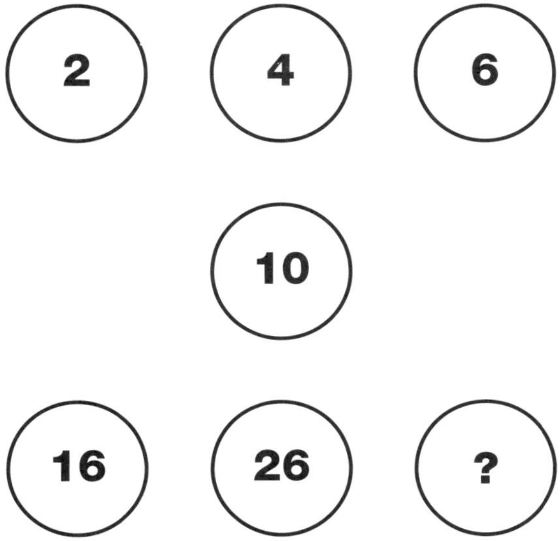

22 RÄTSEL

Welcher Buchstabe fehlt hier noch?

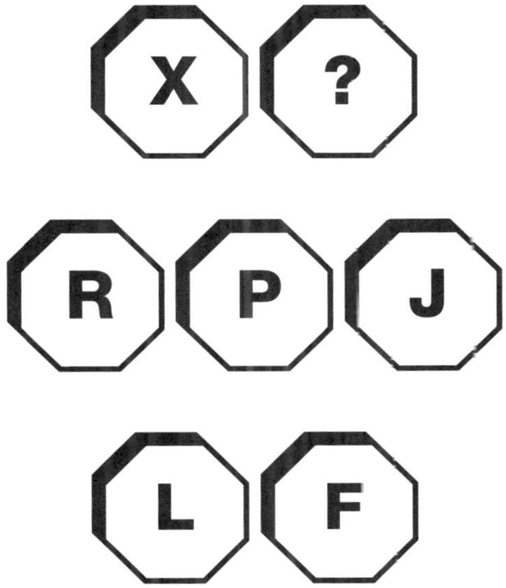

23 RÄTSEL

Welche Zahl ersetzt das Fragezeichen und vollendet das Rätsel?

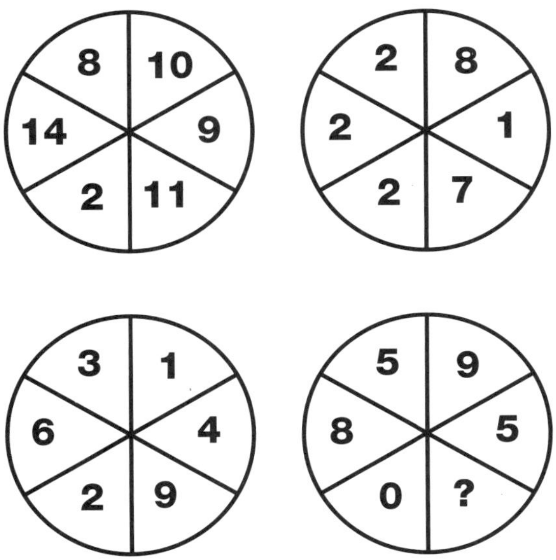

24 RÄTSEL

Welche Zahl ersetzt das Fragezeichen und vollendet das Rätsel?

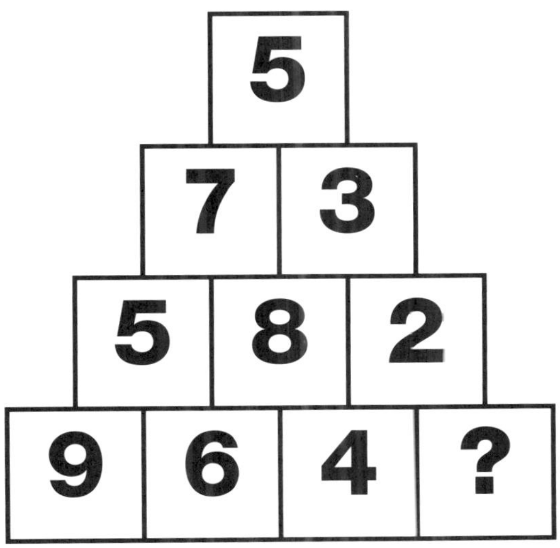

T
E
S
T

5

25 RÄTSEL

Welcher Buchstabe fehlt im letzten Kreis?

A	D	D	B
B	A	D	I
B	H	E	F
C	E	F	?

26 RÄTSEL

Welche Zahl ersetzt das Fragezeichen und vollendet das Rätsel?

3	4
1	

10	12
8	

2	2
5	

5	6
?	

27 RÄTSEL

Welche Zahl gehört in das letzte Feld?

5	8	11
4	9	10
7	6	?

28 RÄTSEL

Welche Zahl fehlt im Gitter?

5	7	2	1	3	2
6	1	0	5	8	2
7	3	9	2	2	1
1	4	2	8	6	5
3	2	7	5	5	6
9	9	2	1	5	?

29 RÄTSEL

Welche Zahl gehört jeweils nicht dazu?

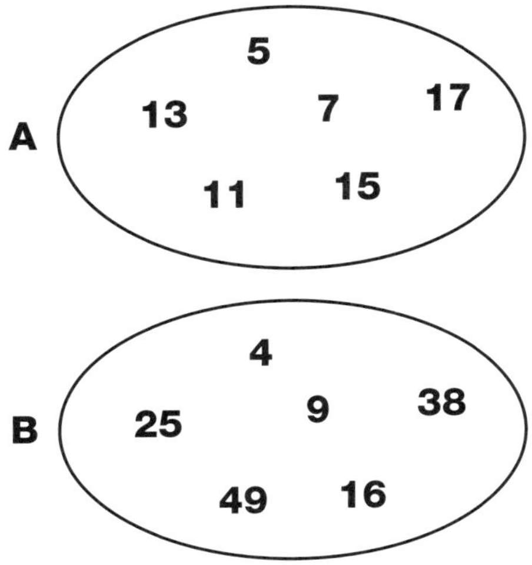

30 RÄTSEL

Welche Zahl ersetzt das Fragezeichen und vollendet das Rätsel?

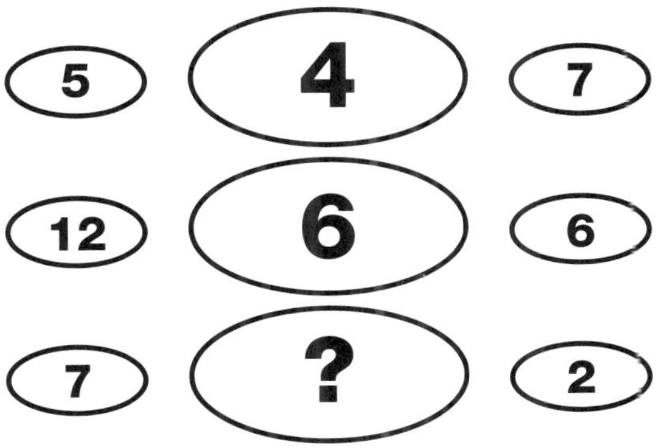

1 RÄTSEL

Welcher Buchstabe ersetzt das Fragezeichen und vollendet das Rätsel?

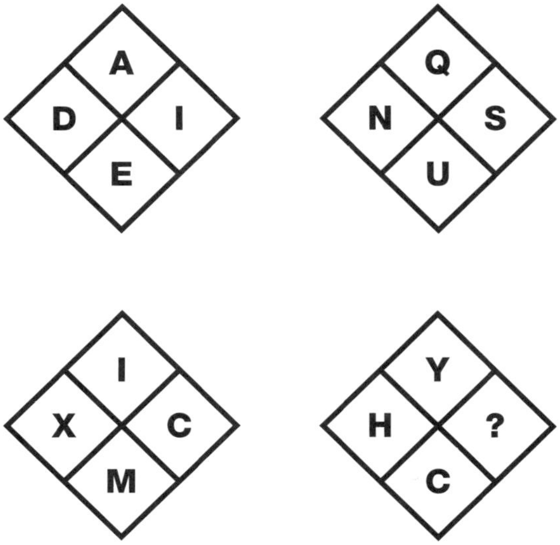

2 RÄTSEL

Welcher Buchstabe ersetzt das Fragezeichen und vollendet das Rätsel?

F		O		X
	H		Q	
M		V		E
	A		J	
T		C		?

3 RÄTSEL

Welche Zahl fehlt hier?

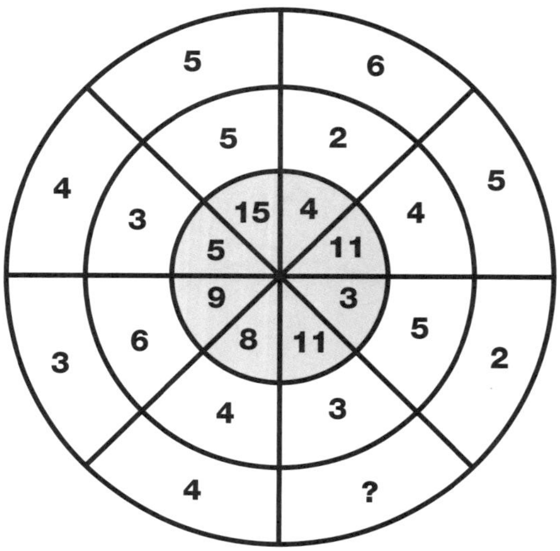

4 RÄTSEL

Welcher Buchstabe ersetzt das Fragezeichen und vollendet das Rätsel?

E	LRCEX	C
I	IPHTL	D
M	XFTMH	B
N	RLXNF	C
?	OYJTQ	E

5 RÄTSEL

Welches Glied schließt die Kette?

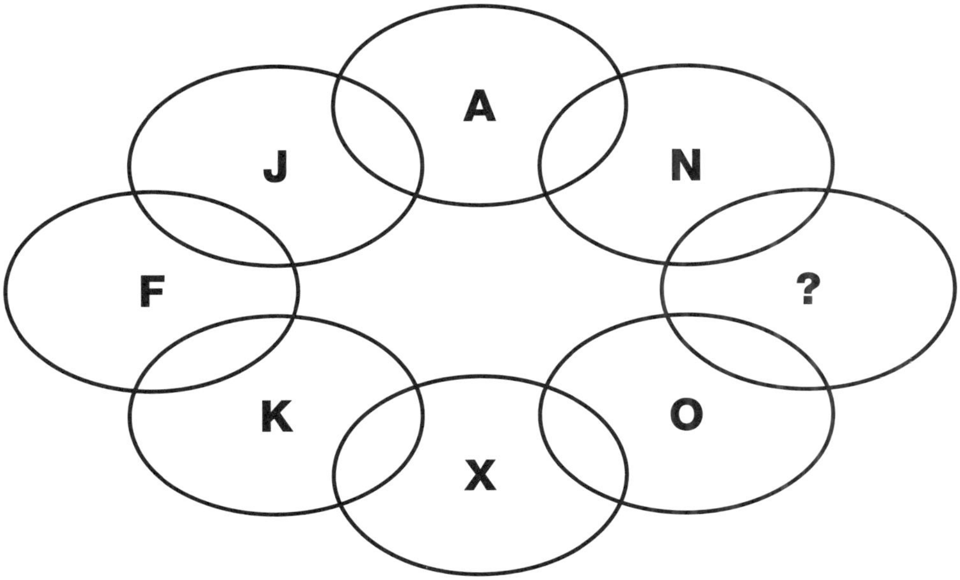

6 RÄTSEL

Welche Zahl ersetzt das Fragezeichen und vollendet das Rätsel?

3	6	2	6
2	7	5	15
11	5	10	1

9	1	17	3
2	3	6	1
9	2	4	0

12	7	19	9
4	10	11	16
20	7	14	1

6	5	15	3
0	4	1	14
2	3	6	?

7 RÄTSEL

Welcher Buchstabe ersetzt das Fragezeichen im letzten Stern?

8 RÄTSEL

Welche Zahl muss eingesetzt werden?

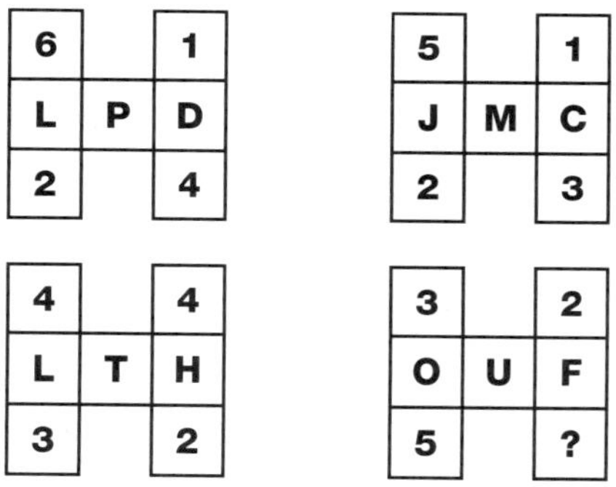

9 RÄTSEL

Welche Zahl ersetzt das Fragezeichen und vollendet das Rätsel?

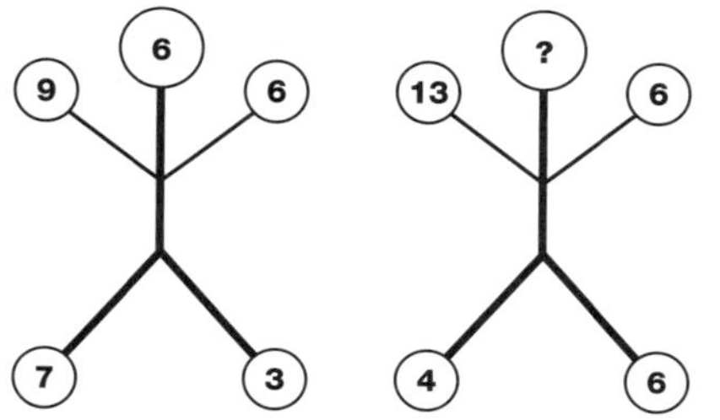

10 RÄTSEL

Welche Zahl ersetzt das Fragezeichen und vollendet das Rätsel?

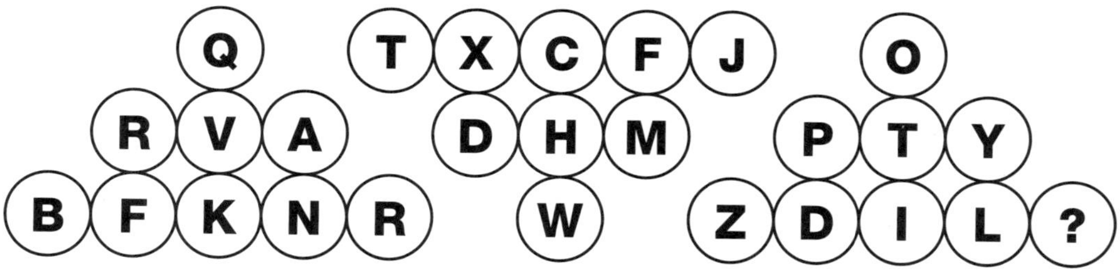

11 RÄTSEL

Welcher Buchstabe ersetzt das Fragezeichen?

3	P	8
9	G	11
2	U	4
3	W	1
7	?	18

12 RÄTSEL

Welche Zahl gehört in den Kreis?

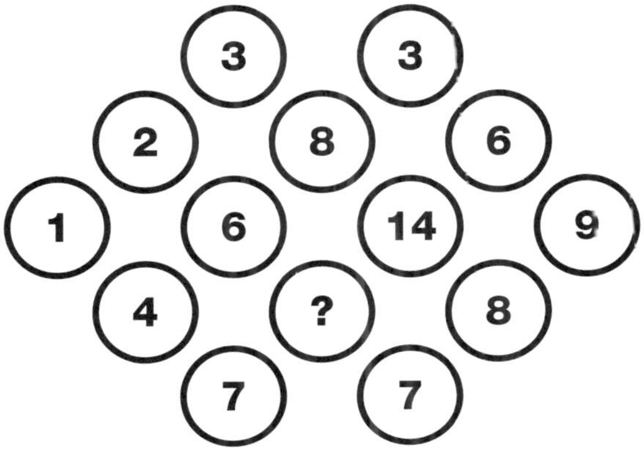

13 RÄTSEL

Mit welcher Zahl wird das Rätsel vervollständigt?

	6	
5	23	2
	4	

	3	
3	17	15
	4	

	8	
6	14	8
	1	

	7	
2	25	?
	4	

TEST

6

14 RÄTSEL

Welcher Buchstabe fehlt hier?

G			
J	Y		
N	F	W	
S	?	G	R

15 RÄTSEL

Welche Zahl ersetzt das Fragezeichen und vollendet das Rätsel?

A	H
V	Q

Z	E
U	L

Q	X
L	G

T	C
M	H

Y	D
P	?

16 RÄTSEL

Welche Spielkarte ersetzt das Fragezeichen und vervollständigt das Rätsel?

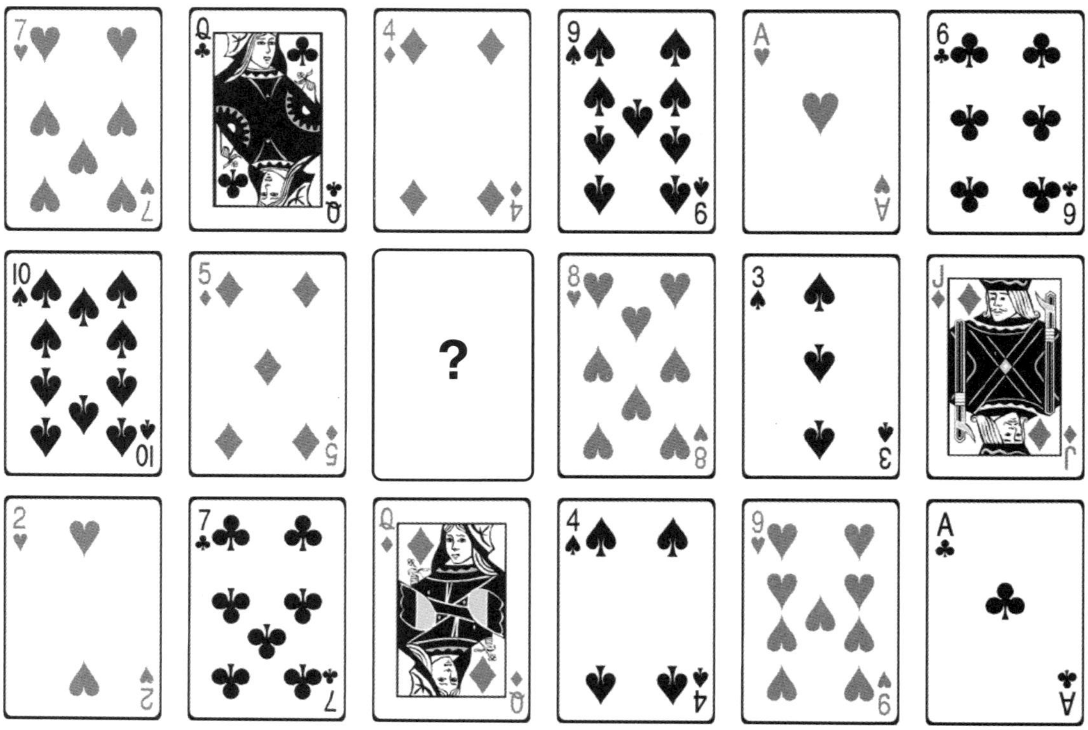

17 RÄTSEL

Welcher Buchstabe fehlt noch?

D	L
A	C

M	F
A	E

L	H
D	K

Q	I
B	?

18 RÄTSEL

Welche Zahl fehlt noch im Gitter?

1	0	0	2	5	6
1	2	1	2	8	9
1	4	4	3	2	4
1	6	9	3	6	1
1	9	6	4	0	0
2	2	5	4	4	?

19 RÄTSEL

Wie spät ist es auf der Uhr ganz unten?

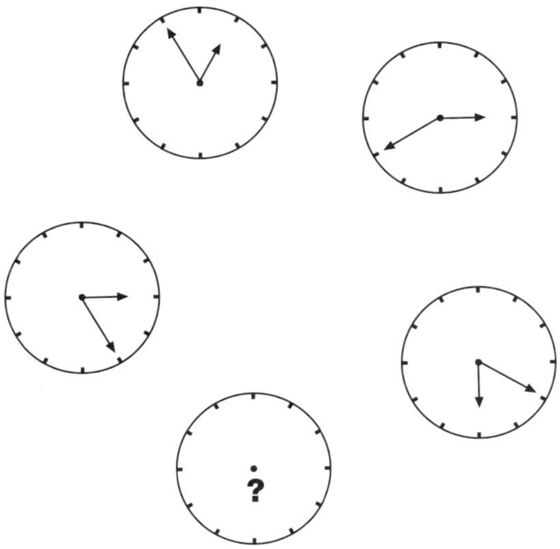

20 RÄTSEL

Welche Zahl ersetzt das Fragezeichen und vollendet das Rätsel?

CB	13	AI
FE	26	IA
DH	25	BC
EB	35	H?

TEST

6

21 RÄTSEL

	Neustädter Amateure	Jugend-Theater	Stein-Gymnasium	März	Juni	Oktober	€ 5	€ 10	€ 20
Julius Cäsar									
Othello									
Macbeth									
€ 5									
€ 10									
€ 20									
März									
Juni									
Oktober									

Neustadt hatte schon immer eine aufregende Amateurtheater-Szene. Dieses Jahr gab die Truppe des Stein-Gymnasiums Macbeth. Othello, nicht von den Neustädter Amateuren gespielt, hatte die preiswertesten Karten. Julius Caesar wurde im März gespielt; es war zwar die beste Aufführung in Neustadt seit langem, hatte aber nicht die teuersten Karten. Die Aufführung des Jugend-Theaters lief später als die des Stein-Gymnasiums. Erschließen Sie aus diesen Hinweisen, welche Truppe welches Stück gab, den Eintrittspreis und den Monat der Aufführung.

Theater-truppe	Stück	Erst-aufführung	Eintritts-preis

22 RÄTSEL

Welche Zahl fehlt hier?

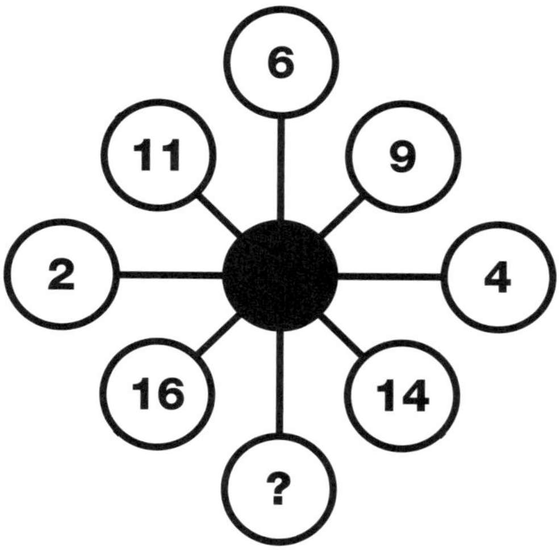

23 RÄTSEL

Welcher Buchstabe ersetzt das Fragezeichen und schließt die Folge ab?

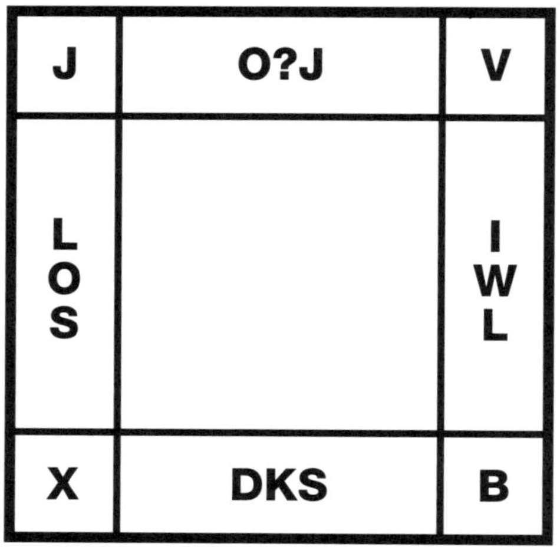

24 RÄTSEL

Welcher Bilderwürfel ergibt dieses „Netz"?

25 RÄTSEL

Welche Zahl ersetzt das Fragezeichen und vollendet das Rätsel?

6	7	2
13	9	
22		
17	5	
13	4	?

26 RÄTSEL

Susanne kauft eine kleine Flasche ihres Lieblingsparfums für € 20. Wenn der Inhalt € 18 mehr wert ist als der Flakon allein, wie viel ist dann der Flakon wert?

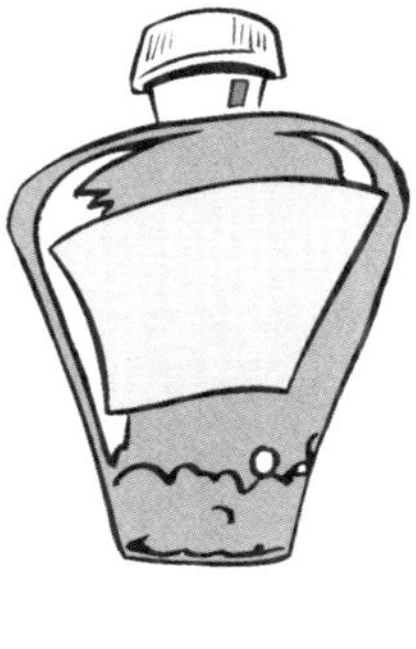

27 RÄTSEL

Welcher Buchstabe fehlt in der letzten Gruppe?

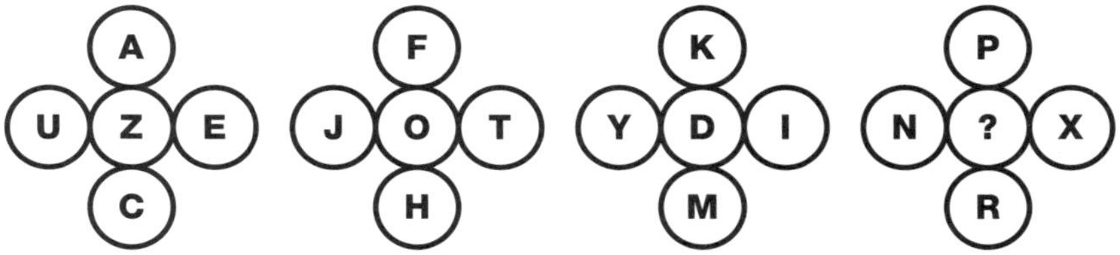

28 RÄTSEL

Welcher Buchstabe fehlt noch?

29 RÄTSEL

Welcher Buchstabe ersetzt das Fragezeichen und vollendet das Rätsel?

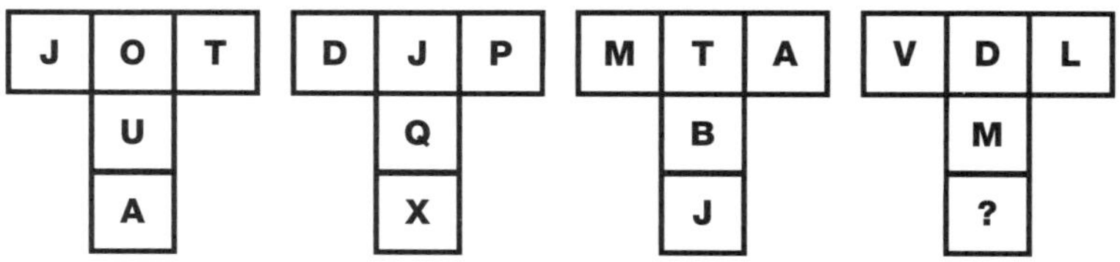

30 RÄTSEL

Wie wird die Reihe der Dominosteine komplett?

1 RÄTSEL

Was fehlt im letzten Gitter?

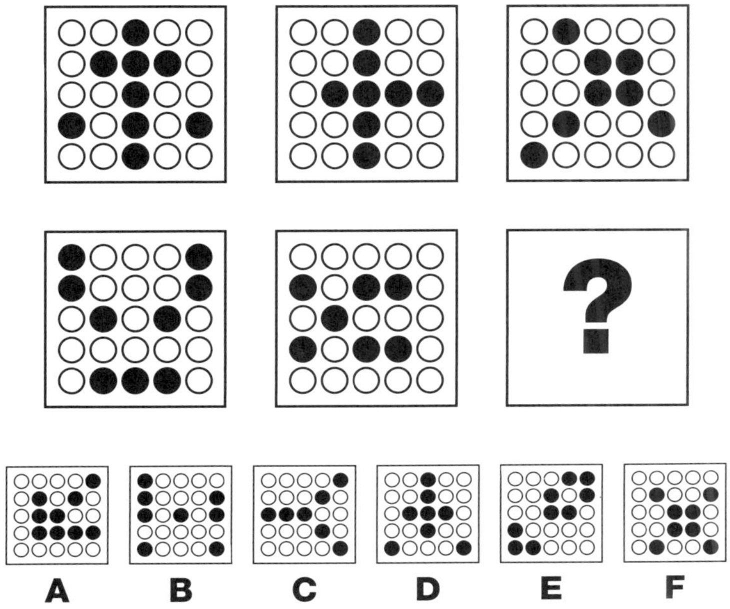

2 RÄTSEL

Welche der Uhren A–E gehört in das freie Feld?

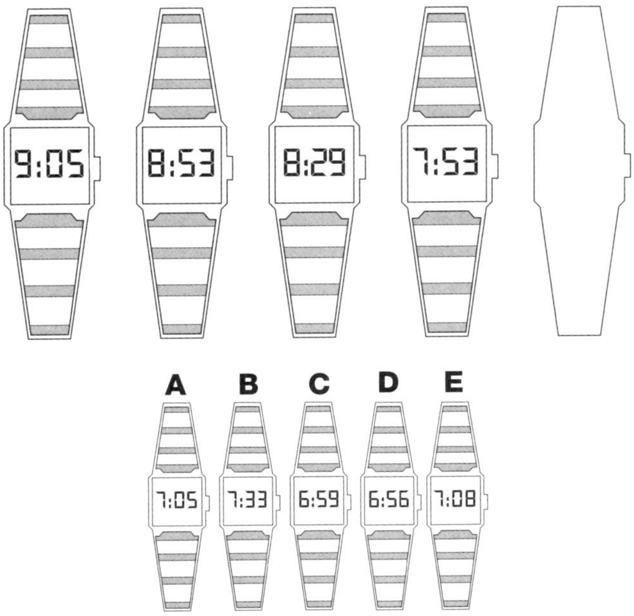

3 RÄTSEL

Welche Zahl ersetzt das Fragezeichen?

3 1 4
2 1 5 1 1
3 1 2 0 4 2 0
6 1 2 3 2
8 4 ?

1 2 3 4 5 6 7 8

4 RÄTSEL

Welche Zahl ersetzt das Fragezeichen und vollendet das Rätsel?

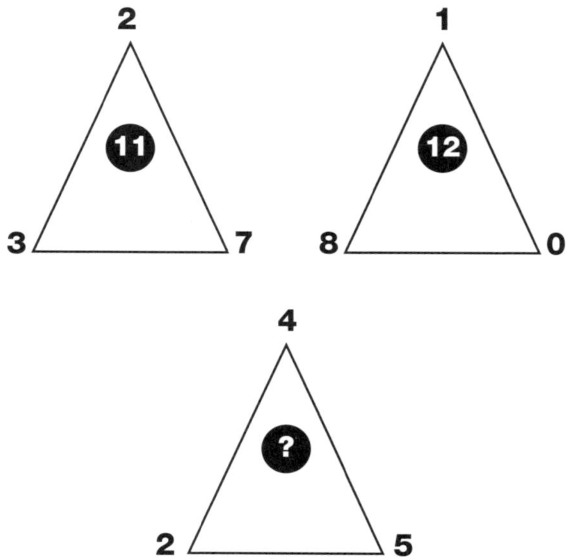

5 RÄTSEL

Welcher Buchstabe fehlt hier?

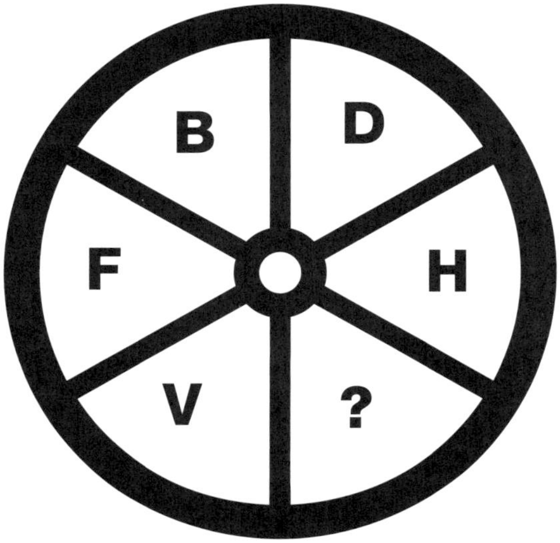

6 RÄTSEL

Welche Zahl fehlt noch?

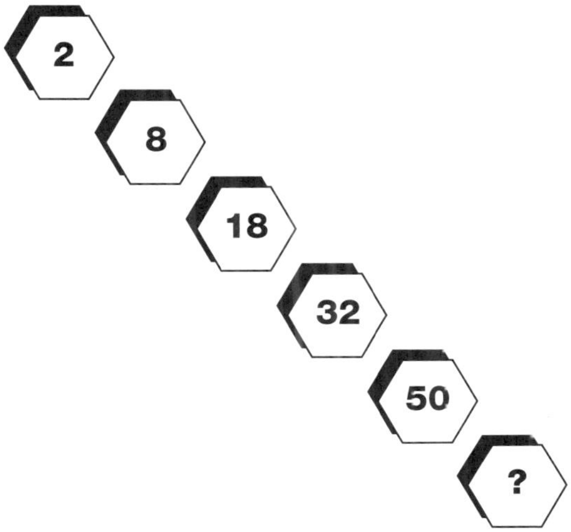

7 RÄTSEL

Welche Zahl ersetzt das Fragezeichen und vollendet das Rätsel?

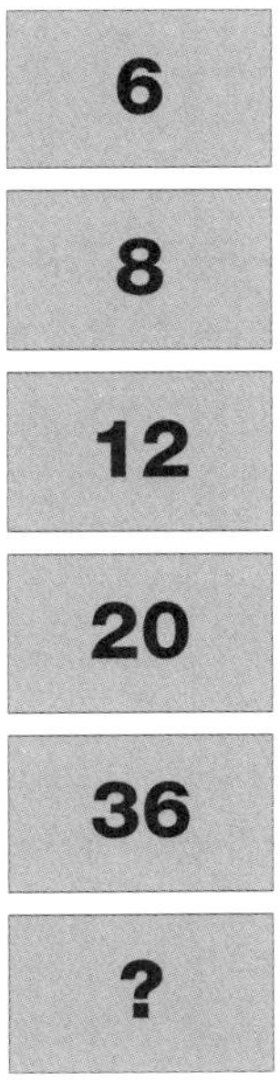

8 RÄTSEL

Welche Zahl ersetzt das Fragezeichen und vollendet das Rätsel?

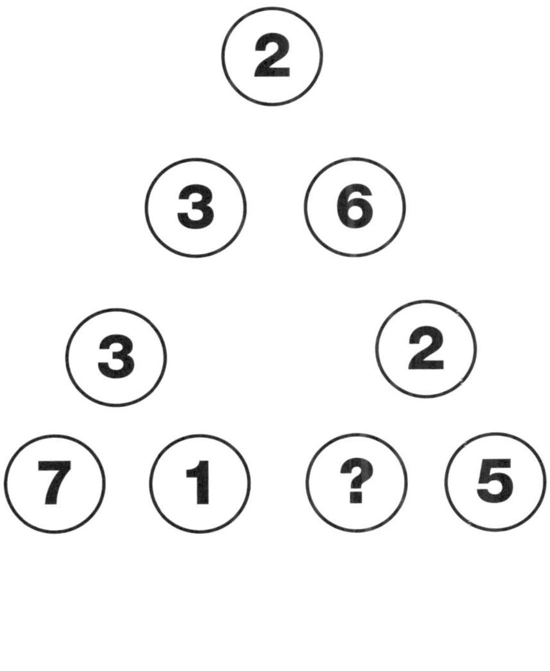

TEST

7

9 RÄTSEL

Was fehlt im letzten Sechseck?

B	B	E
B	E	F
B	H	?

10 RÄTSEL

Welcher Buchstabe fehlt noch?

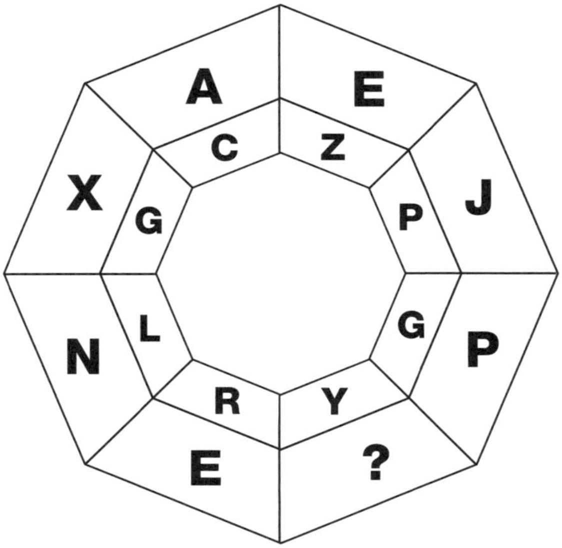

11 RÄTSEL

Welche Zahl ersetzt das Fragezeichen und vollendet das Rätsel?

5

8

10

11

14

?

12 RÄTSEL

Welche Zahl ersetzt das Fragezeichen und vollendet das Rätsel?

7	3	2	6
9	2	4	3
1	5	7	5
0	6	5	?

13 RÄTSEL

Was fehlt im letzten Sechseck?

14 RÄTSEL

Welcher Buchstabe fehlt noch?

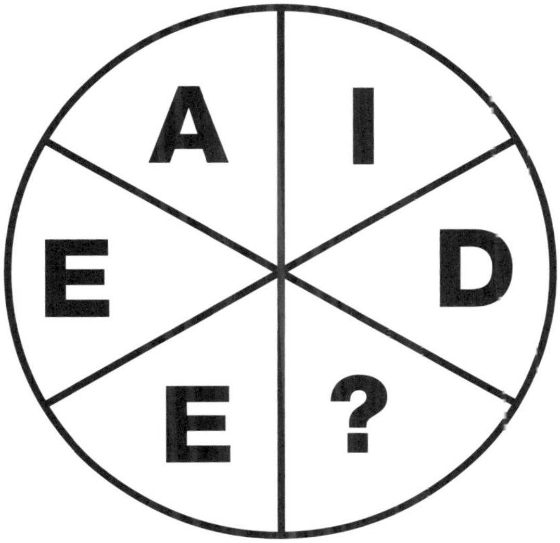

15 RÄTSEL

Welche Zahl ersetzt das Fragezeichen
und vollendet das Rätsel?

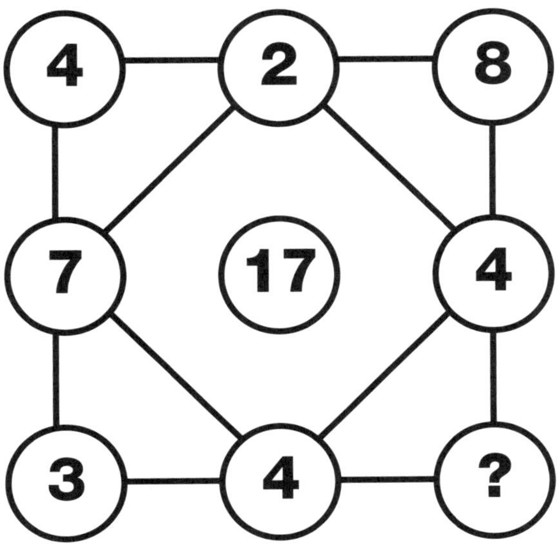

16 RÄTSEL

Worauf weist der Stundenzeiger
der Uhr ganz unten?

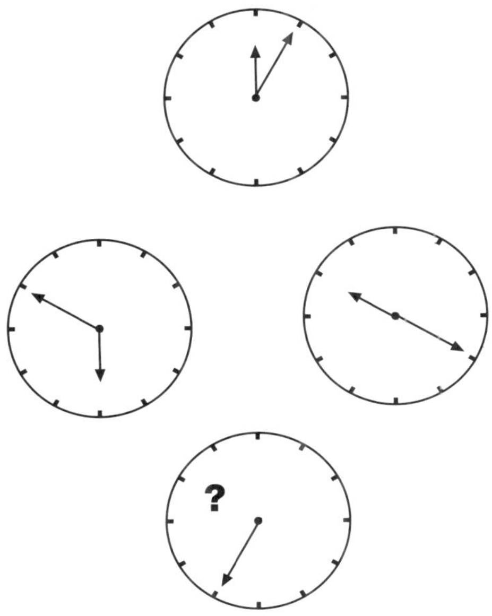

TEST

7

17 RÄTSEL

Womit wird die Reihe abgeschlossen?

18 RÄTSEL

Welcher Buchstabe fehlt noch?

19 RÄTSEL

Welche Zahl ersetzt das Fragezeichen und vollendet das Rätsel?

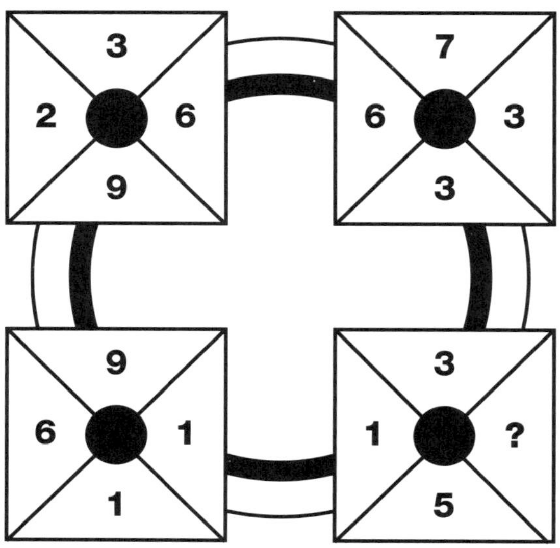

20 RÄTSEL

Welche Zahl ersetzt das Fragezeichen und vollendet das Rätsel?

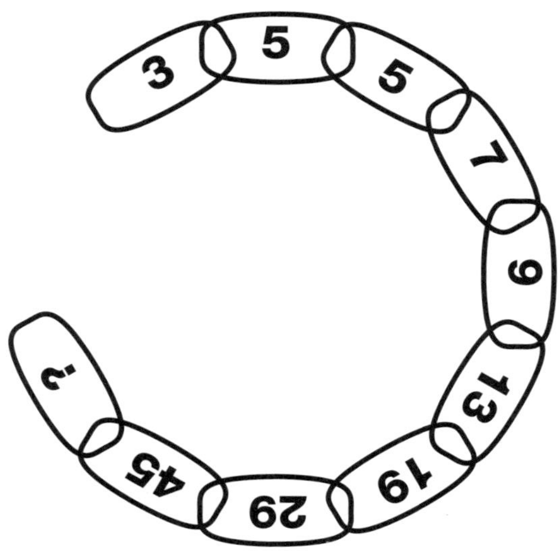

21 RÄTSEL

Was fehlt im letzten Kreis?

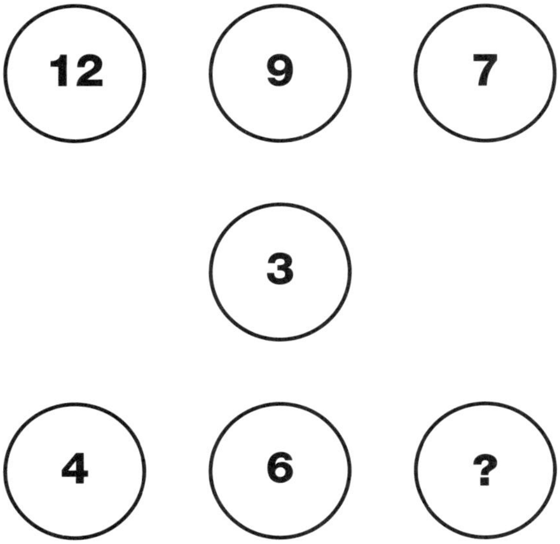

22 RÄTSEL

Welche Zahl fehlt noch?

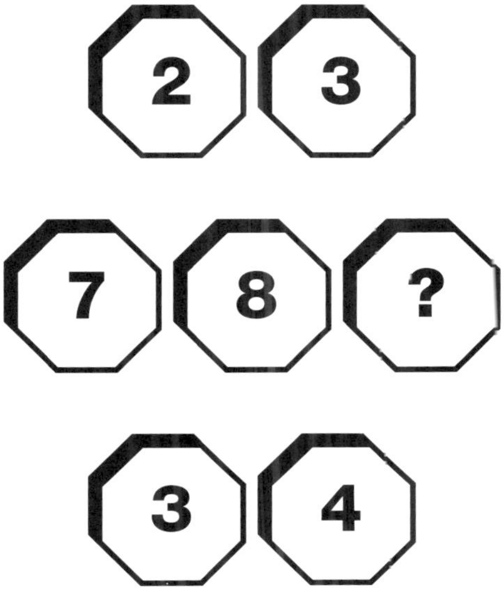

23 RÄTSEL

Welche Zahl ersetzt das Fragezeichen und vollendet das Rätsel?

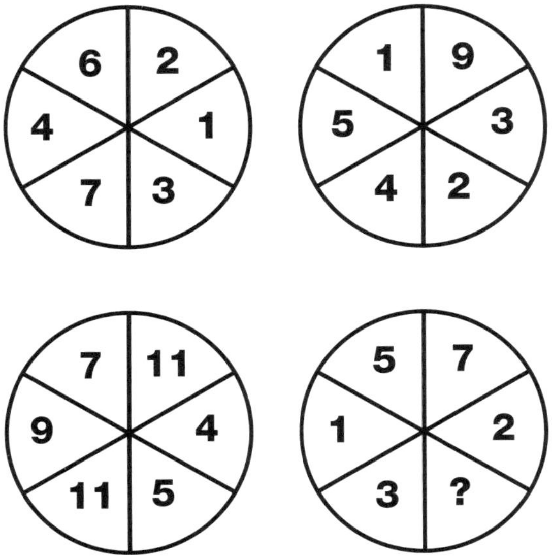

24 RÄTSEL

Welcher Buchstabe ersetzt das Fragezeichen und vollendet das Rätsel?

25
RÄTSEL

Welcher Buchstabe gehört in den letzten Kreis?

E	L	B	I
G	D	F	M
J	A	F	B
C	H	K	?

26
RÄTSEL

Welcher Buchstabe ersetzt das Fragezeichen und vollendet das Rätsel?

A	G
M	

P	W
D	

B	J
R	

E	N
?	

27 RÄTSEL

Welche Zahl fehlt unten rechts?

2	14	22
3	9	35
4	6	?

28 RÄTSEL

Welche Zahl wird noch gesucht?

4	1	2	5	2	3
6	3	5	7	4	6
1	5	4	2	6	5
7	4	5	6	3	4
9	6	8	8	5	7
4	8	7	3	7	?

29 RÄTSEL

Welche Zahl gehört jeweils nicht dazu?

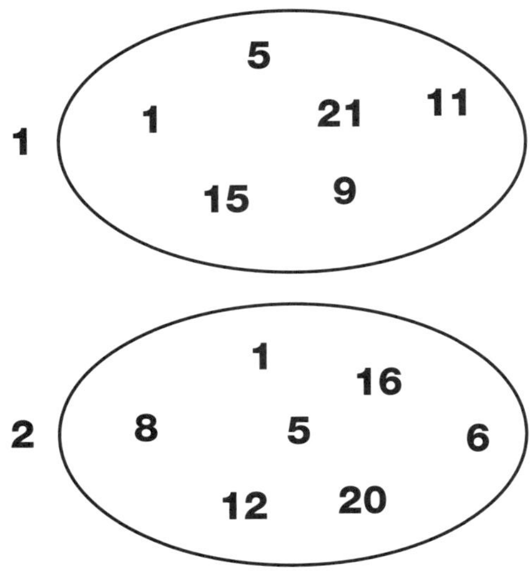

30 RÄTSEL

Welche Zahl ersetzt das Fragezeichen und vollendet das Rätsel?

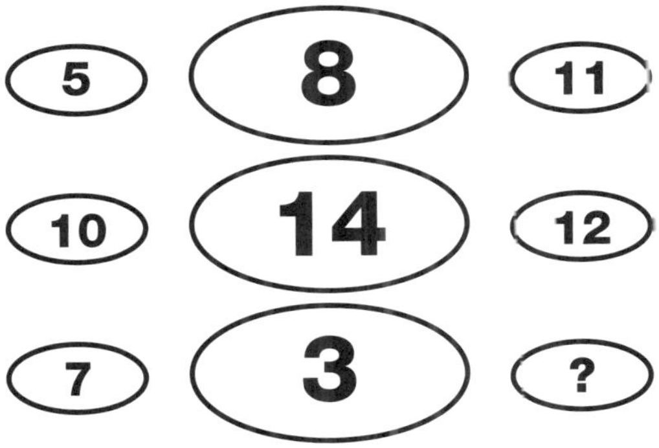

1 RÄTSEL

Welche Zahl fehlt hier?

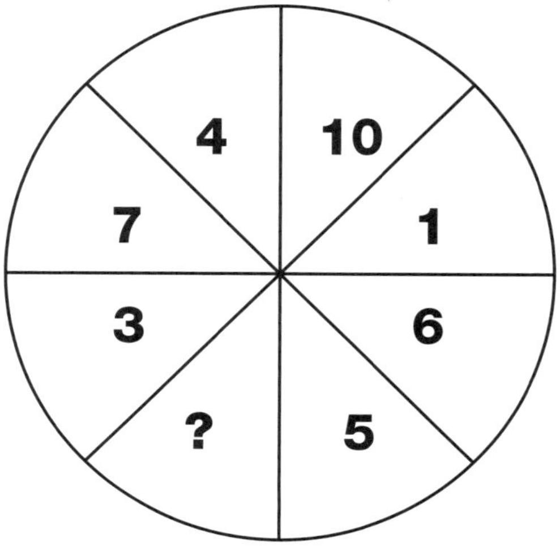

2 RÄTSEL

Welcher Buchstabe fehlt hier?

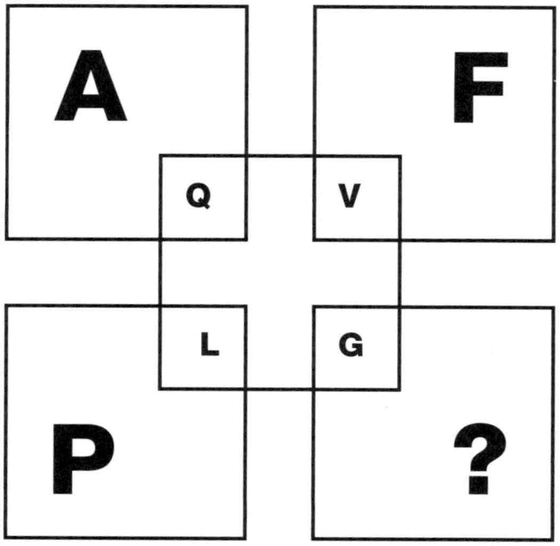

3 RÄTSEL

Welches weitere Fahrzeug
bringt die Waage ins Gleichgewicht?

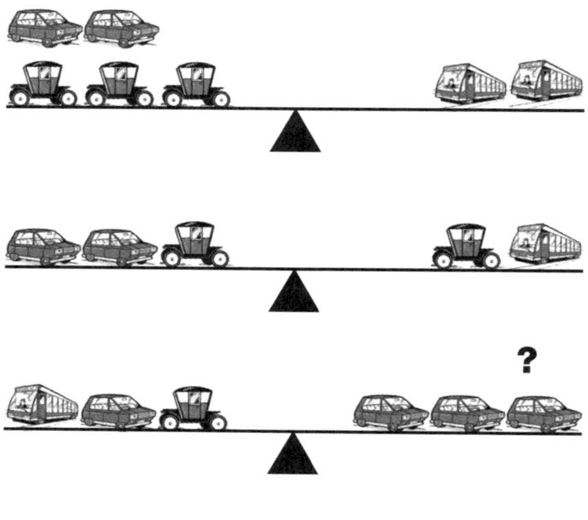

4 RÄTSEL

Welcher Buchstabe ersetzt das Fragezeichen
und vollendet das Rätsel?

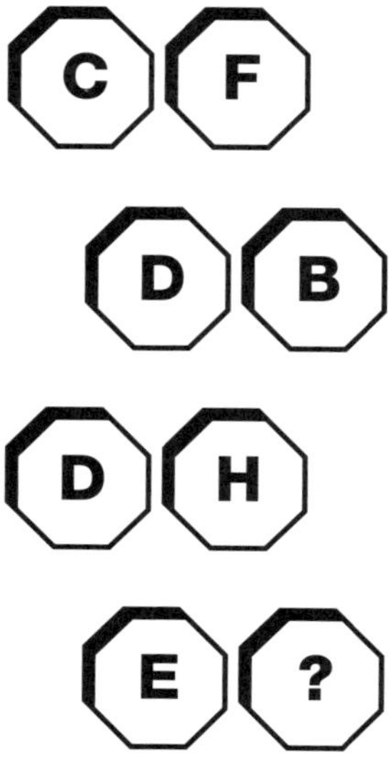

5 RÄTSEL

Welcher Buchstabe gehört noch in den letzten Kreis?

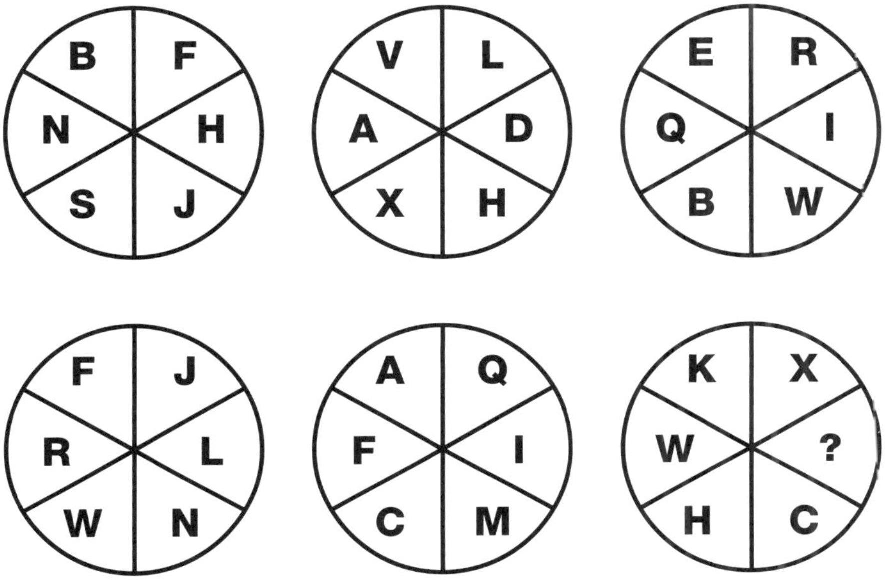

6 RÄTSEL

Welcher Buchstabe ersetzt das Fragezeichen und vollendet das Rätsel?

A	F	D	P	R	A	C	D
C	R	U	C	F	U	P	F
P	P	A	A	D	D	R	R
R	C	C	U	U	F	F	P
F	A	P	D	A	R	D	C
D	U	R	F	C	P	U	?

7 RÄTSEL

Was fehlt im letzten Kreis?

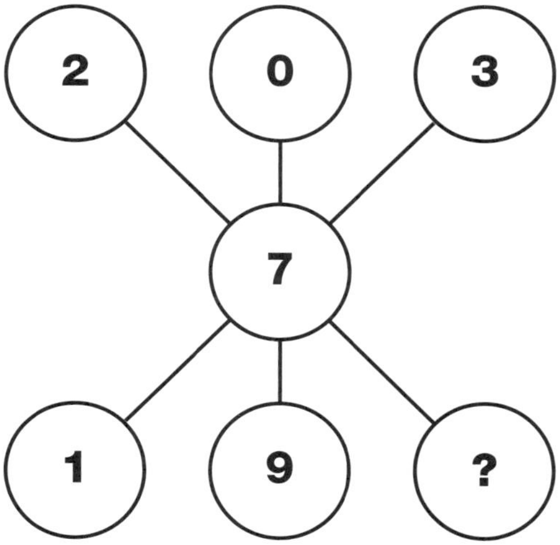

8 RÄTSEL

Welcher Buchstabe fehlt noch?

A D C

E G

A E G

D ?

9 RÄTSEL

Welche Zahl ersetzt das Fragezeichen und vollendet das Rätsel?

3 9 17 27 ?

10 RÄTSEL

Welche Zahl ersetzt das Fragezeichen und vollendet das Rätsel?

2	3
6	4
8	12
24	?

11 RÄTSEL

Welche Zahl gehört noch in den mittleren Kreis?

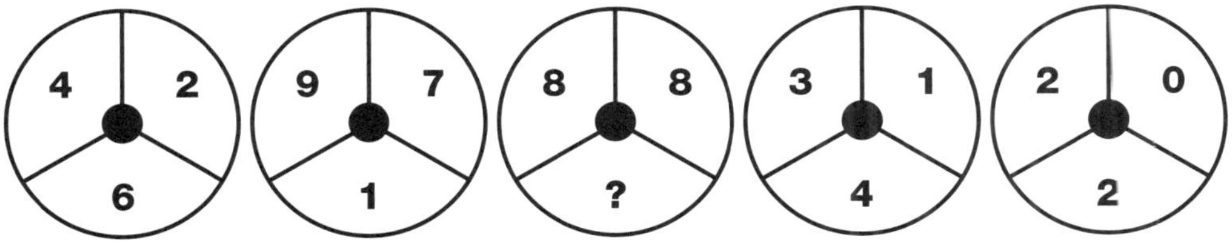

12 RÄTSEL

Welche Zahl ersetzt das Fragezeichen und vollendet das Rätsel?

3	1	7
7	5	11
12	10	?

13 RÄTSEL

Welcher Buchstabe fehlt noch?

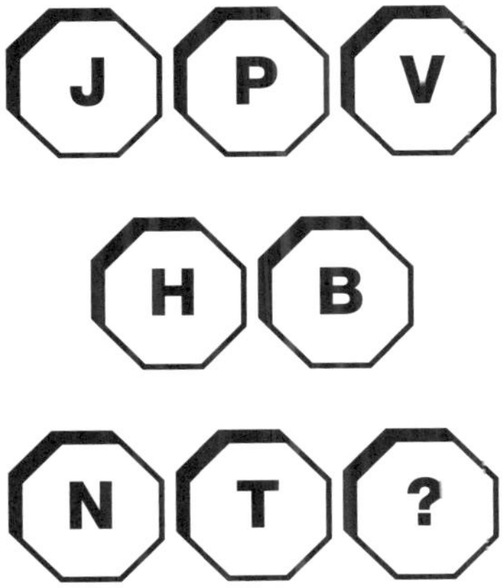

14 RÄTSEL

Welche Zahl ersetzt das Fragezeichen und vollendet das Rätsel?

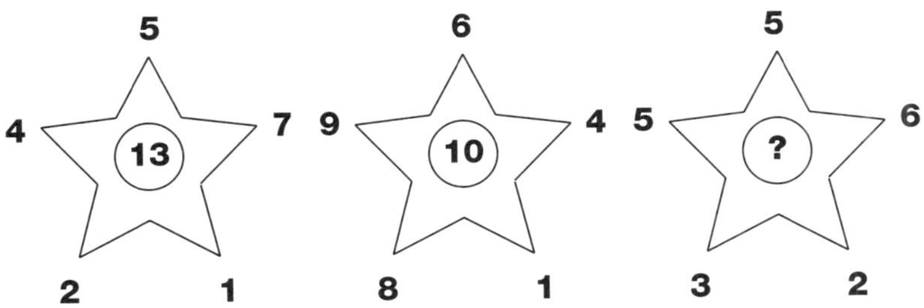

15 RÄTSEL

Was fehlt noch im letzten Kreis?

A	G	H
D	L	P
N	F	?

16 RÄTSEL

Welcher Buchstabe fehlt noch?

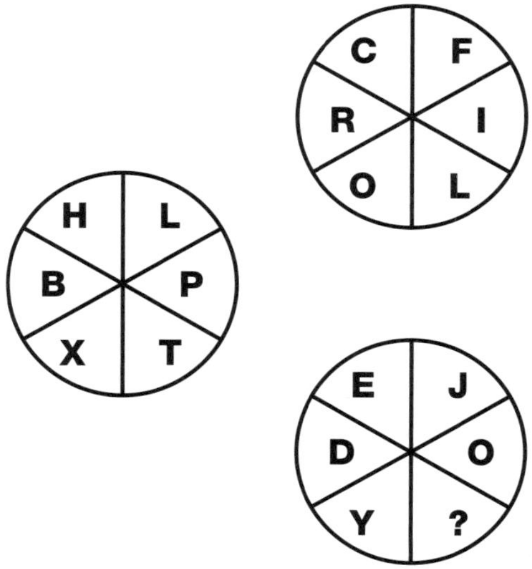

17 RÄTSEL

Welche Zahl ersetzt das Fragezeichen und vollendet das Rätsel?

3	12	7
4	15	9
6	11	?

18 RÄTSEL

Welche Zahl fehlt ganz unten?

12

31

69

145

297

?

19 RÄTSEL

Welcher Buchstabe wird noch benötigt?

E	K
P	F

B	J
L	H

D	M
Q	I

C	O
R	?

20 RÄTSEL

Welche Zahl ersetzt das Fragezeichen und vollendet das Rätsel?

3	4
4	5
6	8
11	16
24	37
58	?

TEST

8

21 RÄTSEL

Welcher der Buchstaben A–H gehört in den Kreis ganz unten?

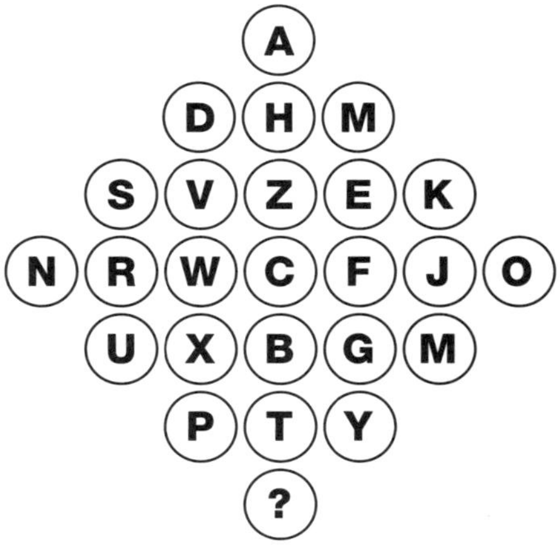

22 RÄTSEL

Welche Zahl ersetzt das Fragezeichen und vollendet das Rätsel?

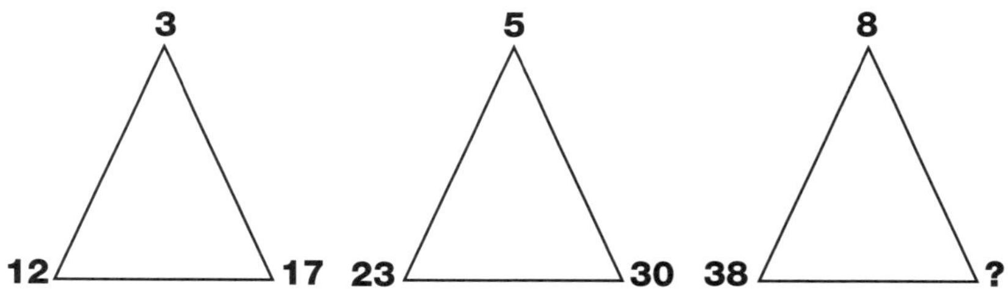

23 RÄTSEL

Welcher Buchstabe macht das Rätsel komplett?

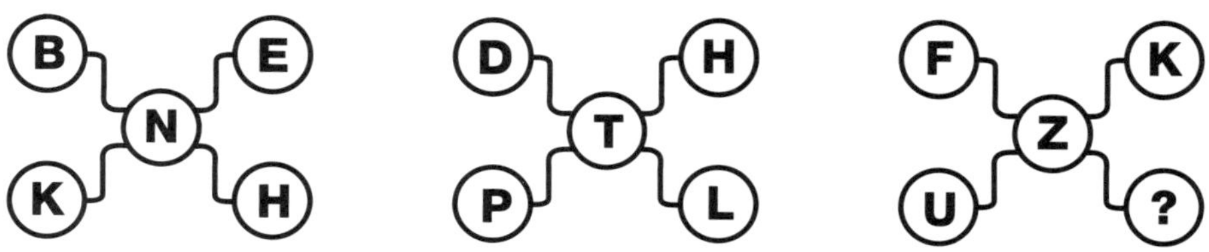

24 RÄTSEL

Welche Zahl fehlt im letzten Stern?

25 RÄTSEL

Welcher Buchstabe wird noch benötigt?

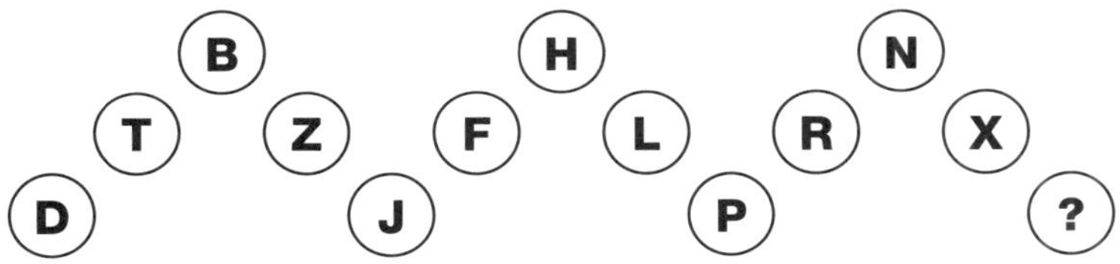

26 RÄTSEL

Welche Zahl ersetzt das Fragezeichen und vollendet das Rätsel?

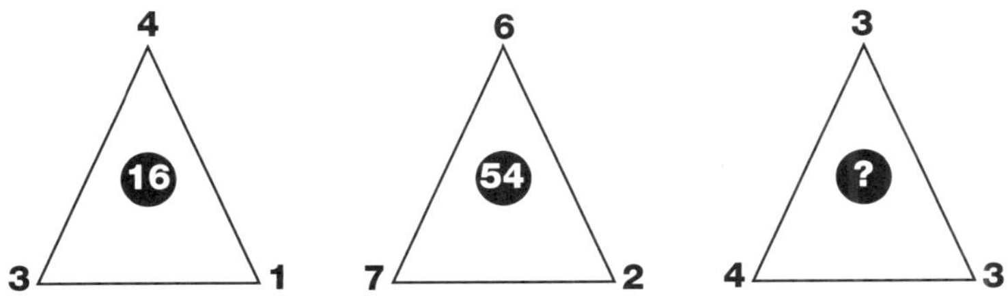

27 RÄTSEL

Welche Zahl ersetzt das Fragezeichen und vollendet das Rätsel?

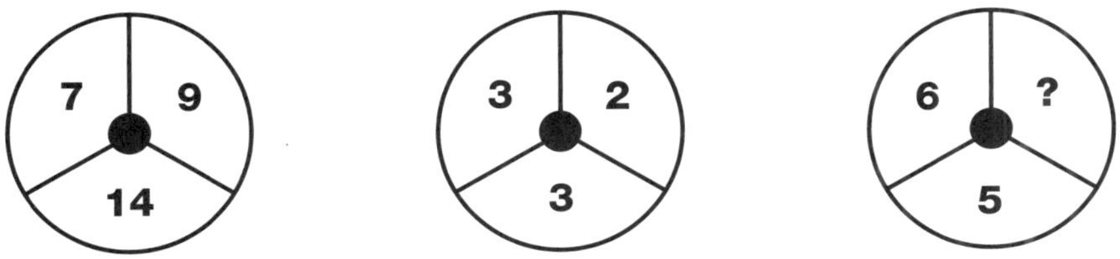

28 RÄTSEL

Welches Gitter schließt die Lücke?

A		E		I		M		Q	
	B		F		J		N		R
D		H		L		P		T	
	Y		C	■	■		K		O
G		K	■	■	■	■		W	
	V		■	■	■	■	H		L
J		N		■	■	V		Z	
	S		W		A		E		I
M		Q		U		Y		C	
	P		T		X		B		F

1

		G	
	O		S
Z		D	
	R		

2

		F	
	H		N
Y		S	
	M		

3

		O	
	G		R
Z		D	
	S		

4

		R	
	T		Z
K		E	
	F		

5

		H	
	Y		M
F		N	
	S		

29 RÄTSEL

Welche Zahl ersetzt das Fragezeichen und vollendet das Rätsel?

7	7
6	6

5	1
2	4

6	12
8	5

1	3
2	5

6	4
4	?

30 RÄTSEL

Welche Zahl ersetzt das Fragezeichen und vollendet das Rätsel?

4	9	5	6	6	3	7	?

1 RÄTSEL

Welcher Buchstabe ersetzt das Fragezeichen und vollendet das Rätsel?

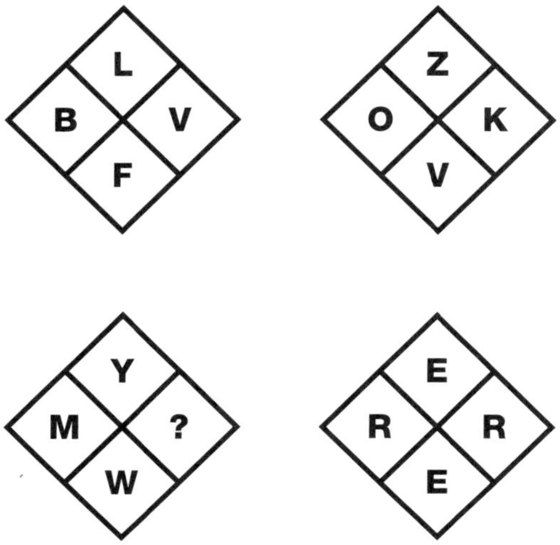

2 RÄTSEL

Welche 1-stellige Zahl ersetzt das Fragezeichen und schließt das Rätsel ab?

3	7	4	2	3
1	2	5	8	9
4	3	5	3	8
6	5	2	7	1
2	1	2	6	?

3 RÄTSEL

Welche Zahl ersetzt das Fragezeichen und vollendet das Rätsel?

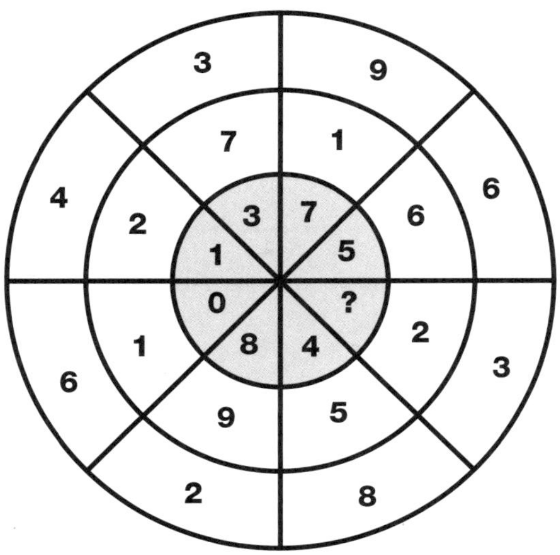

4 RÄTSEL

Welcher Buchstabe fehlt hier?

A	DH	M
F	KN	R
L	PU	X
S	VZ	E
X	CF	?

TEST

9

5 RÄTSEL

Welche Zahl ersetzt das Fragezeichen und vollendet das Rätsel?

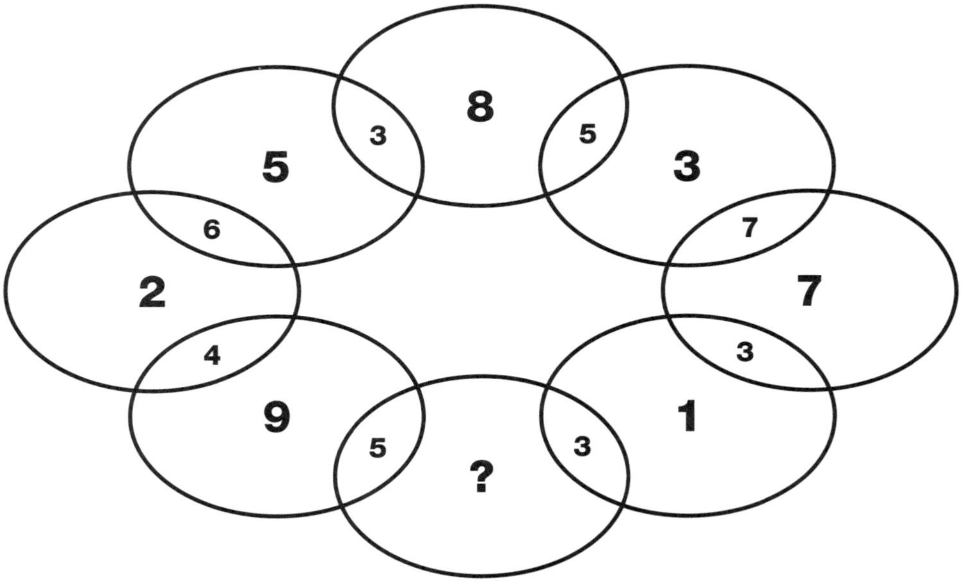

6 RÄTSEL

Welche Zahl vervollständigt das Gitter unten rechts?

3	5	4	8
1	11	7	3
2	6	1	12

4	7	8	13
5	14	9	11
9	7	4	13

1	2	4	5
4	3	2	8
7	1	3	1

2	3	0	3
3	8	5	5
5	5	2	?

7 RÄTSEL

Welcher Buchstabe ersetzt das Fragezeichen und vollendet das Rätsel?

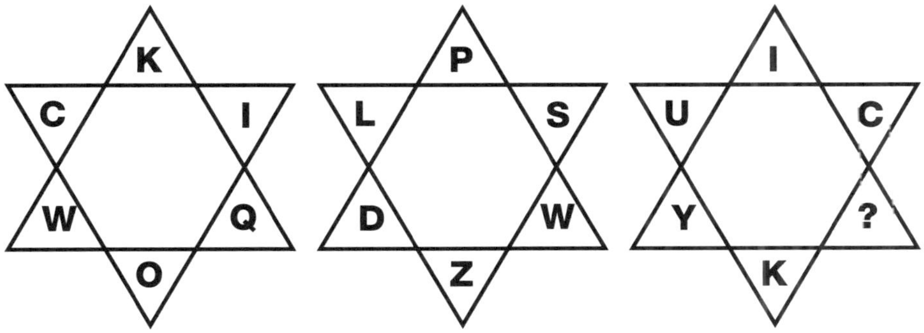

8 RÄTSEL

Welche Zahl ersetzt das Fragezeichen und vollendet das Rätsel?

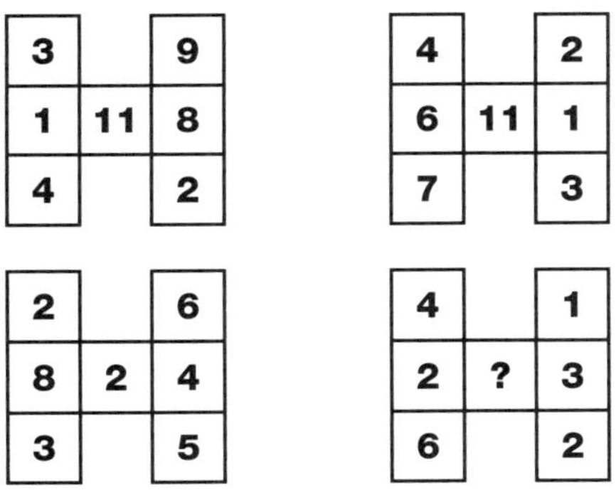

9 RÄTSEL

Welche Zahl fehlt hier noch?

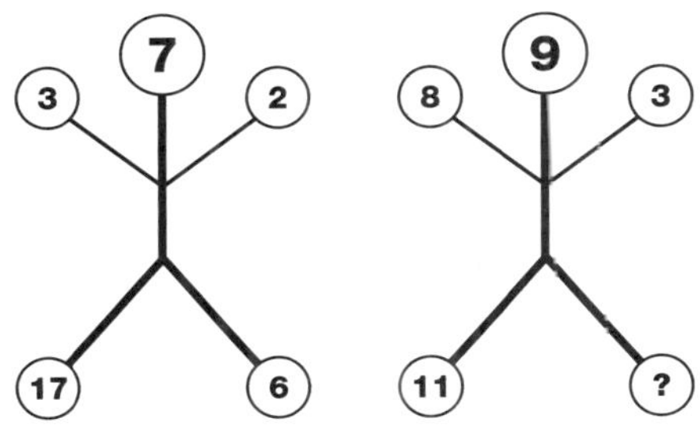

10 RÄTSEL

Welche Zahl ersetzt das Fragezeichen im dritten Dreieck?

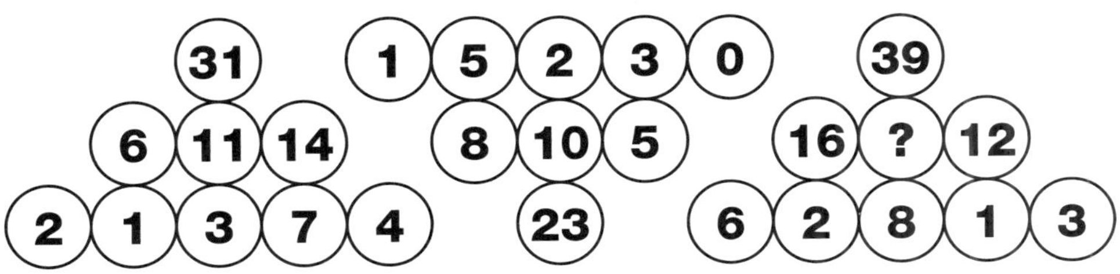

11 RÄTSEL

Welche Zahl ersetzt das Fragezeichen
und vollendet das Rätsel?

3	5	3
2	4	7
8	4	3
6	2	9
2	11	?

12 RÄTSEL

Welche Zahl ersetzt das Fragezeichen
und schließt die Folge ab?

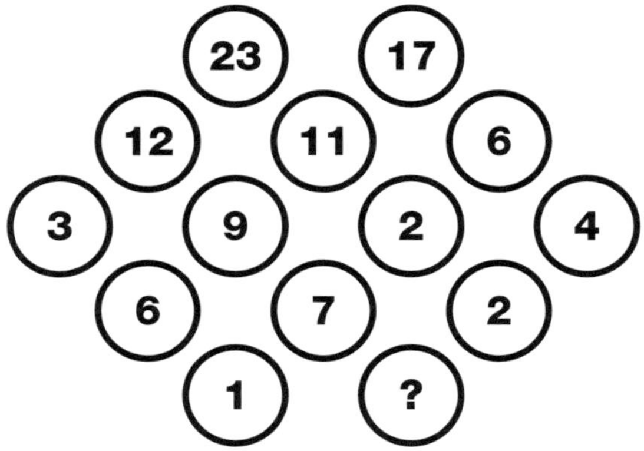

13 RÄTSEL

Welcher Buchstabe ersetzt das Fragezeichen und vollendet das Rätsel?

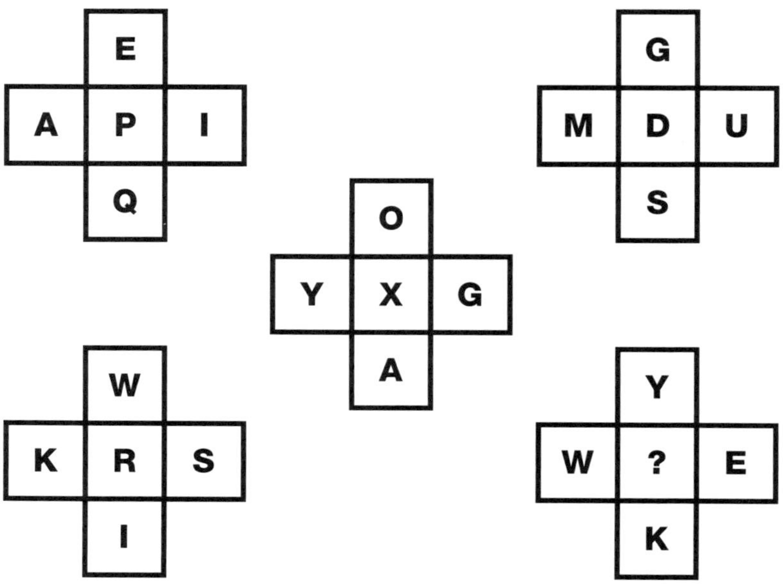

14 RÄTSEL

Welche Zahl ersetzt das Fragezeichen
und vollendet das Rätsel?

4			
6	2		
9	3	1	
19	10	7	?

15 RÄTSEL

Welche Zahl ersetzt das Fragezeichen
und vollendet das Rätsel?

2	1
7	5

3	4
2	2

5	5
9	7

10	5
63	35

15	20
18	?

16 RÄTSEL

Welche Spielkarte ersetzt das Fragezeichen und vervollständigt die Auslage?

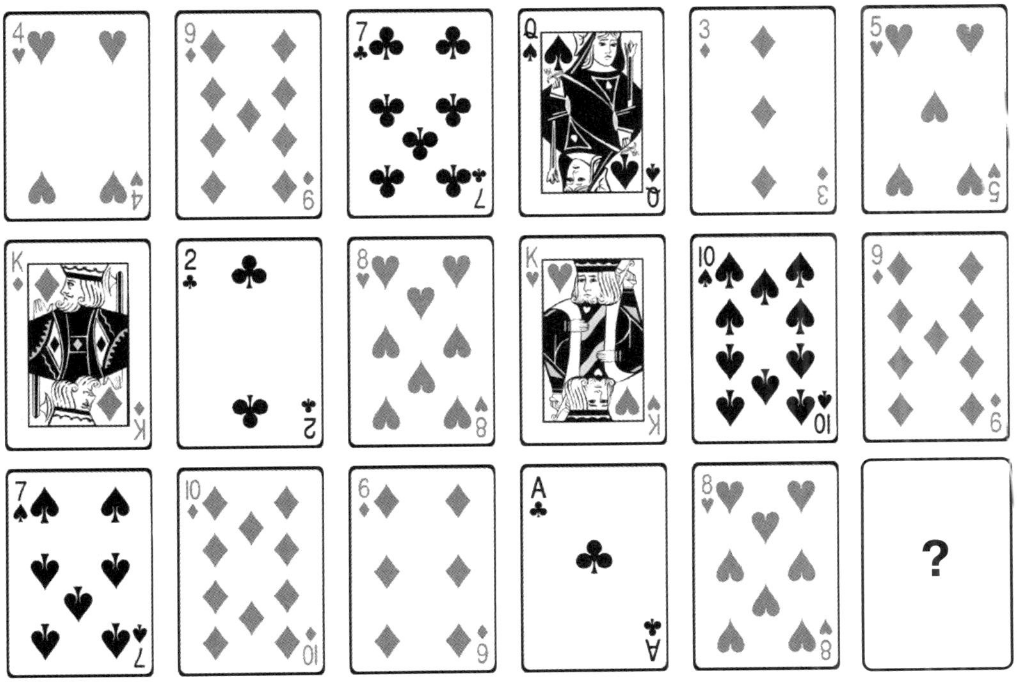

TEST

9

17 RÄTSEL

Welcher Buchstabe ersetzt das Fragezeichen und beschließt die Folge?

A	M
J	U

R	F
B	S

E	P
P	H

I	Z
Y	?

18 RÄTSEL

Welcher Buchstabe ersetzt das Fragezeichen im Buchstabengitter?

B		N		Z	
	H		T		F
Q		E		S	
	X		L		Z
E		U		K	
	M		C		?

19 RÄTSEL

Worauf sollte der fehlende Stundenzeiger weisen?

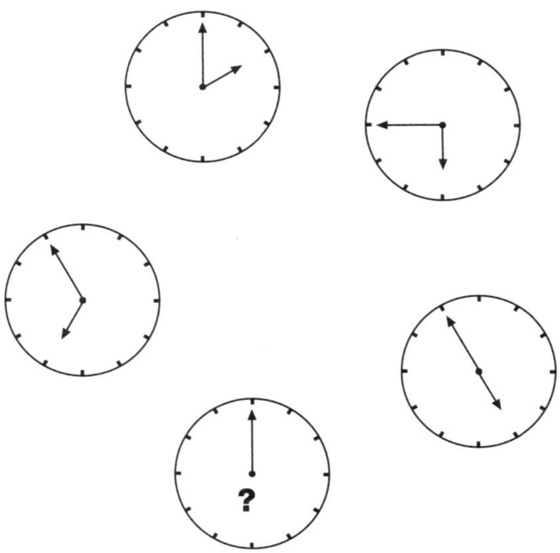

20 RÄTSEL

Welcher Buchstabe fehlt noch?

ON	18	CH
TL	8	NJ
FM	13	BD
PE	18	A?

21 RÄTSEL

Bob, Mike und Sandra sind leidenschaftliche Gärtner. Bob bearbeitet seine Parzelle nie an Freitagen, und frei von Knieproblemen, züchtet er die schönsten Rosen im Dorf. Sandra, die einen Tennisellenbogen hat, kann nur montags gärtnern; sie ist nicht für ihre Äpfel bekannt. Der Besitzer des Apfelbaums arbeitet immer an Freitagen. Schließen Sie aus diesen Hinweisen, wer was anbaut, an welchem Wochentag er gärtnert und woran er leidet.

	Bob	Mike	Sandra	Montag	Mittwoch	Freitag	Rosen	Kartoffeln	Äpfel
Knieprobleme									
Tennis-ellenbogen									
Rücken-schmerzen									
Rosen									
Kartoffeln									
Äpfel									
Montag									
Mittwoch									
Freitag									

Gärtner	Leiden	Produkt	Tag

22 RÄTSEL

Welcher Buchstabe ersetzt das Fragezeichen und vollendet das Rätsel?

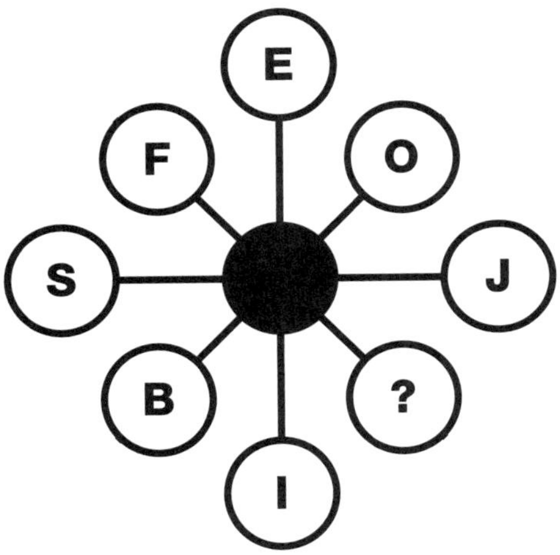

23 RÄTSEL

Welcher Buchstabe ersetzt das Fragezeichen und vollendet das Rätsel?

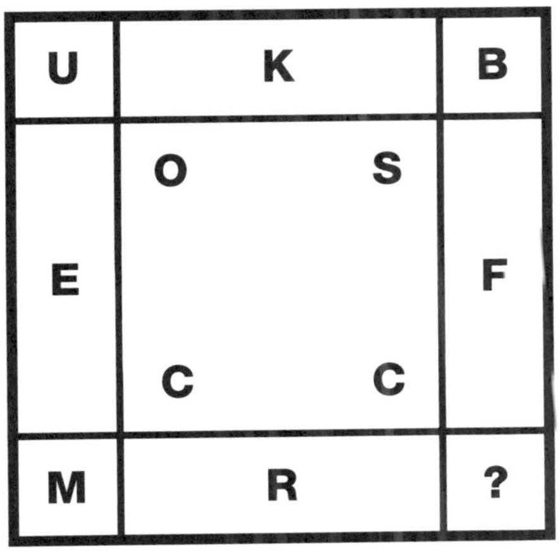

TEST

9

24
RÄTSEL

Welcher Bilderwürfel ergibt dieses „Netz"?

25
RÄTSEL

Welcher Buchstabe ersetzt das Fragezeichen und vollendet das Rätsel?

Q X E
J L
C
V L
M ? U

26
RÄTSEL

Beim diesjährigen Weihnachtsfest der Familie Schneider waren anwesend: eine Großmutter, ein Großvater, zwei Mütter, zwei Väter, ein Schwiegervater, eine Schwiegermutter, eine Schwiegertochter, vier Kinder, drei Enkel, ein Bruder, zwei Schwestern, zwei Söhne und zwei Töchter. Wie viele Personen waren mindestens anwesend?

TEST 9

27 RÄTSEL

Welcher Buchstabe ersetzt das Fragezeichen und vollendet das Rätsel?

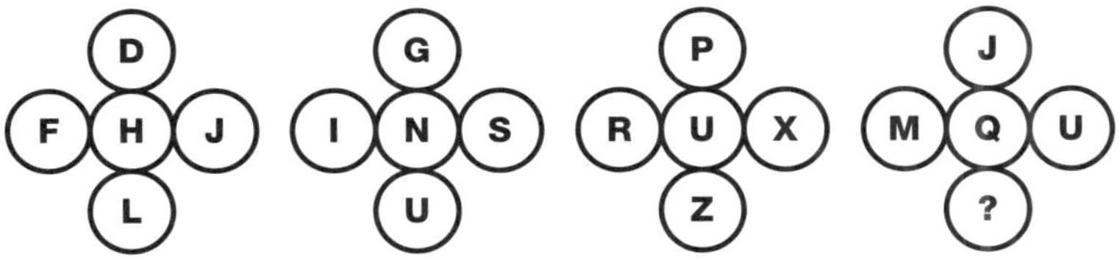

28 RÄTSEL

Welche Zahl ersetzt das Fragezeichen und vollendet das Rätsel?

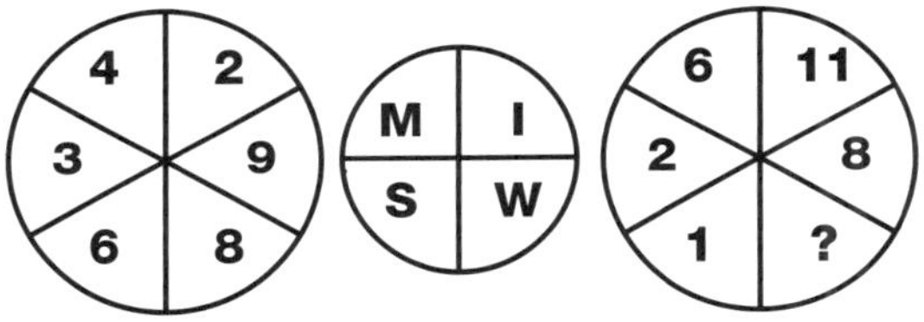

29 RÄTSEL

Welcher Buchstabe ersetzt das Fragezeichen und vollendet das Rätsel?

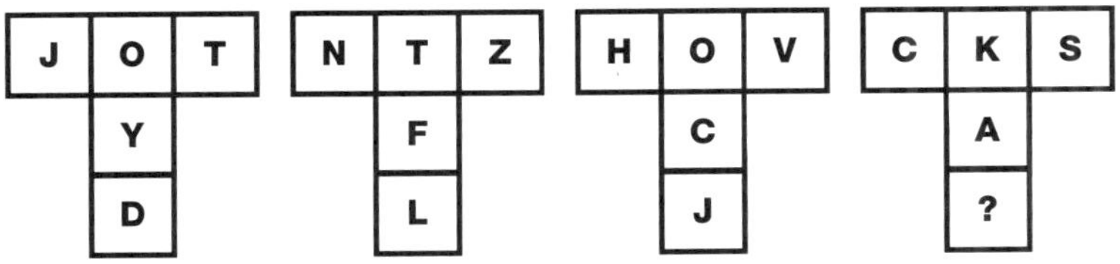

30 RÄTSEL

Wie viele Augen sollte der letzte Dominostein haben?

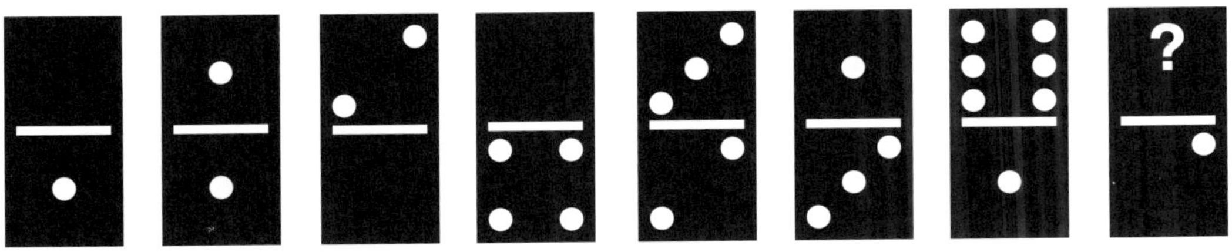

TEST

10

1 RÄTSEL

Welcher Buchstabe fehlt im Rad?

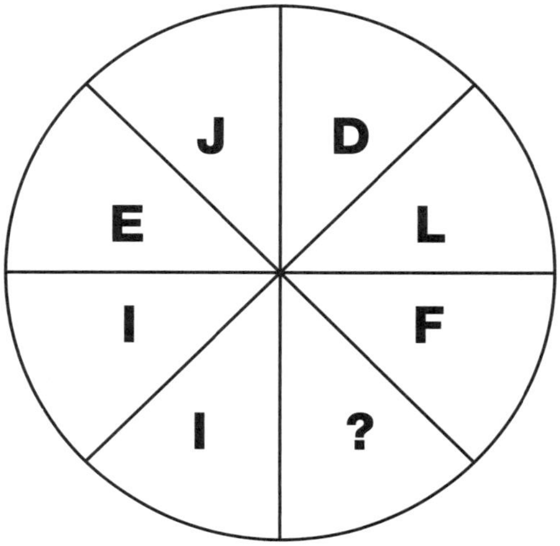

2 RÄTSEL

Welche Zahl fehlt hier?

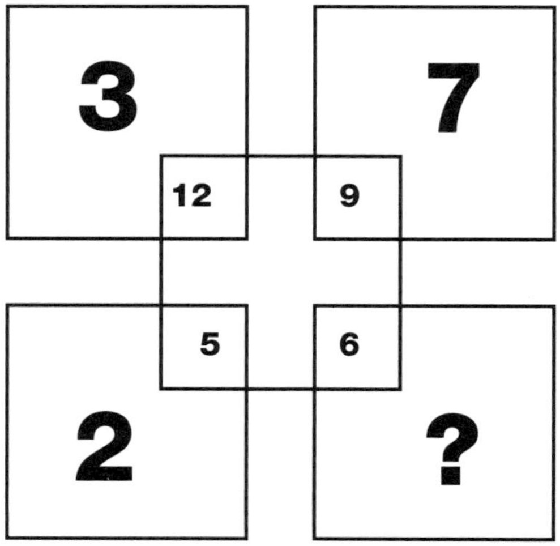

3 RÄTSEL

Mit welchem zusätzlichen Symbol kommt die Waage ins Gleichgewicht?

4 RÄTSEL

Welcher Buchstabe ersetzt das Fragezeichen und vollendet das Rätsel?

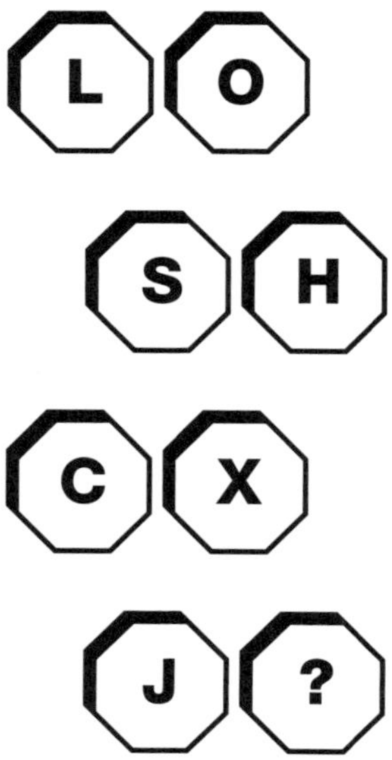

5 RÄTSEL

Welche Zahl fehlt im mittleren Kreis unten?

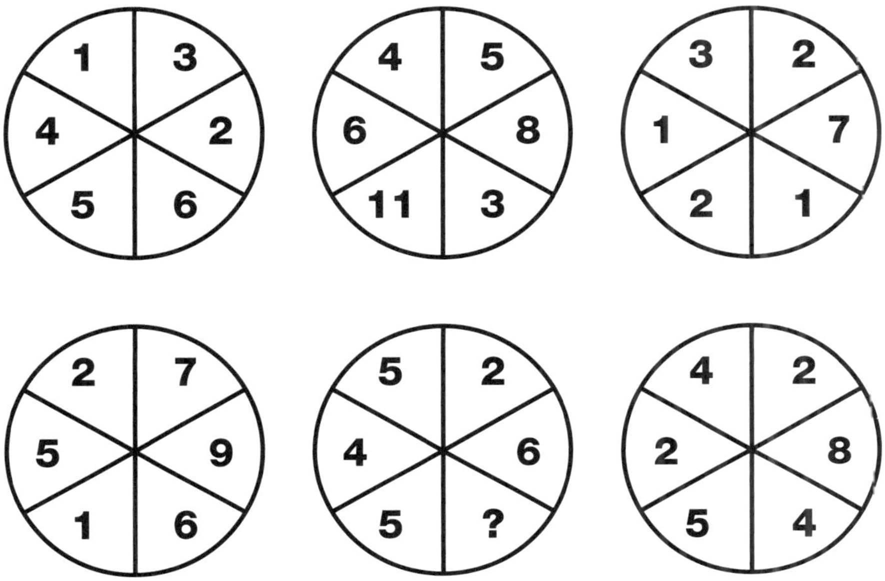

6 RÄTSEL

Welcher Buchstabe ersetzt das Fragezeichen und vollendet das Rätsel?

D	I	N	S	X	C	H	M
O	T	Y	D	I	N	S	R
J	Q	V	A	F	K	X	W
E	L	E	Z	U	P	C	B
Z	G	B	W	R	M	?	G
U	P	K	F	A	V	Q	L

TEST

10

7 RÄTSEL

Was fehlt im Kreis unten rechts?

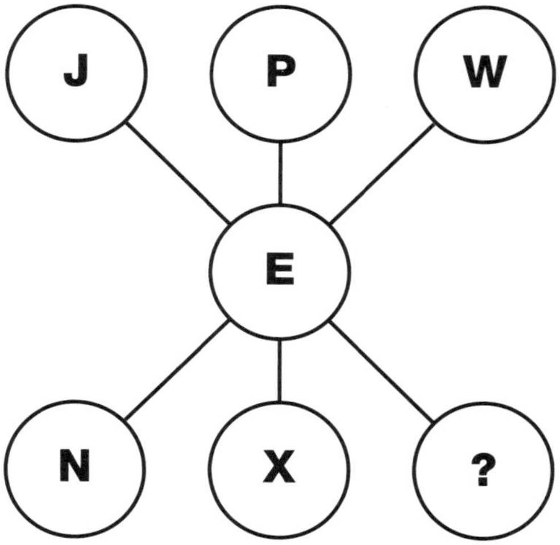

8 RÄTSEL

Welche Zahl fehlt hier noch?

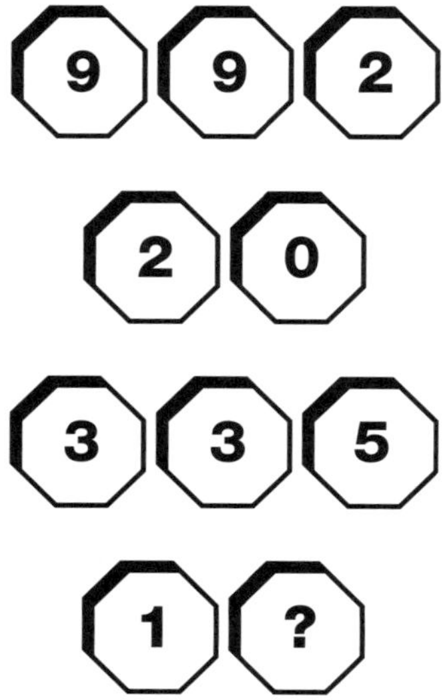

9 RÄTSEL

Welche Zahl ersetzt das Fragezeichen und vollendet das Rätsel?

26	22	18	12	?

10 RÄTSEL

Welche Zahl ersetzt das Fragezeichen und vollendet das Rätsel?

2	1
3	1
4	6
6	?

11 RÄTSEL

Welche Zahl fehlt im letzten Kreis?

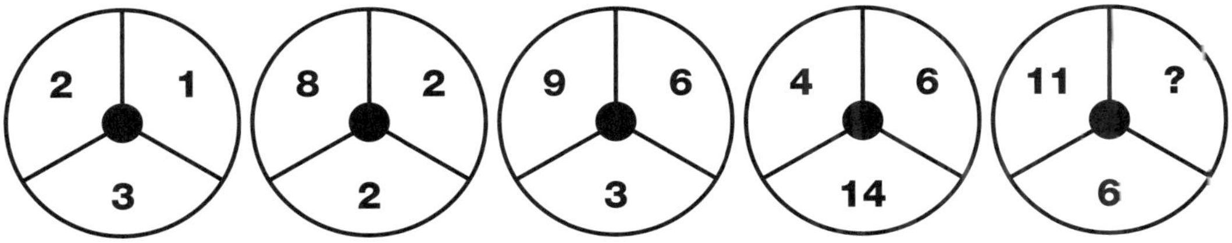

12 RÄTSEL

Welche Zahl ersetzt das Fragezeichen und vollendet das Rätsel?

4	3	7
6	4	2
9	?	3

13 RÄTSEL

Welche Zahl fehlt hier noch?

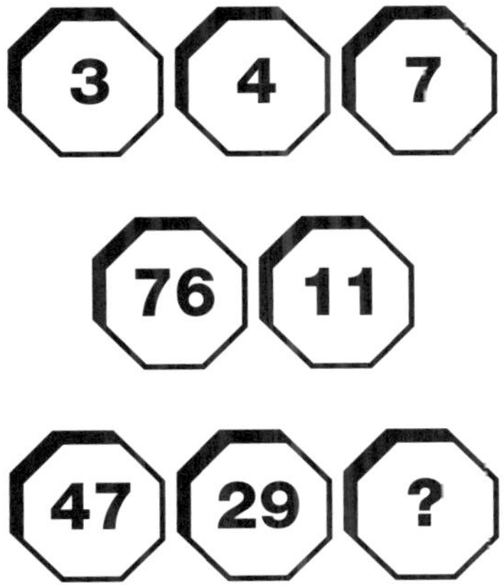

14 RÄTSEL

Welche Zahl ersetzt das Fragezeichen und vollendet das Rätsel?

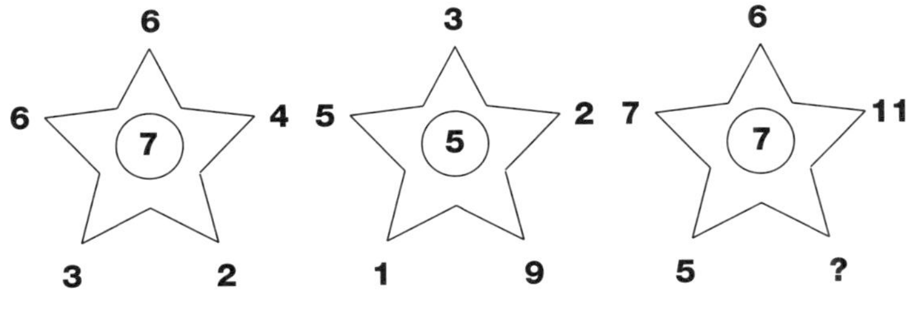

TEST

10

15 RÄTSEL

Was fehlt im letzten Kreis?

A	Z	E
F	U	J
K	P	?

16 RÄTSEL

Welcher Buchstabe fehlt hier noch?

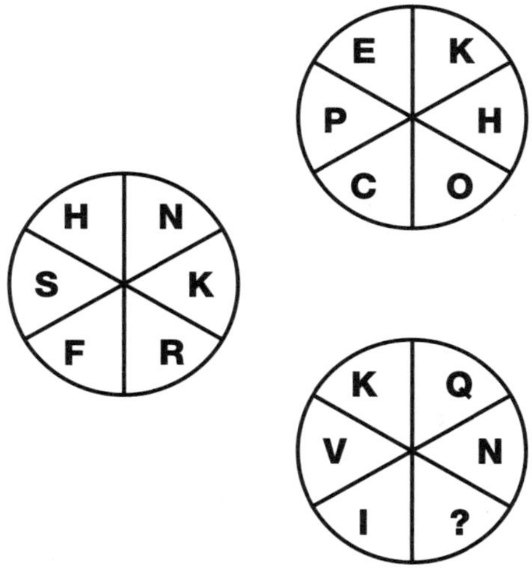

17 RÄTSEL

Welcher der Buchstaben ganz unten passt?

A	E	F
H	I	K
L	M	?

N	O	P	Q	R

18 RÄTSEL

Welcher Buchstabe fehlt ganz unten?

C

E

H

K

P

?

19 RÄTSEL

Welche Zahl fehlt hier noch?

4	3
1	2

2	1
4	6

3	3
1	4

9	7
6	?

20 RÄTSEL

Welcher Buchstabe ersetzt das Fragezeichen und vollendet das Rätsel?

1	2
1	5
2	1
2	4
3	0
3	?

21 RÄTSEL

Welcher Buchstaben aus der Reihe ersetzt das Fragezeichen?

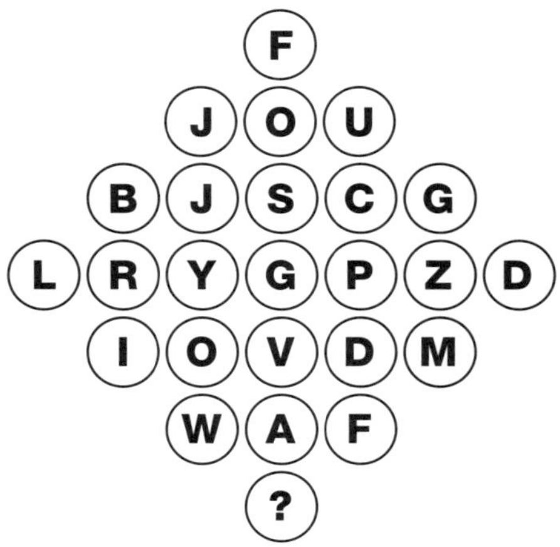

A D H L P S V Z

22 RÄTSEL

Welche Zahl ersetzt das Fragezeichen und vollendet das Rätsel?

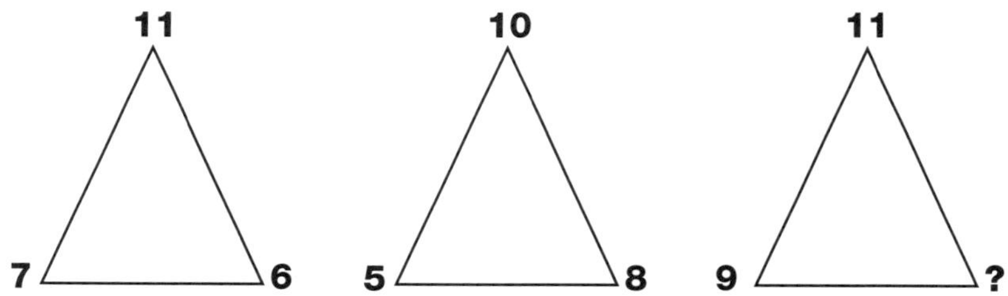

23 RÄTSEL

Welche Zahl fehlt hier noch?

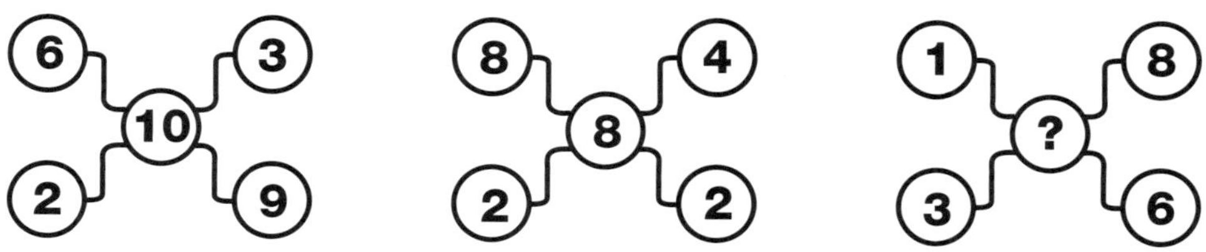

24 RÄTSEL

Was fehlt im letzten Stern?

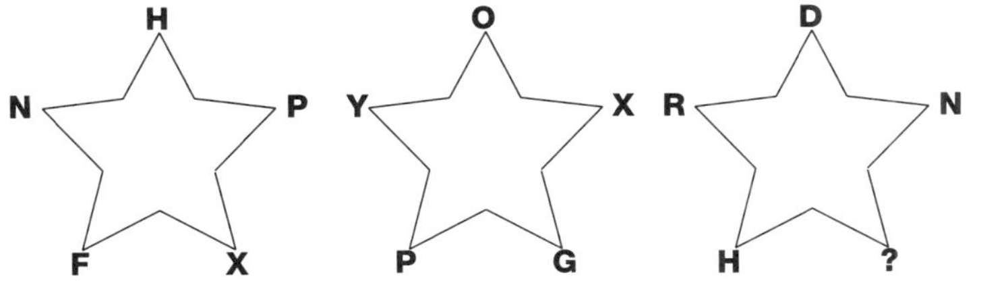

25 RÄTSEL

Welcher Buchstabe schließt die Folge ab?

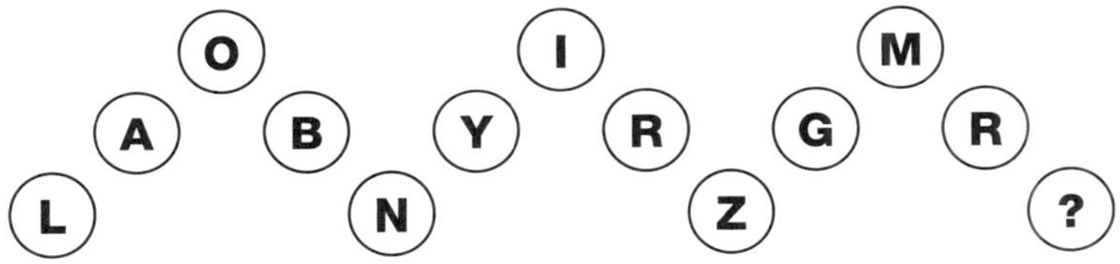

26 RÄTSEL

Welche Zahl ersetzt das Fragezeichen und vollendet das Rätsel?

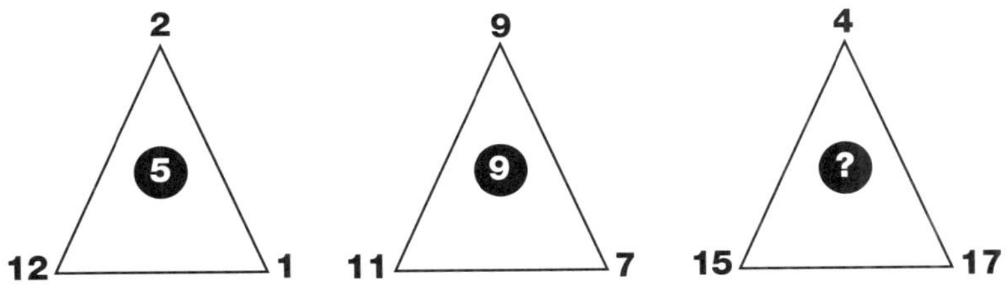

27 RÄTSEL

Welche Zahl ersetzt das Fragezeichen und vollendet das Rätsel?

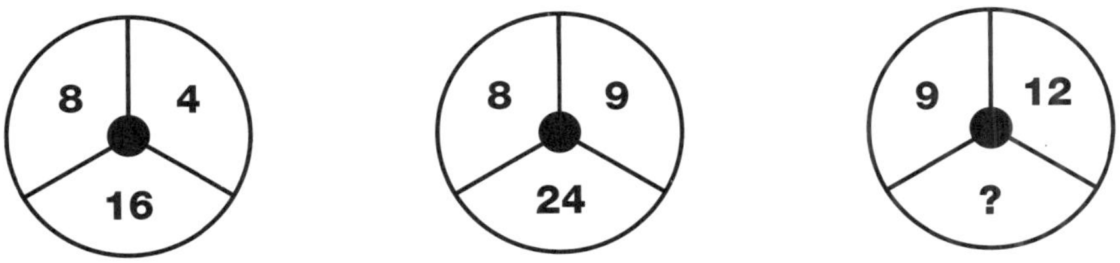

28 RÄTSEL

Welches Teilstück gehört in das Gitter?

B		E		H	D		G		J
	K		N			M		P	
Q		T		W	S		V		Y
	Z		C	■	■	B		E	
F		I	■	■	■	■	K		N
K		N	■	■	■	■	J		M
	T		W	■	■	P		S	
Z		C		F	V		Y		B
	I		L			E		H	
O		R		U	K		N		Q

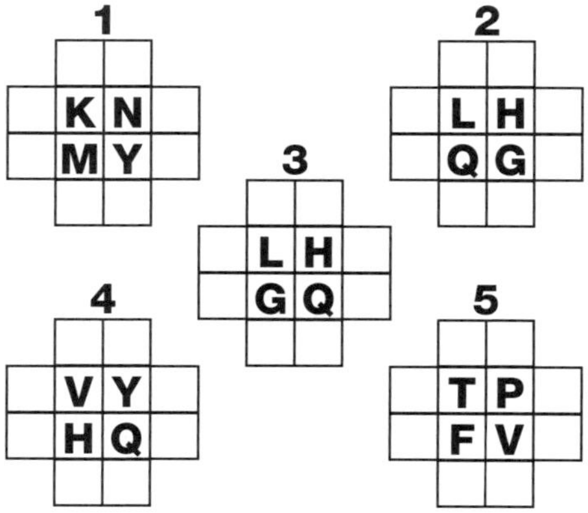

29 RÄTSEL

Welche Zahl ersetzt das Fragezeichen und vollendet das Rätsel?

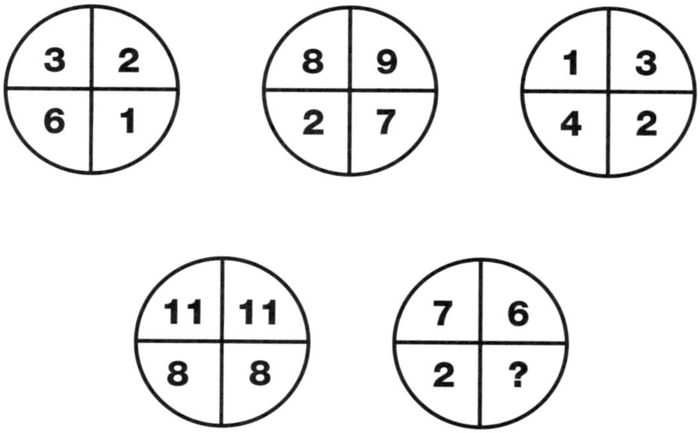

30 RÄTSEL

Welche Zahl schließt die Reihe logisch ab?

1 RÄTSEL

Welches Raster ersetzt das Fragezeichen?

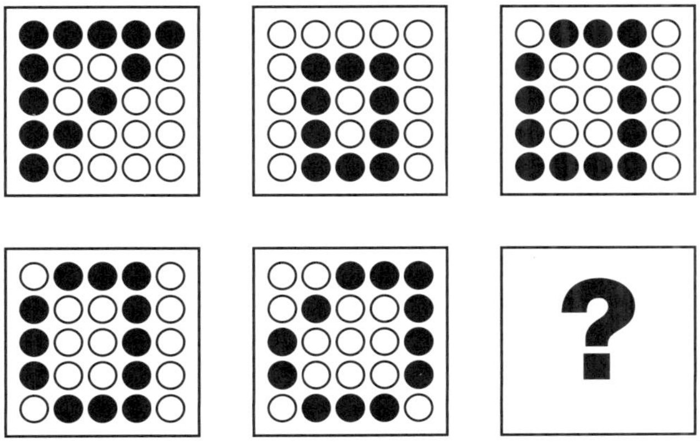

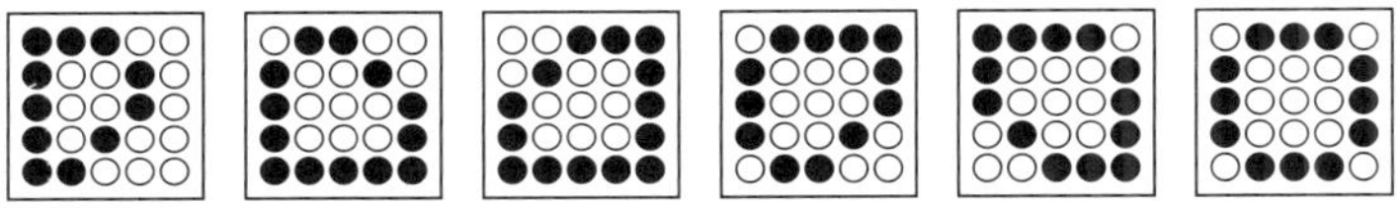

A B C D E F

2 RÄTSEL

Welche der Uhren A–E gehört in das leere Feld?

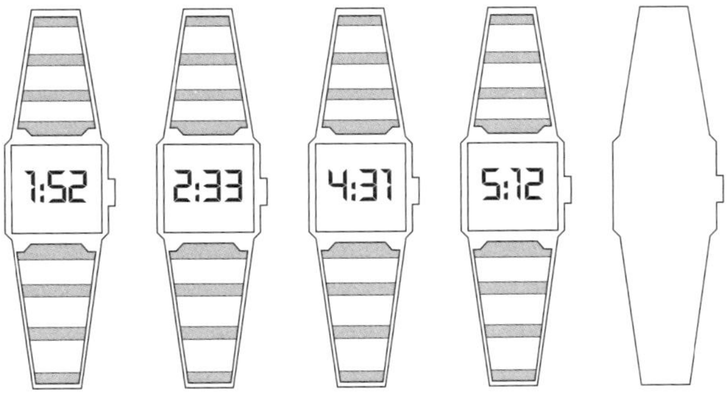

A B C D E

3 RÄTSEL

Welcher der Kreise A–H ersetzt das Fragezeichen?

B F D
A E E B A
D D A B A C A
G C C C B
H F ?

A B C D E F G H

4 RÄTSEL

Welche Zahl ersetzt das Fragezeichen und vollendet das Rätsel?

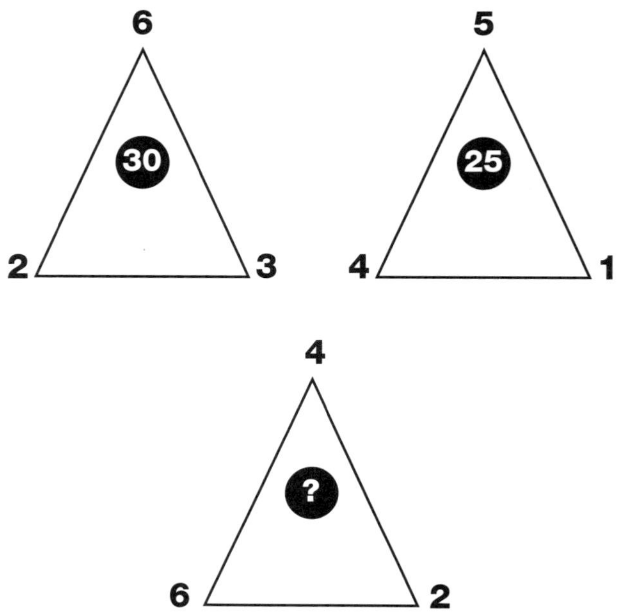

5 RÄTSEL

Welcher Buchstabe fehlt unten rechts?

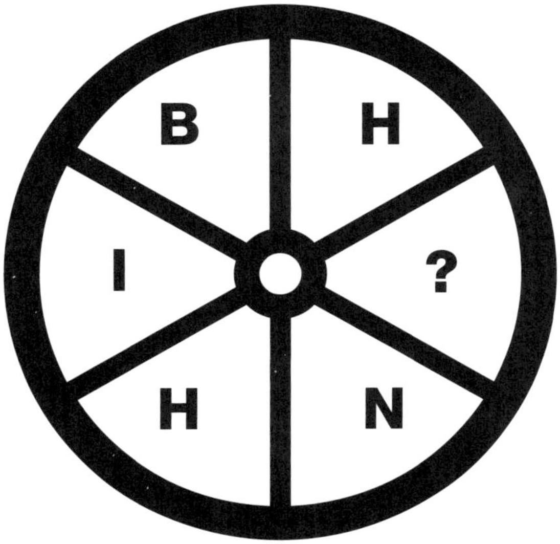

6 RÄTSEL

Welcher Buchstabe gehört an den Schluss?

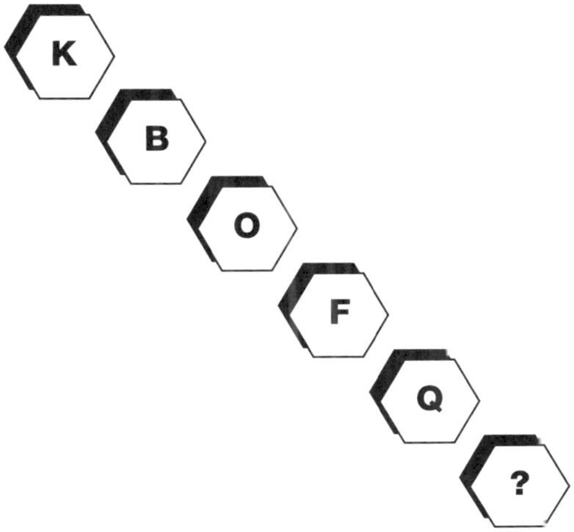

7 RÄTSEL

Welche Zahl ersetzt das Fragezeichen und vollendet das Rätsel?

36
39
44
51
60
?

8 RÄTSEL

Welcher Buchstabe ersetzt das Fragezeichen und vollendet das Rätsel?

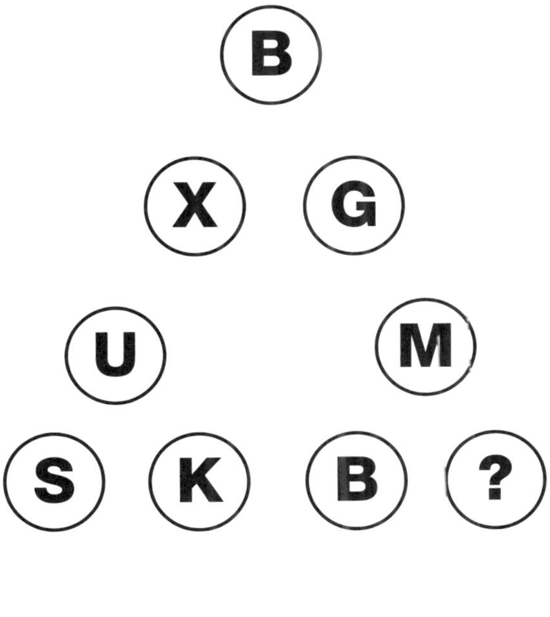

9 RÄTSEL

Was fehlt im letzten Sechseck?

9	3	7
2	1	6
7	2	?

10 RÄTSEL

Welcher Buchstabe fehlt hier?

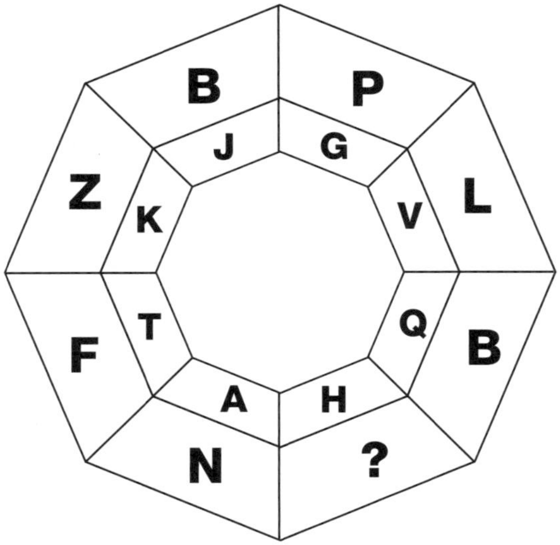

11 RÄTSEL

Welche Zahl ersetzt das Fragezeichen und vollendet das Rätsel?

2
9
30
93
282
?

12 RÄTSEL

Welche Zahl ersetzt das Fragezeichen und vollendet das Rätsel?

2	1	9	7
2	7	4	4
3	3	7	5
4	0	9	?

13
RÄTSEL

Was fehlt im letzten Achteck?

14
RÄTSEL

Welcher Buchstabe fehlt noch?

15
RÄTSEL

Welche Zahl ersetzt das Fragezeichen
und vollendet das Rätsel?

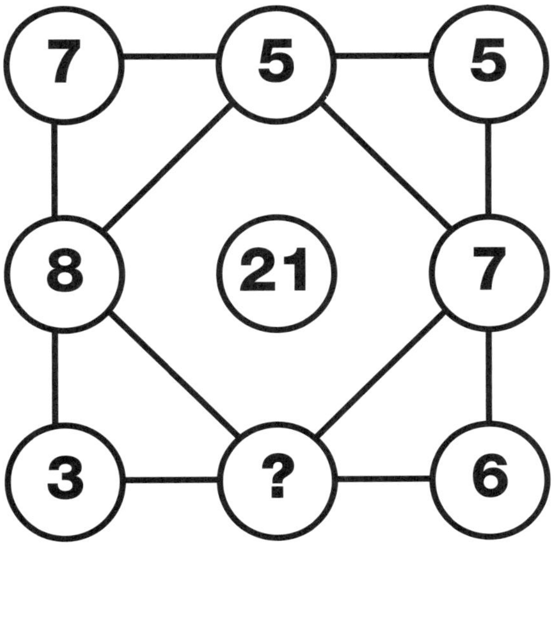

16
RÄTSEL

Worauf sollte der fehlende Stundenzeiger weisen?

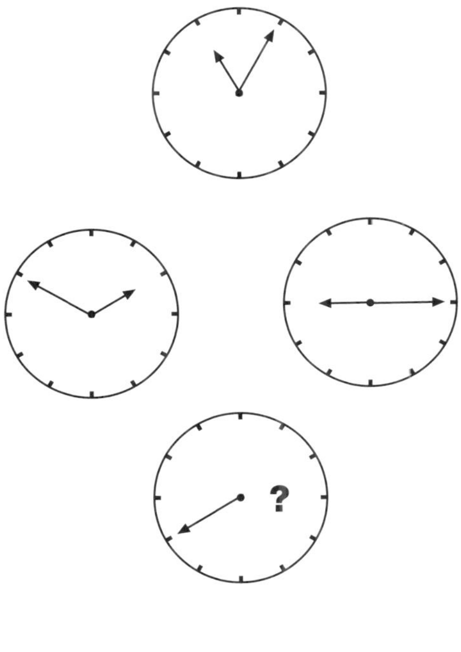

TEST

11

17 RÄTSEL

Was fehlt im letzten Sechseck?

18 RÄTSEL

Welcher Buchstabe fehlt hier?

19 RÄTSEL

Welche Zahl ersetzt das Fragezeichen und vollendet das Rätsel?

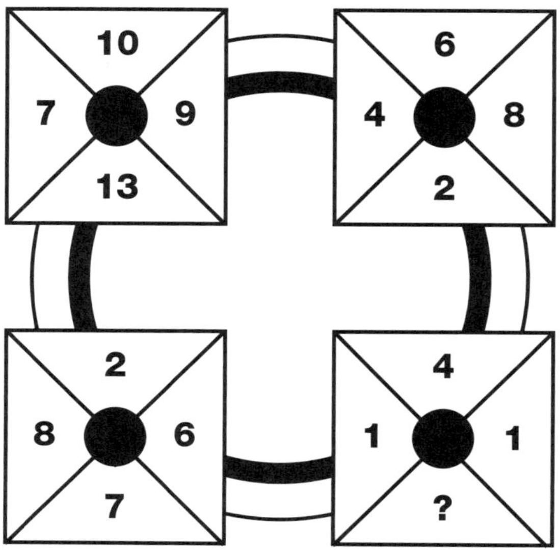

20 RÄTSEL

Welche Zahl ersetzt das Fragezeichen und vervollständigt die Kette?

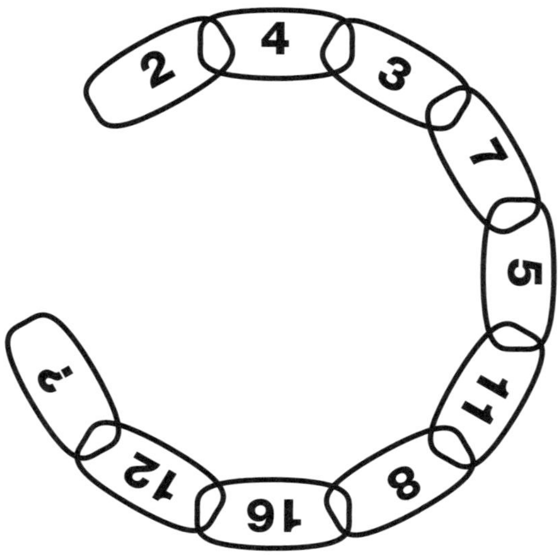

21 RÄTSEL

Welcher Buchstabe fehlt hier?

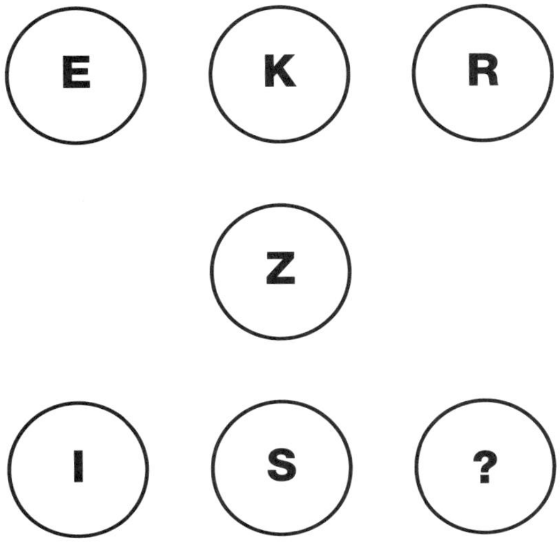

22 RÄTSEL

Welche Zahl fehlt hier?

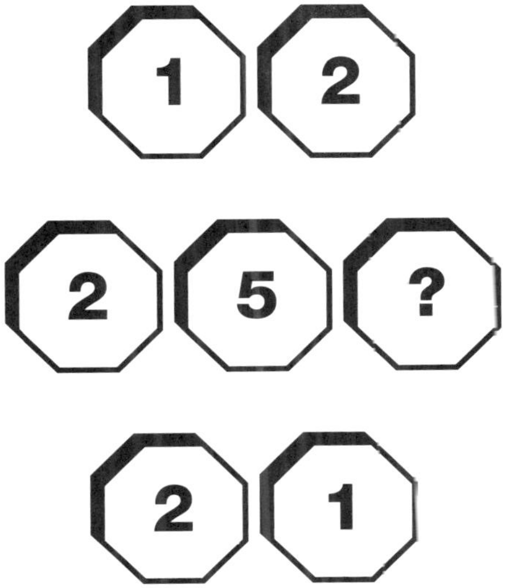

23 RÄTSEL

Welche Zahl ersetzt das Fragezeichen und vollendet das Rätsel?

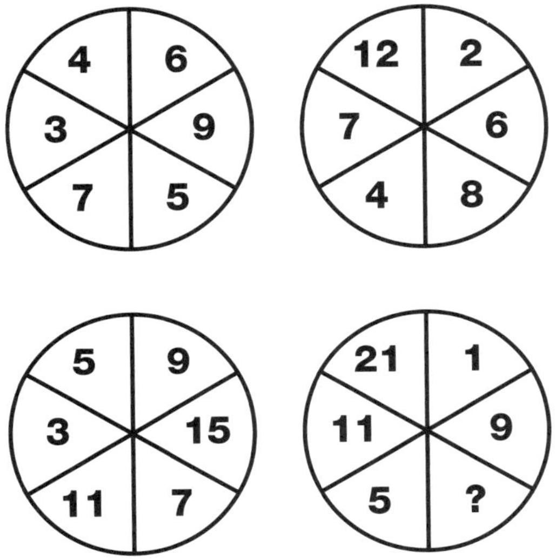

24 RÄTSEL

Welche Zahl ersetzt das Fragezeichen und vollendet das Rätsel?

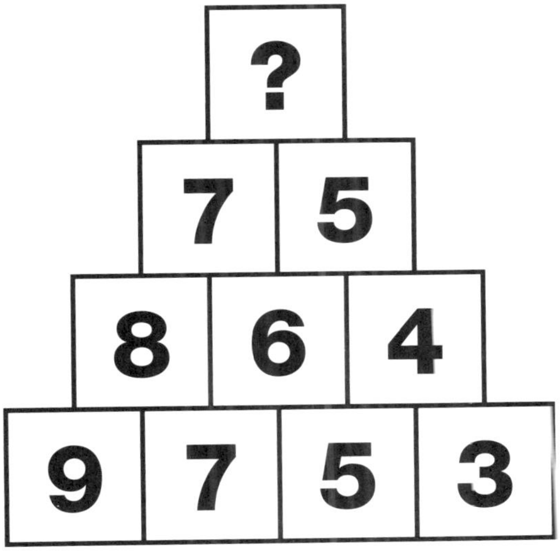

25 RÄTSEL

Welcher Buchstabe fehlt unten rechts?

C	F	J	O
G	L	R	Y
B	I	Q	Z
K	T	D	?

26 RÄTSEL

Welcher Buchstabe ersetzt das Fragezeichen und vollendet das Rätsel?

M	E
I	

O	Q
P	

L	D
H	

J	T
?	

27 RÄTSEL

Was fehlt im letzten Feld?

2	3	7
6	4	5
8	8	?

28 RÄTSEL

Welcher Buchstabe wird noch benötigt?

A	C	F	E	G	J
J	S	J	N	W	N
B	U	O	F	Y	S
D	F	I	K	M	P
M	V	M	T	C	T
E	X	R	L	E	?

29 RÄTSEL

Welcher Buchstabe gehört jeweils nicht dazu?

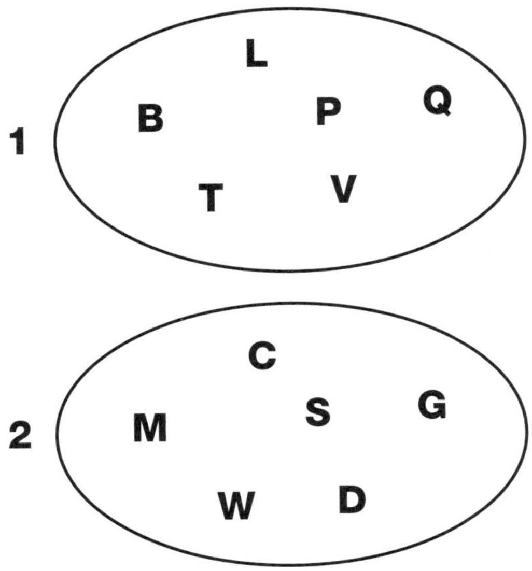

30 RÄTSEL

Welcher Buchstabe ersetzt das Fragezeichen
und vollendet das Rätsel?

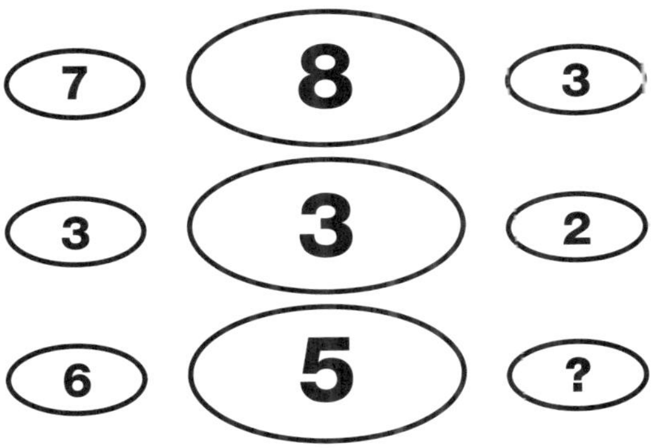

12

1 RÄTSEL

Welcher Buchstabe ersetzt das Fragezeichen und vollendet das Rätsel?

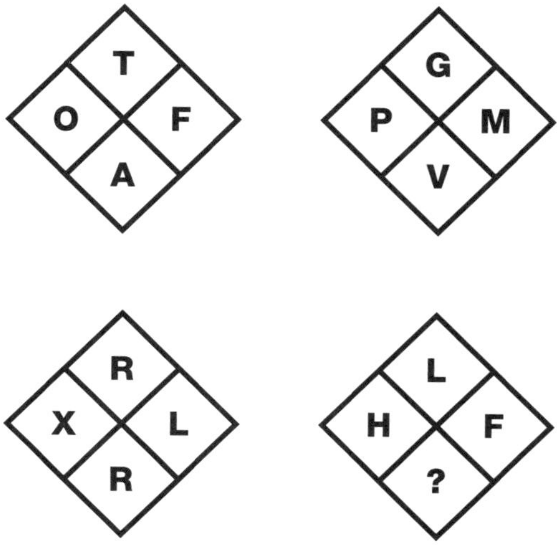

2 RÄTSEL

Welche Zahl fehlt hier?

10	9	6	12	3
7	14	11	7	21
3	8	2	1	4
1	6	4	2	9
13	9	11	16	?

3 RÄTSEL

Welcher Buchstabe wird noch benötigt?

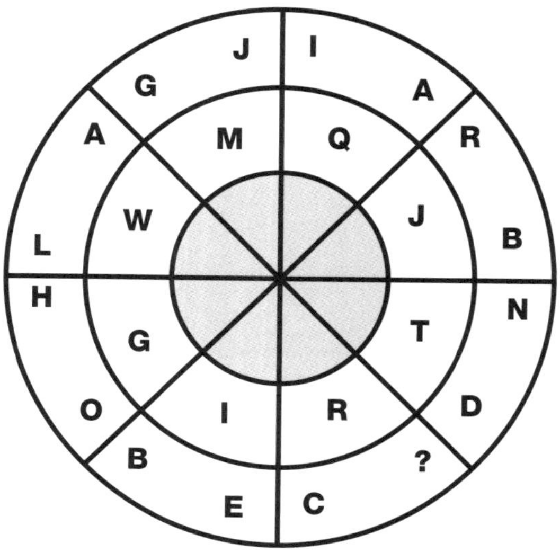

4 RÄTSEL

Welcher Buchstabe ersetzt das Fragezeichen und vollendet das Rätsel?

N	252	R
T	500	Y
Y	400	P
K	132	L
G	182	?

5 RÄTSEL

Welcher Buchstabe ersetzt das Fragezeichen und schließt die Kette?

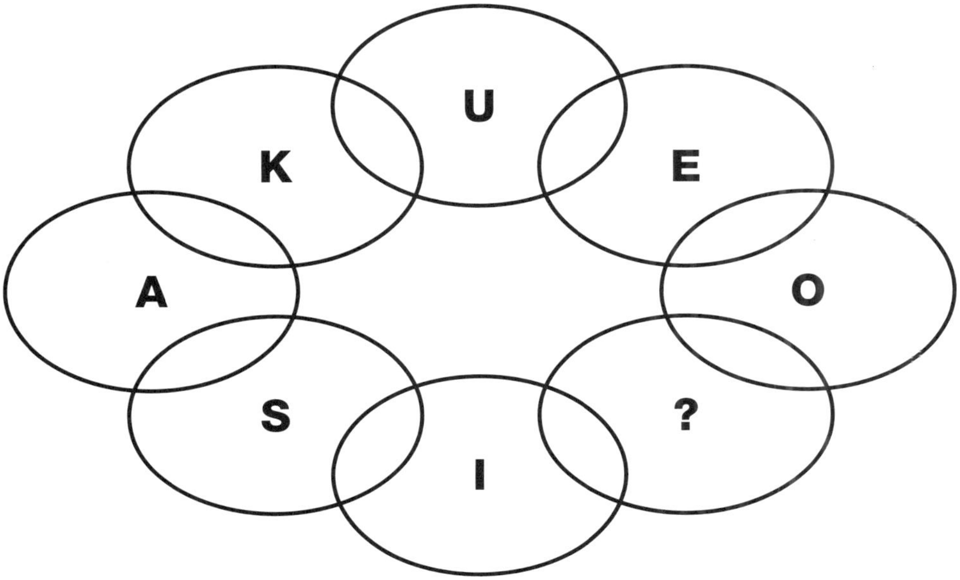

6 RÄTSEL

Welche Zahl gehört noch ins letzte Gitter?

4	1	6	2
16	10	20	6
3	9	11	4

3	8	1	7
13	14	6	13
6	6	3	1

12	8	3	0
7	10	17	6
4	2	17	6

9	11	2	5
9	14	4	8
4	3	4	?

T E S T

12

7 RÄTSEL

Welche Zahl gehört ins Zentrum des dritten Sterns?

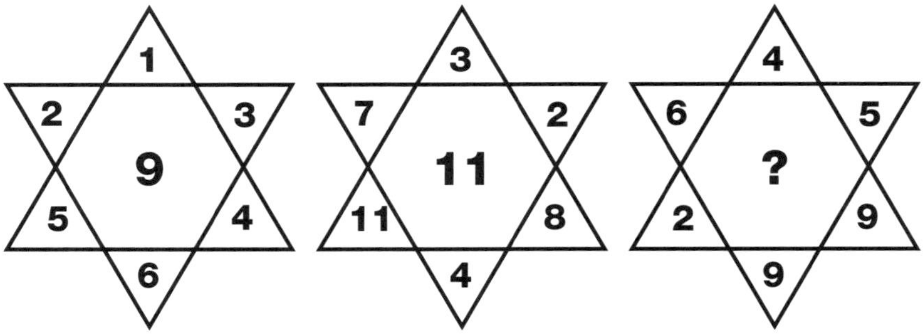

8 RÄTSEL

Welcher Buchstabe ersetzt das Fragezeichen und vollendet das Rätsel?

E		B
9	3	6
A		H

D		A
9	4	3
B		C

B		E
9	7	5
C		I

A		G
6	1	2
C		?

9 RÄTSEL

Welche Zahl muss noch eingesetzt werden?

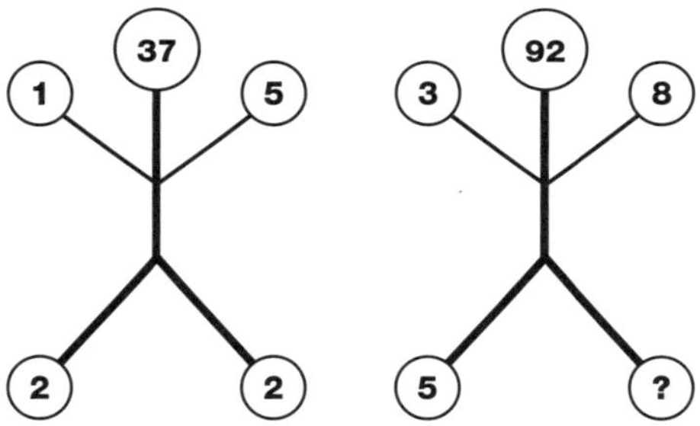

10 RÄTSEL

Welcher Buchstabe ersetzt das Fragezeichen und vollendet das Rätsel?

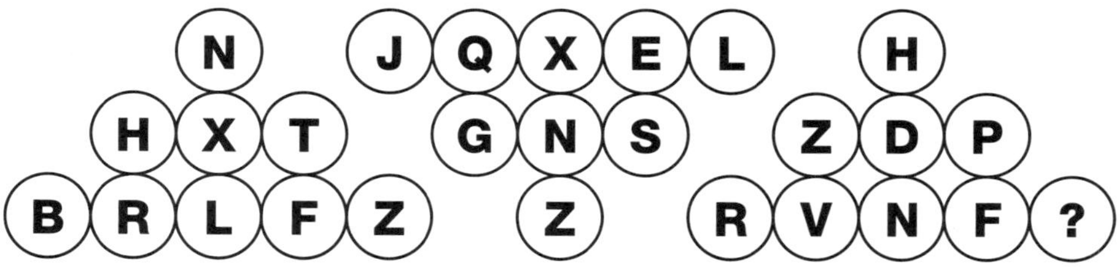

11 RÄTSEL

Welcher Buchstabe ersetzt das Fragezeichen und vollendet das Rätsel?

7	12	8
1	4	6
3	11	11
9	11	5
12	13	?

12 RÄTSEL

Welcher Buchstabe fehlt ganz unten?

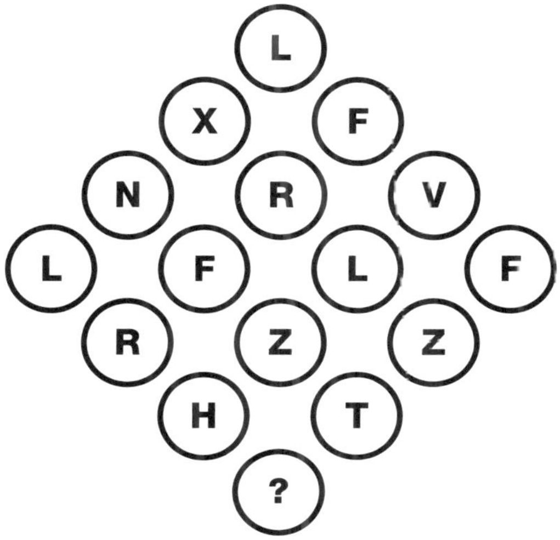

13 RÄTSEL

Welche Zahl fehlt im Kreuz unten rechts?

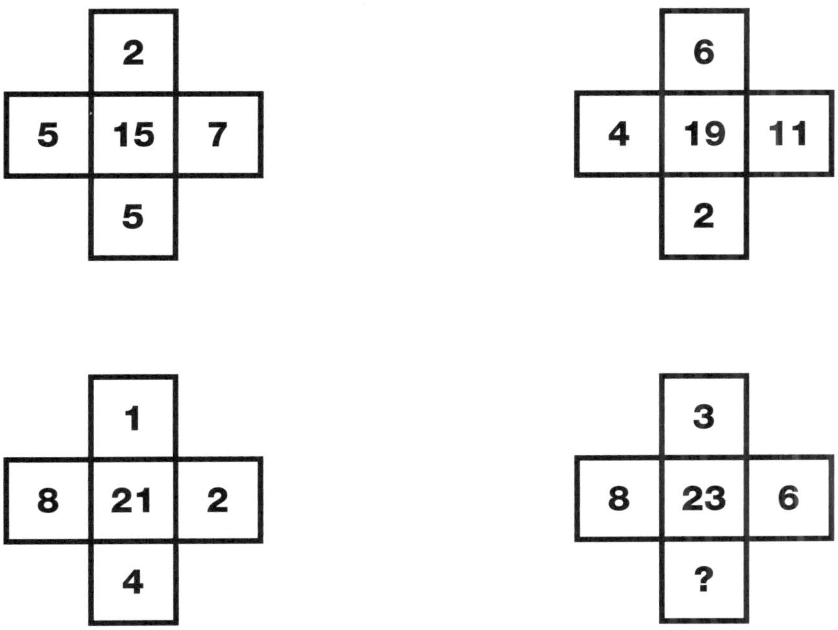

TEST

12

TEST

12

14 RÄTSEL

Welche Zahl ersetzt das Fragezeichen und vollendet das Rätsel?

9			
3	4		
1	5	16	
?	14	7	23

15 RÄTSEL

Welche Zahl ersetzt das Fragezeichen und vollendet das Rätsel?

9	3
13	7

21	6
8	9

16	13
9	10

7	9
3	?

16 RÄTSEL

Welche Spielkarte ersetzt das Fragezeichen und vervollständigt die Auslage?

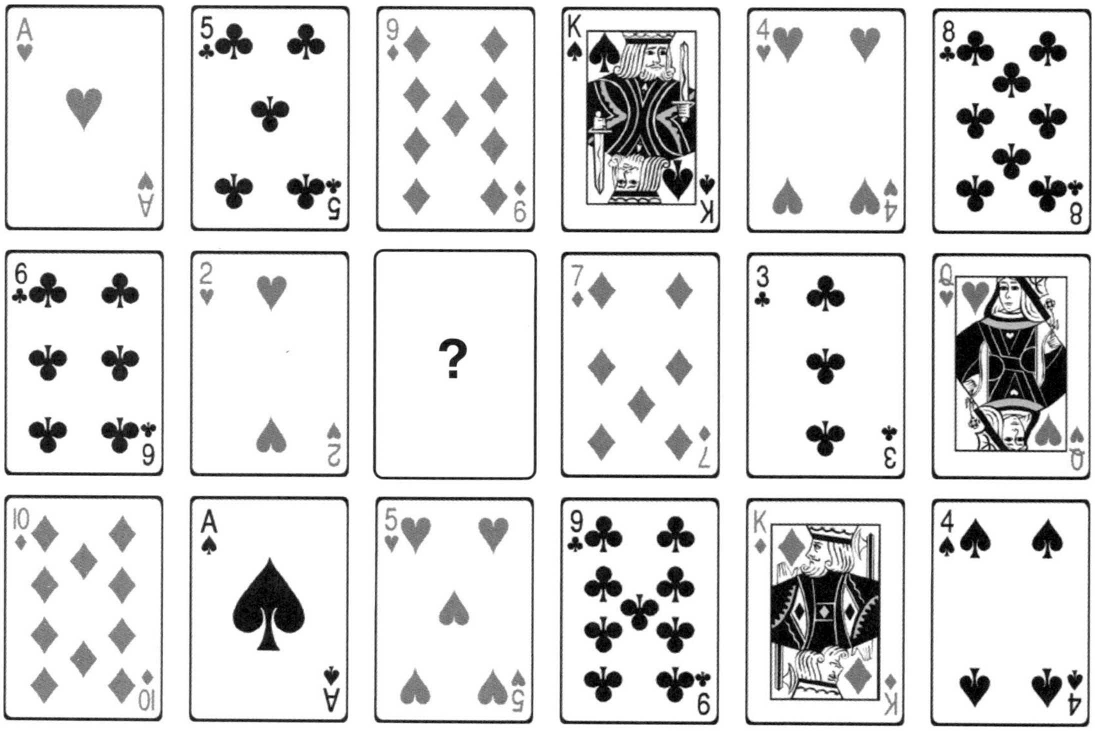

17 RÄTSEL

Welcher Buchstabe ersetzt das Fragezeichen und vollendet das Rätsel?

B	G
K	F

L	Q
A	V

P	U
?	T

Z	E
O	J

18 RÄTSEL

Welche Zahl ersetzt das Fragezeichen und vollendet das Rätsel?

0	6	4	1	2	1
1	2	5	1	4	4
2	1	6	1	6	9
3	4	3	1	9	6
5	1	2	2	2	5
7	2	9	2	5	?

19 RÄTSEL

Worauf sollte der fehlende Stundzeiger weisen?

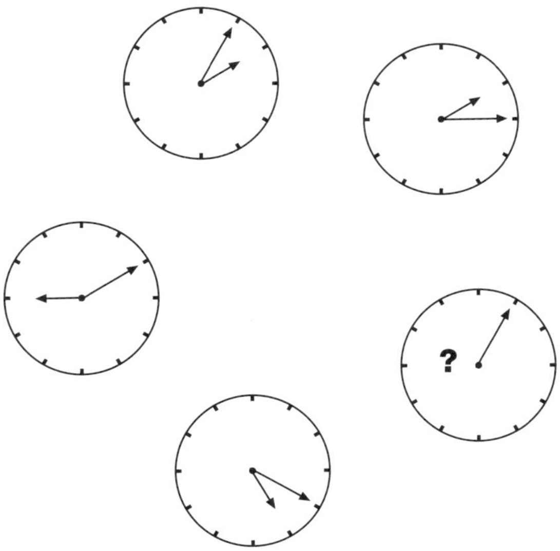

20 RÄTSEL

Welcher Buchstabe ersetzt das Fragezeichen und vollendet das Rätsel?

G	4	P
K	11	E
T	16	?
X	1	B

21 RÄTSEL

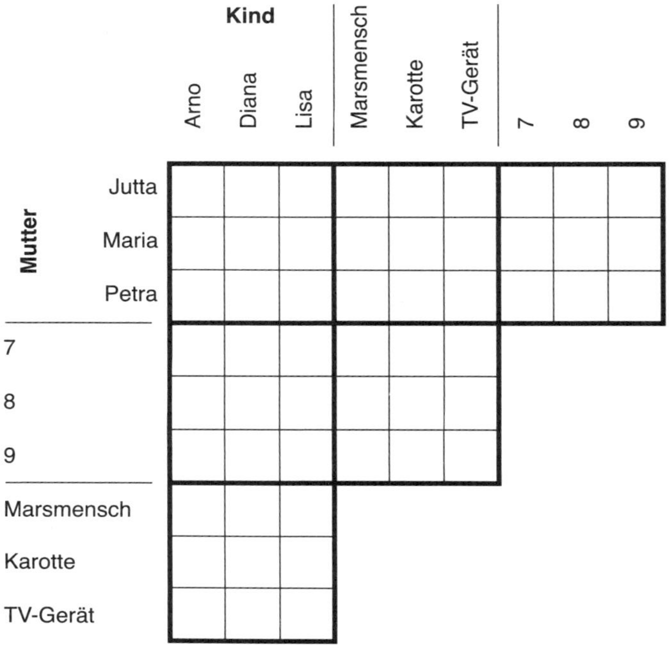

Arno, Diana und Lisa freuen sich auf das Kostümfest in der Schule. Ihre Mütter haben die Kostüme genäht. Juttas Kind ist das jüngste der drei, es geht als Fernsehgerät. Maria ist stolz auf ihr neun Jahre altes Kind. Arno, dessen Mutter Petra ist, geht nicht als Marsmensch. Diana mag Arnos Kostüm, aber sie ist jünger als er und findet ihres noch schöner. Schließen Sie aus diesen Hinweisen, welches Kind welche Mutter hat, wie als es ist und welches Kostüm es trug.

Kind	Mutter	Kostüm	Alter

22 RÄTSEL

Welcher Buchstabe ersetzt das Fragezeichen und vollendet das Rätsel?

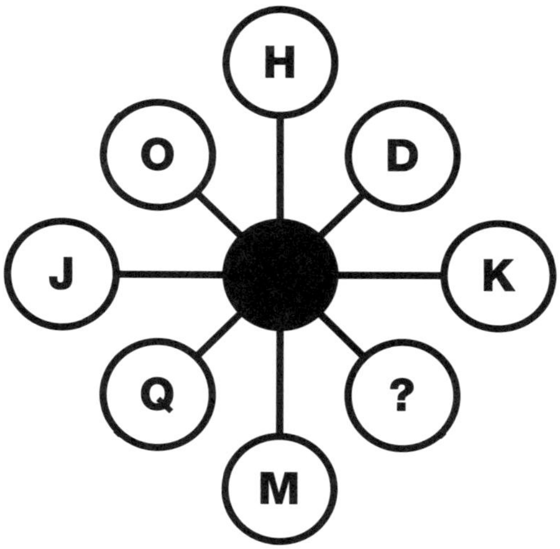

23 RÄTSEL

Welcher Buchstabe ersetzt das Fragezeichen und vollendet das Rätsel?

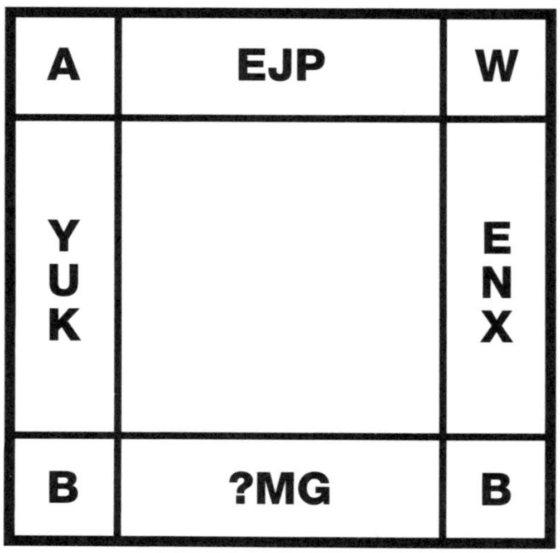

24 RÄTSEL

Welcher Bilderwürfel ergibt dieses „Netz"?

25 RÄTSEL

Welcher Buchstabe ersetzt das Fragezeichen und vollendet das Rätsel?

S B K
J T
A
J H
C V ?

26 RÄTSEL

Fünf Arbeiter graben 100 Gruben in 4 Tagen. Wie viele Arbeiter schaffen 150 Gruben an einem Tag?

TEST

12

27 RÄTSEL

Welche Zahl ersetzt das Fragezeichen und vollendet das Rätsel?

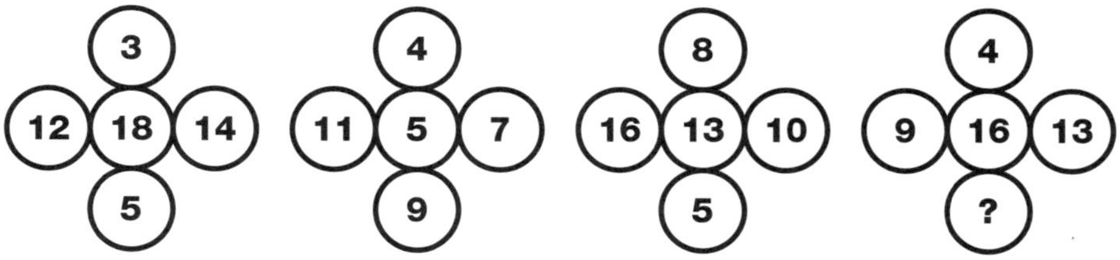

28 RÄTSEL

Welcher Buchstabe ersetzt das Fragezeichen und vollendet das Rätsel?

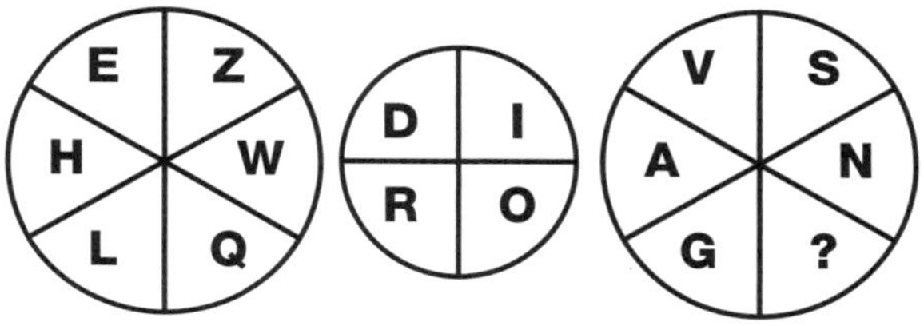

29 RÄTSEL

Welche Zahl ersetzt das Fragezeichen und vollendet das Rätsel?

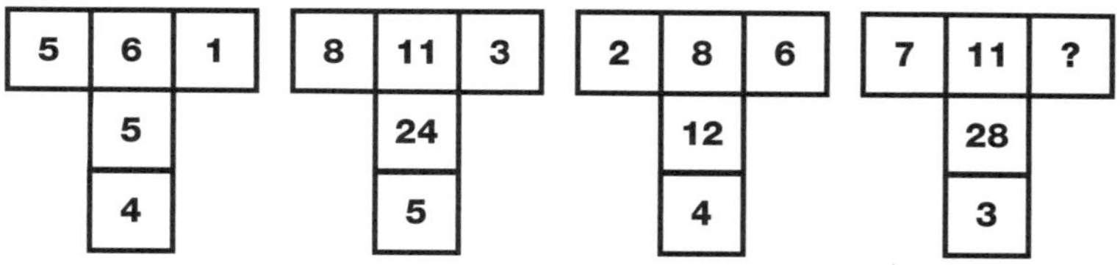

30 RÄTSEL

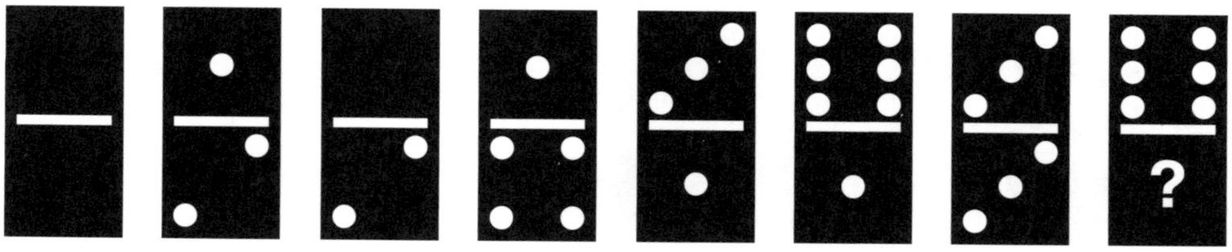

1 RÄTSEL

Welches der Raster A–F gehört in das freie Feld?

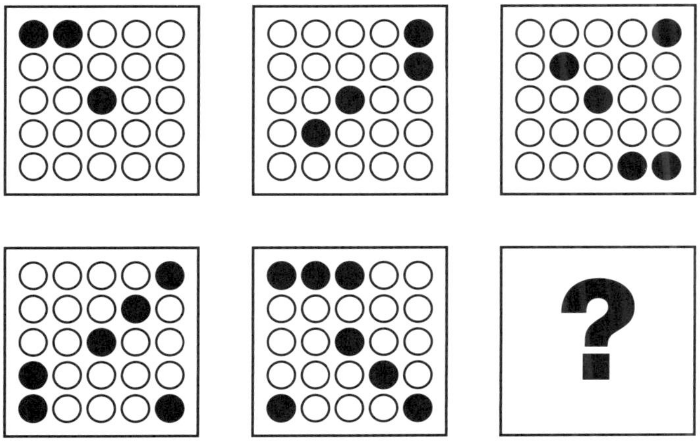

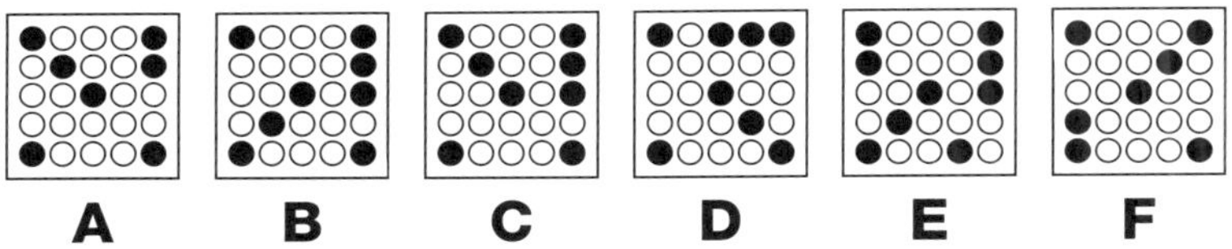

2 RÄTSEL

Welche der Uhren A–E gehört in das leere Feld?

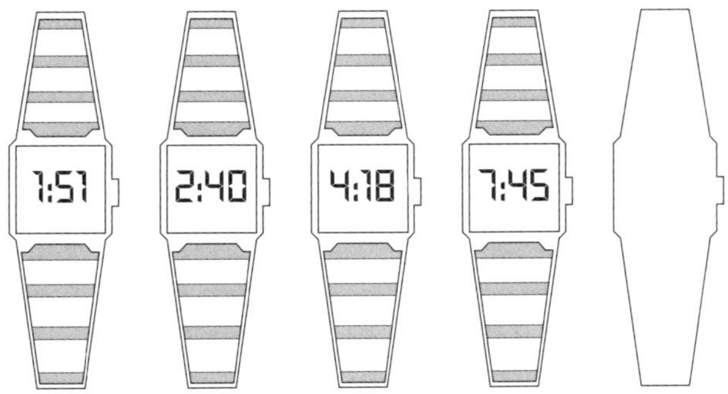

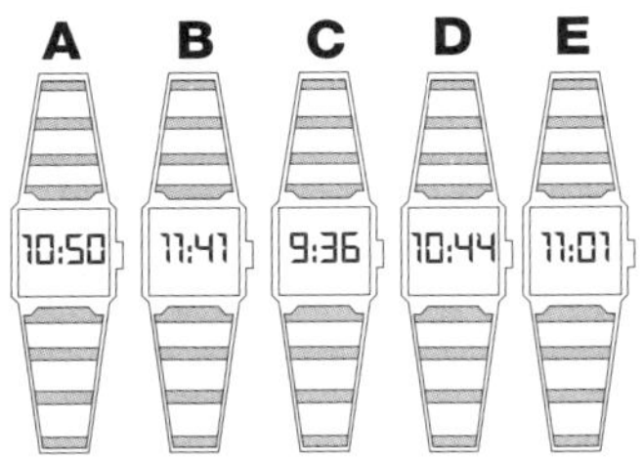

TEST

13

3 RÄTSEL

Welcher der Kreise 1–8 gehört an die Stelle des Fragezeichens?

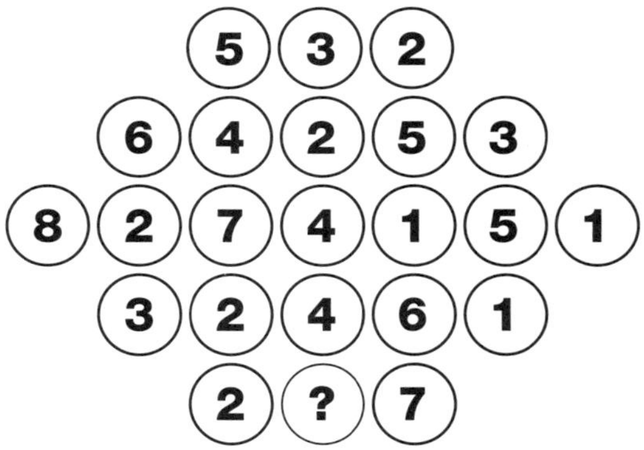

4 RÄTSEL

Welcher Buchstabe ersetzt das Fragezeichen und vollendet das Rätsel?

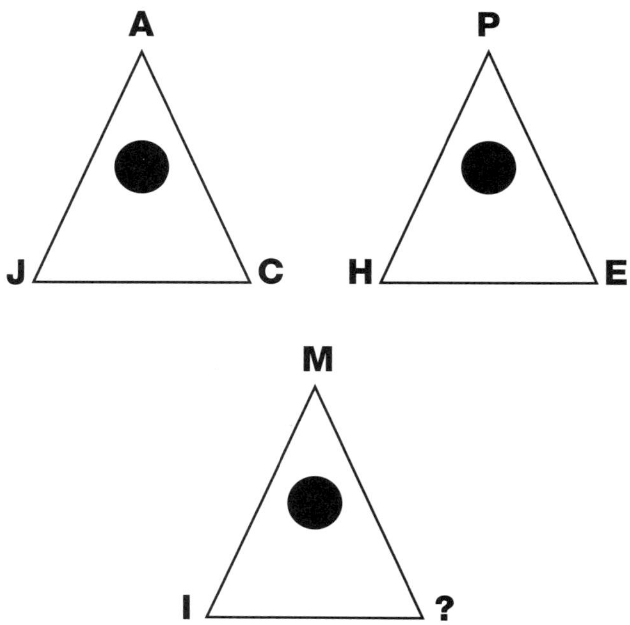

5 RÄTSEL

Welche Zahl fehlt hier?

6 RÄTSEL

Welcher Buchstabe schließt die Reihe ab?

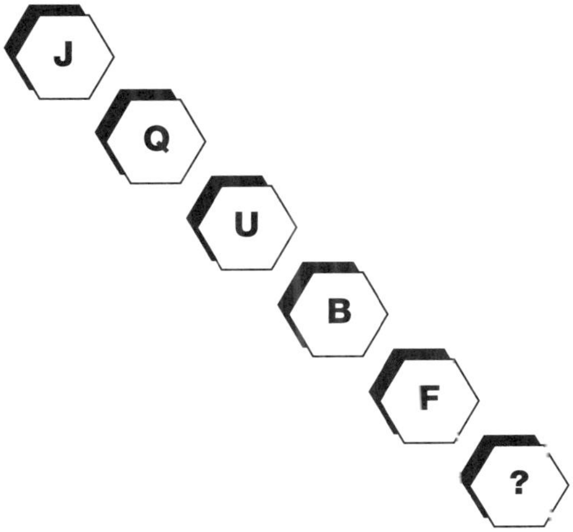

7 RÄTSEL

Welche Zahl ersetzt das Fragezeichen und vollendet das Rätsel?

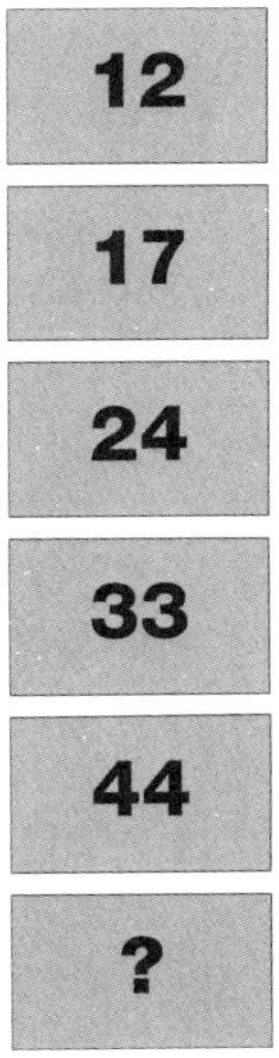

8 RÄTSEL

Welche Zahl ersetzt das Fragezeichen und vollendet das Rätsel?

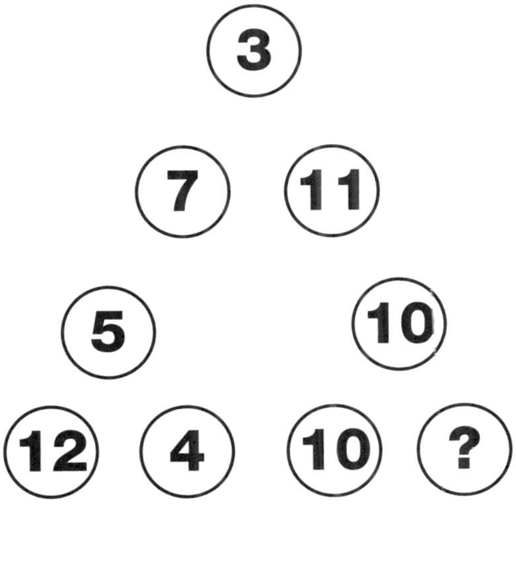

13

T E S T

13

9 RÄTSEL

Was fehlt im letzten Sechseck?

B	G	I
U	P	N
W	B	?

10 RÄTSEL

Welcher Buchstabe fehlt noch?

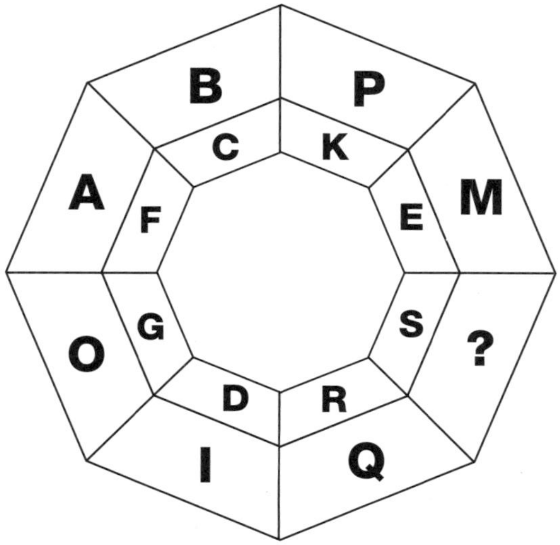

11 RÄTSEL

Welche Zahl ersetzt das Fragezeichen
und vollendet das Rätsel?

7

9

13

21

37

?

12 RÄTSEL

Welche Zahl ersetzt das Fragezeichen
und vollendet das Rätsel?

7	4	3	1
2	2	3	7
6	5	8	5
3	7	4	?

13 RÄTSEL

Was fehlt im letzten Achteck?

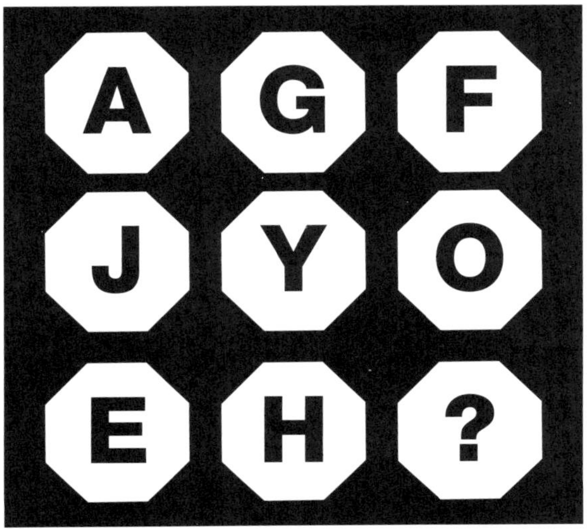

14 RÄTSEL

Welcher Buchstabe fehlt noch?

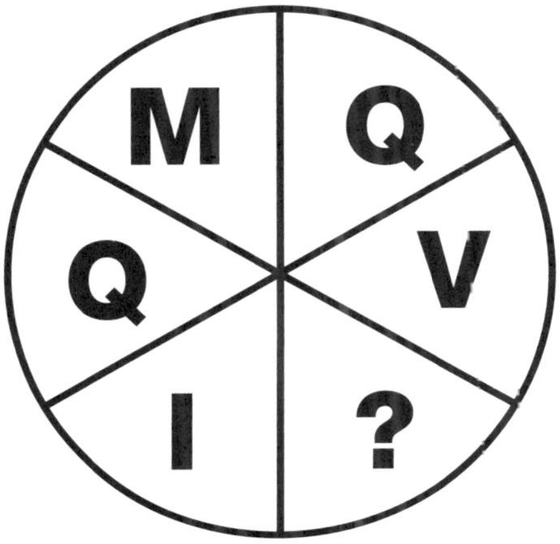

15 RÄTSEL

Welche Zahl ersetzt das Fragezeichen und vollendet das Rätsel?

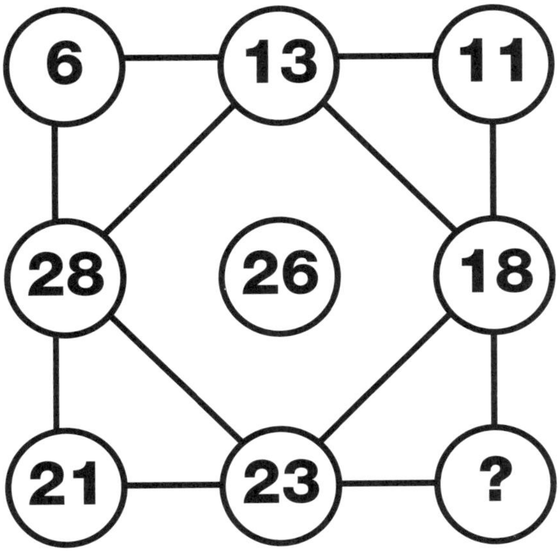

16 RÄTSEL

Worauf sollte der fehlende Minutenzeiger weisen?

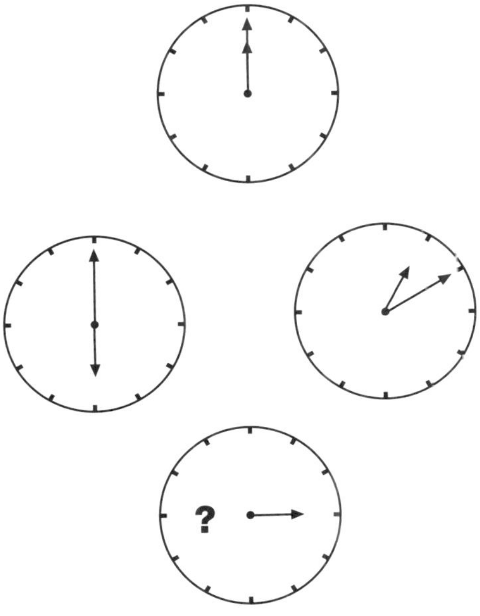

17 RÄTSEL

Was fehlt im letzten Sechseck?

18 RÄTSEL

Welcher Buchstabe fehlt noch?

19 RÄTSEL

Welcher Buchstabe ersetzt das Fragezeichen und vollendet das Rätsel?

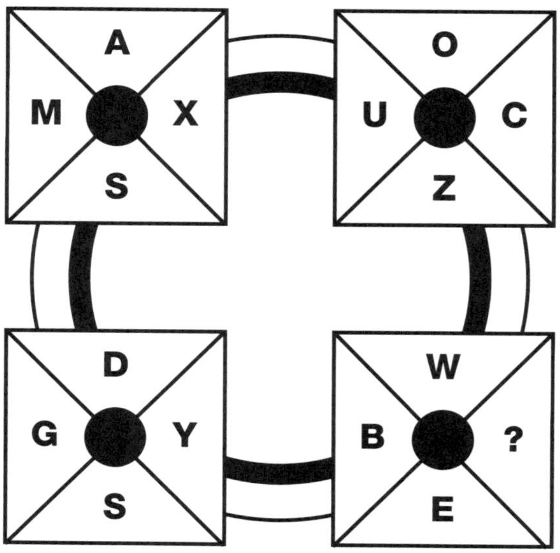

20 RÄTSEL

Welche Zahl ersetzt das Fragezeichen und vollendet das Rätsel?

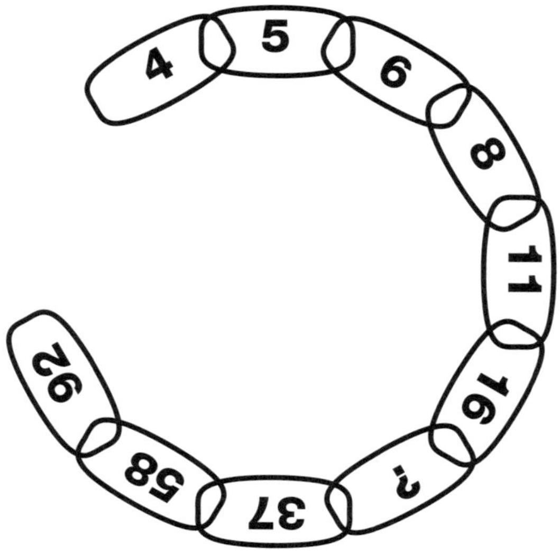

21 RÄTSEL

Welcher Buchstabe fehlt noch?

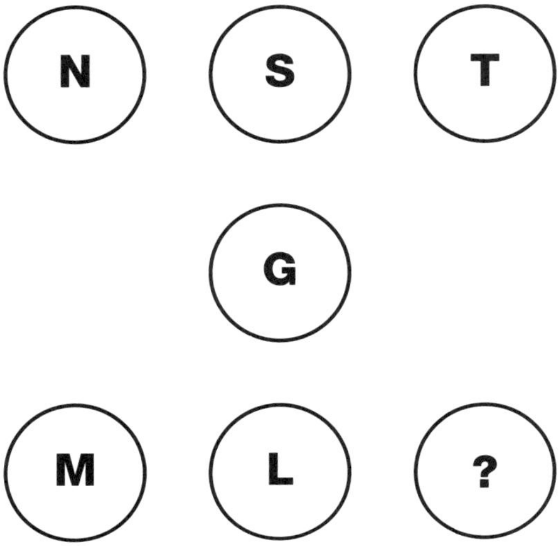

22 RÄTSEL

Welcher Buchstabe fehlt noch?

23 RÄTSEL

Welche Zahl ersetzt das Fragezeichen
und vollendet das Rätsel?

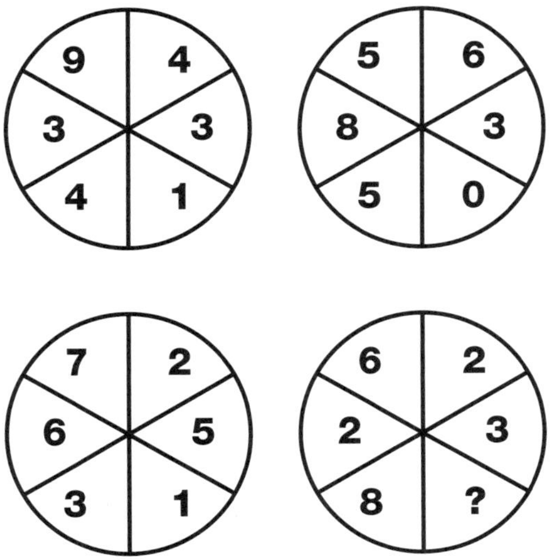

24 RÄTSEL

Welcher Buchstabe ersetzt das Fragezeichen
und vollendet das Rätsel?

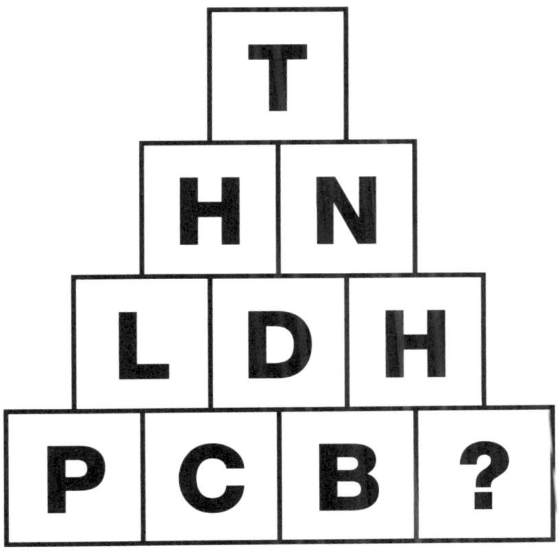

25 RÄTSEL

Welcher Buchstabe ersetzt das Fragezeichen?

E	J	O	T
Z	S	?	Y
U	N	I	D
P	K	F	A

26 RÄTSEL

Welche Zahl ersetzt das Fragezeichen und vollendet das Rätsel?

4	6
6	

3	3
5	

9	3
9	

8	6
?	

27 RÄTSEL

Welche Zahl gehört ins freie Feld?

1	2	1
1	4	4
1	6	?

28 RÄTSEL

Welcher Buchstabe fehlt hier noch?

L		R		X	
	T		Z		D
N		D		F	
	X		J		J
H		R		L	
	B		V		?

29 RÄTSEL

Welche Zahl gehört jeweils nicht dazu?

A

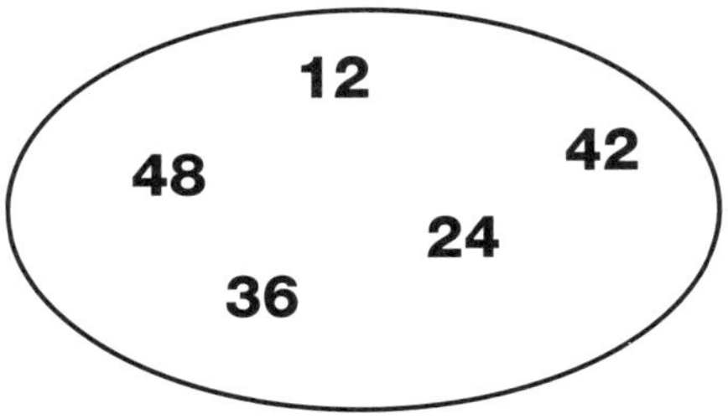

B

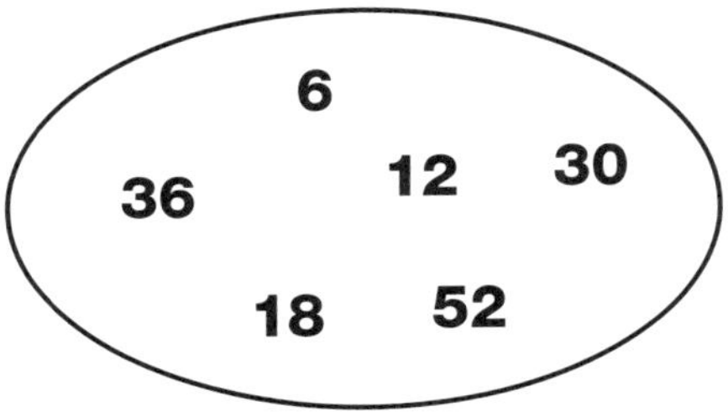

30 RÄTSEL

Welche Zahl ersetzt das Fragezeichen und vollendet das Rätsel?

6	9	1
3	7	2
4	11	?

TEST

13

1 RÄTSEL

Welche Zahl fehlt hier?

2 RÄTSEL

Welche Zahl fehlt hier?

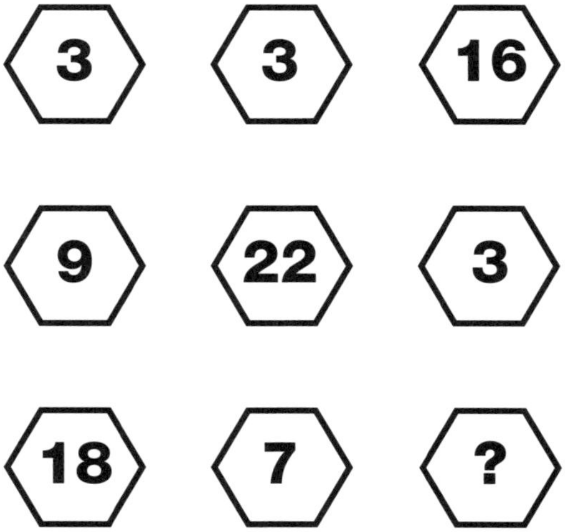

3 RÄTSEL

Worauf sollte der fehlende Stundezeiger weisen?

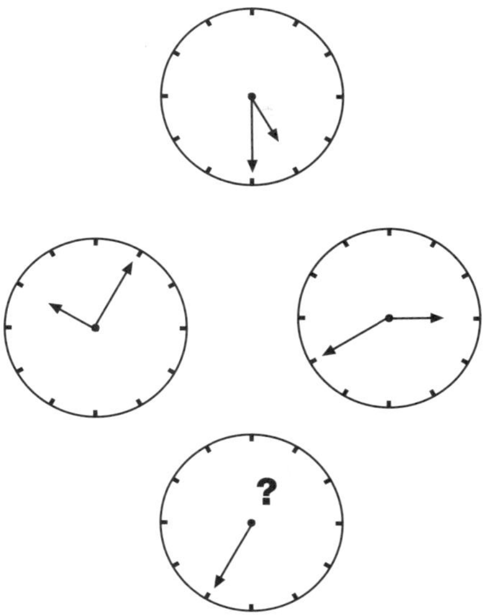

4 RÄTSEL

Welcher Buchstabe ersetzt das Fragezeichen und vollendet das Rätsel?

5 RÄTSEL

Welche Zahl fehlt im mittleren Kreis?

6 RÄTSEL

Welcher Buchstabe ersetzt das Fragezeichen und vollendet das Rätsel?

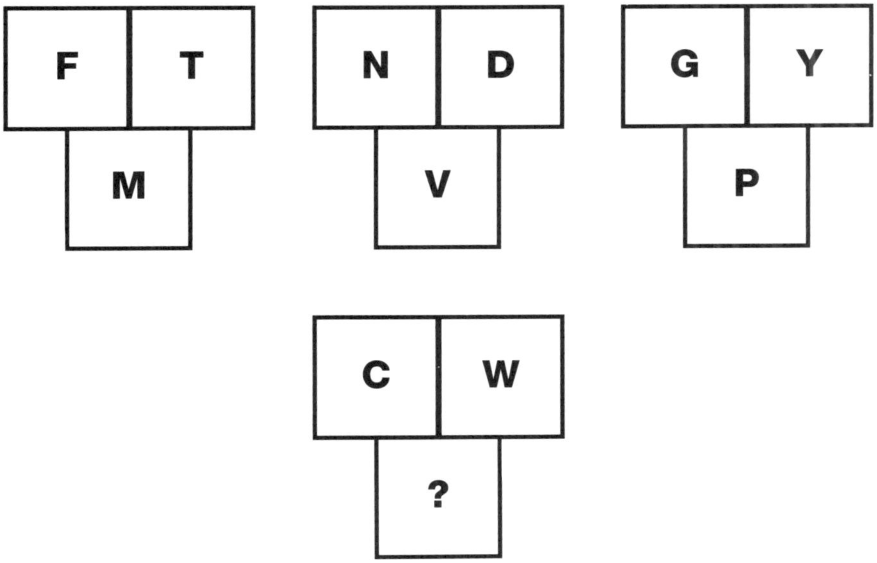

7 RÄTSEL

Welcher Buchstabe gehört in das letzte Sechseck?

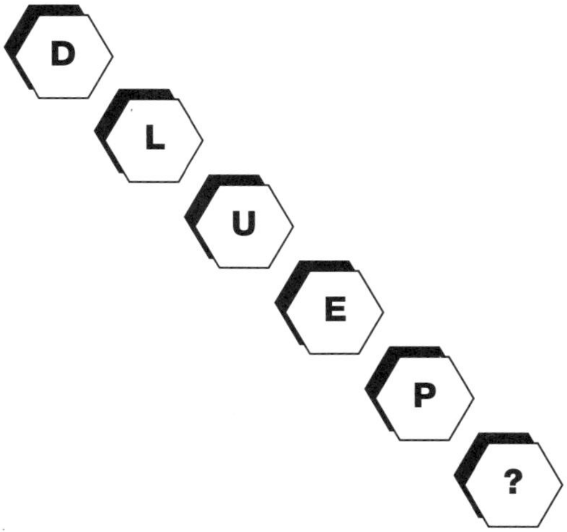

8 RÄTSEL

Welche Zahl ist noch einzusetzen?

9 RÄTSEL

Welcher Buchstabe ersetzt das Fragezeichen und vollendet das Rätsel?

R	T	K	N
X	V	T	Q
M	R	C	G
B	W	O	?

10 RÄTSEL

Welcher Buchstabe ersetzt das Fragezeichen und vollendet das Rätsel?

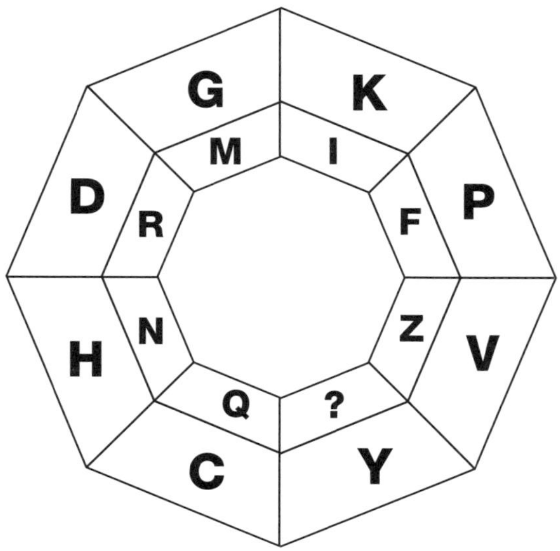

11 RÄTSEL

Welcher Buchstabe fehlt im letzten Kreis?

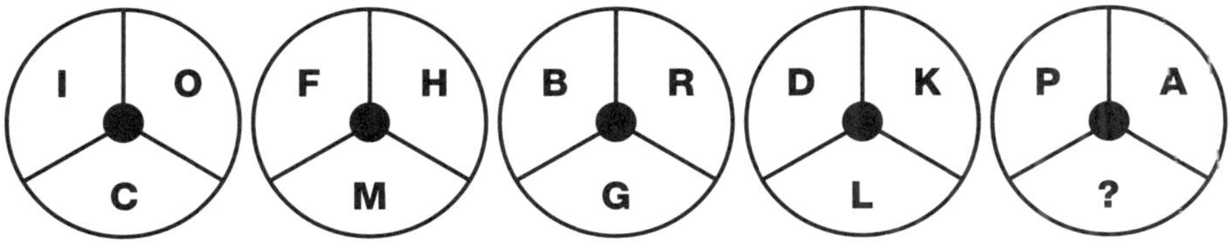

12 RÄTSEL

Welcher Buchstabe ersetzt das Fragezeichen und vollendet das Rätsel?

A		Q		G	
	J		Z		P
H		X		N	
	C		S		I
O		E		U	
	V		L		?

13 RÄTSEL

Welcher Buchstabe fehlt noch?

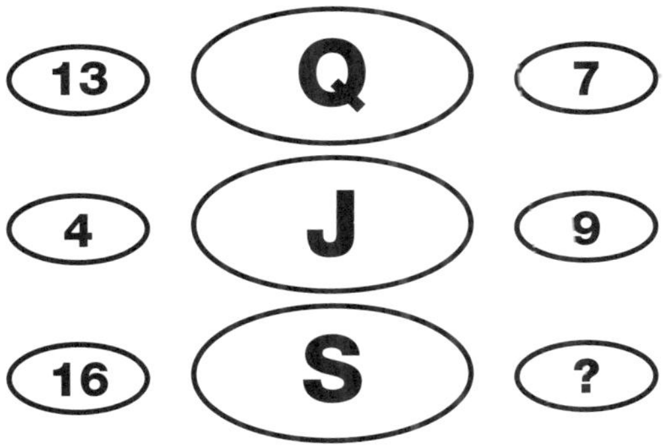

14 RÄTSEL

Welche Zahl ersetzt das Fragezeichen und vollendet das Rätsel?

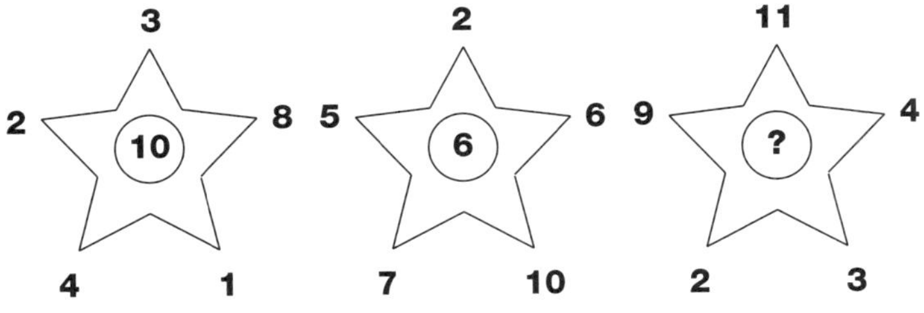

15 RÄTSEL

Welcher Buchstabe ersetzt das Fragezeichen und vollendet das Rätsel?

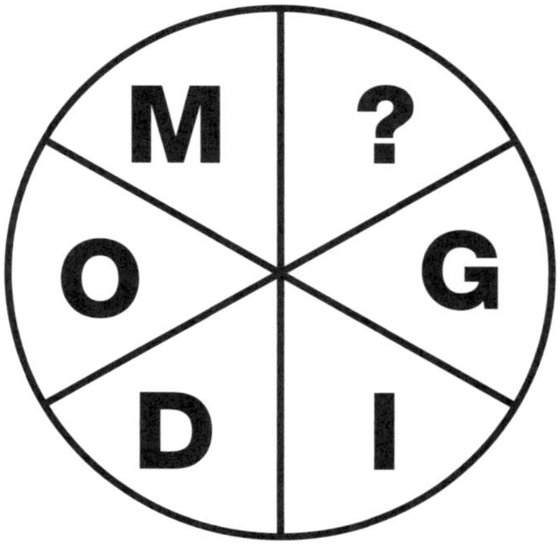

16 RÄTSEL

Welche Zahl fehlt hier?

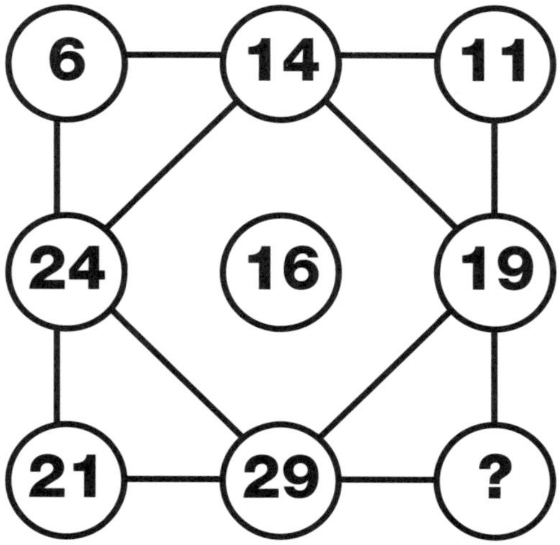

17 RÄTSEL

Welches der Raster A–F ersetzt das Fragezeichen?

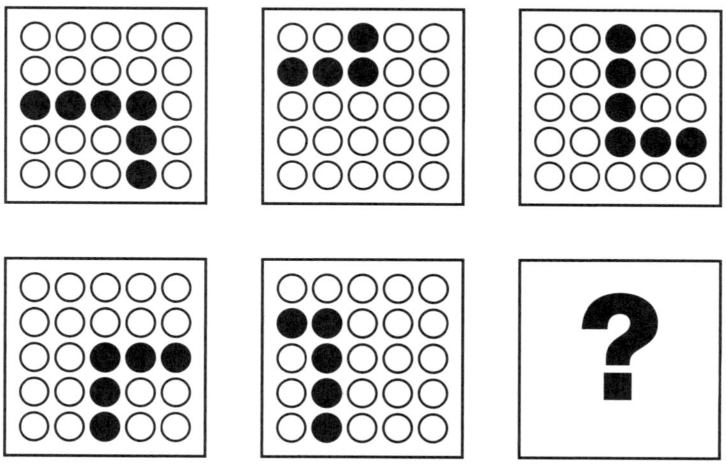

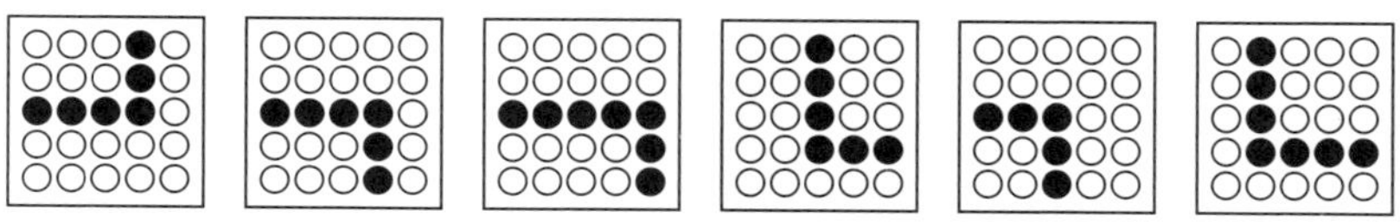

A B C D E F

18 RÄTSEL

Was fehlt im letzten Oval?

BGK

OFA

HIG

OCH

FQE

MI?

19 RÄTSEL

Welche Zahl fehlt hier?

5 **7** **10** **3** **?**

20 RÄTSEL

Welcher Buchstabe ersetzt das Fragezeichen und vollendet das Rätsel?

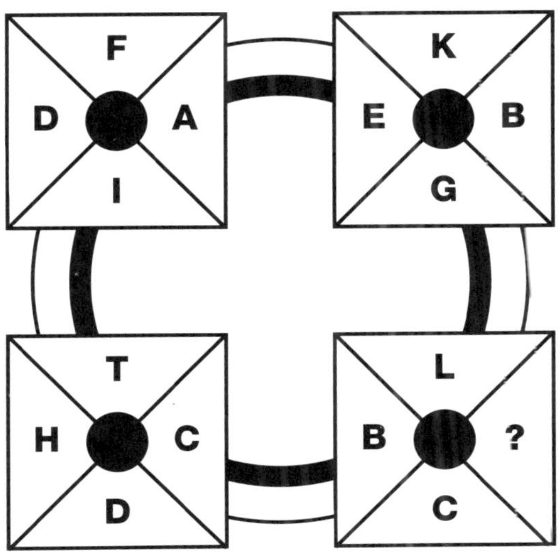

TEST

14

21 RÄTSEL

Welcher Buchstabe fehlt hier?

W	E	P	H
Q	K	V	B
I	S	?	T
C	Y	J	N

22 RÄTSEL

Welche Zahl ersetzt das Fragezeichen und vollendet das Rätsel?

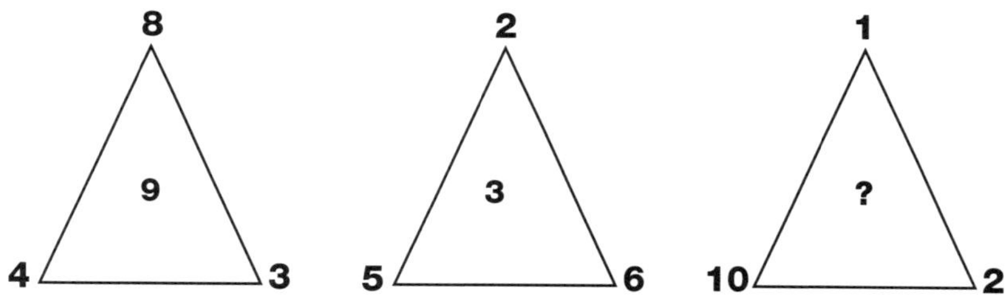

23 RÄTSEL

Welcher Buchstabe wird noch benötigt?

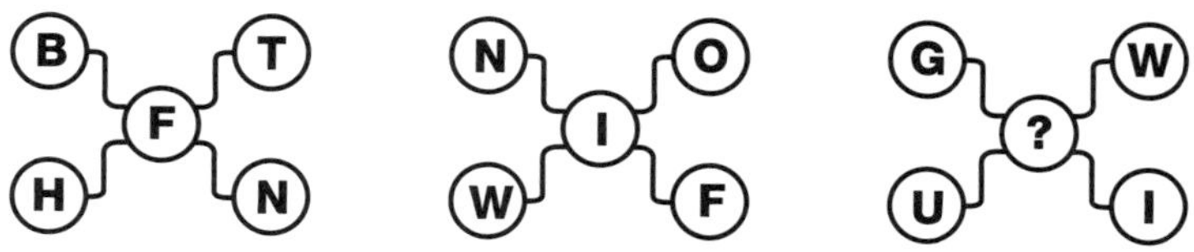

24 RÄTSEL

Welche Zahl fehlt im dritten Stern?

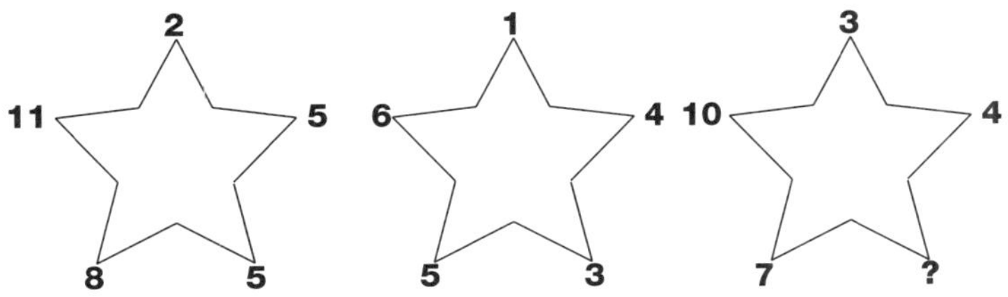

25 RÄTSEL

Welcher Buchstabe fehlt noch?

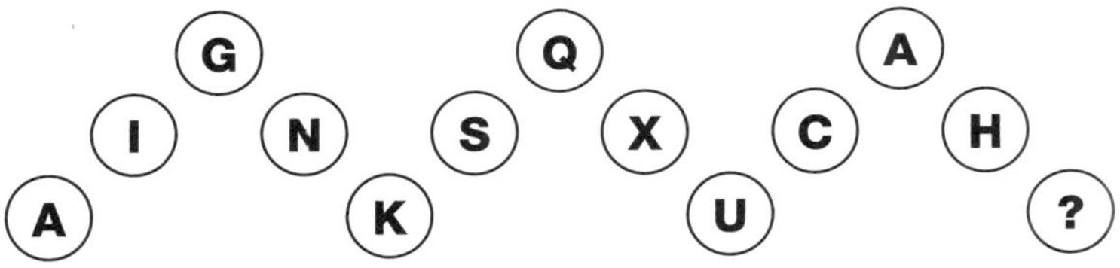

26 RÄTSEL

Welche Zahl ersetzt das Fragezeichen und vollendet das Rätsel?

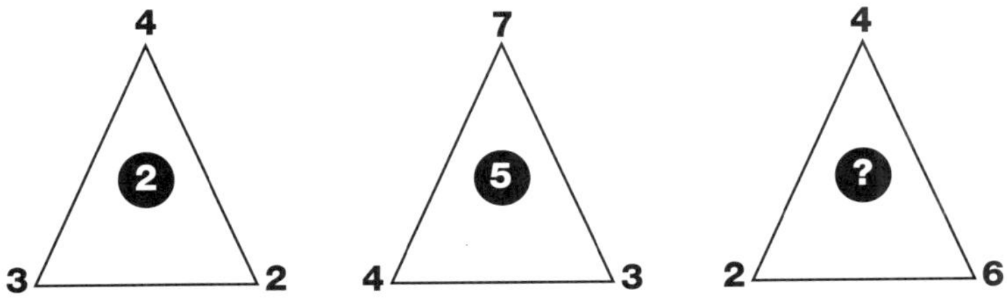

27 RÄTSEL

Welche Zahl ersetzt das Fragezeichen und vollendet das Rätsel?

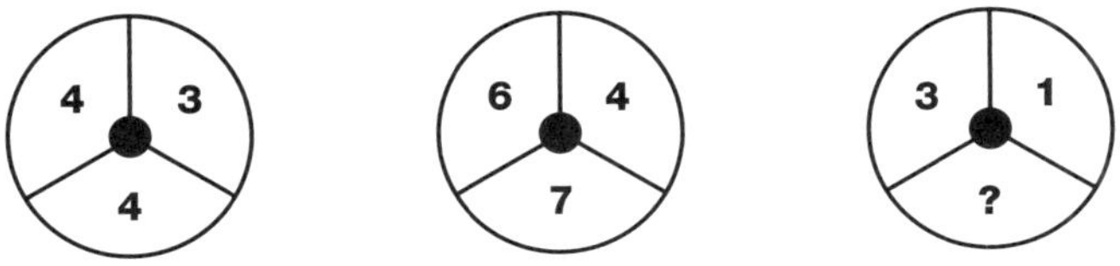

TEST

14

28 RÄTSEL

Welche Uhr A–E würde die richtige Zeit anzeigen?

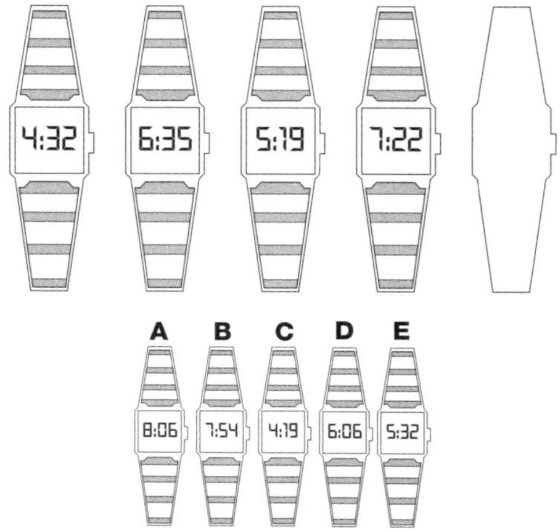

29 RÄTSEL

Welcher Buchstabe ersetzt das Fragezeichen und vollendet das Rätsel?

M S Y

G A G M E

A U Q W C S K

O K E Y Q

I C ?

G L R T U W Y Z

30 RÄTSEL

Welcher Buchstabe ersetzt das Fragezeichen und vollendet das Rätsel?

A F I L N V X ?

1 RÄTSEL

Welche Zahl ersetzt das Fragezeichen
und vollendet das Rätsel?

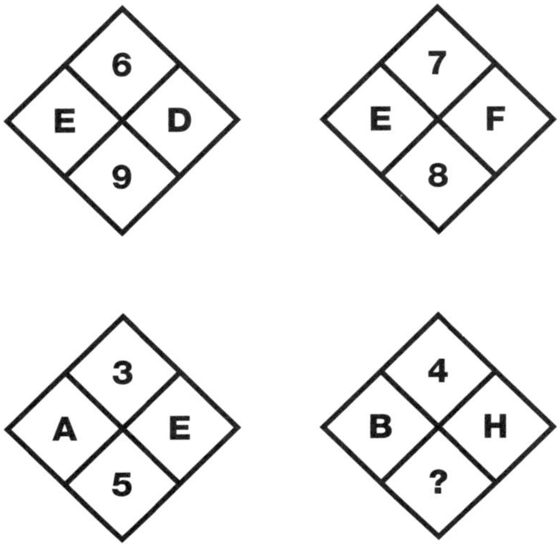

2 RÄTSEL

Welche Zahl ersetzt das Fragezeichen
und vervollständigt das Gitter?

3	5	2	8	7
2	9	1	4	3
1	4	3	9	1
4	6	3	5	2
J	X	I	Z	?

3 RÄTSEL

Welcher Buchstabe ersetzt das Fragezeichen
und vollendet das Rätsel?

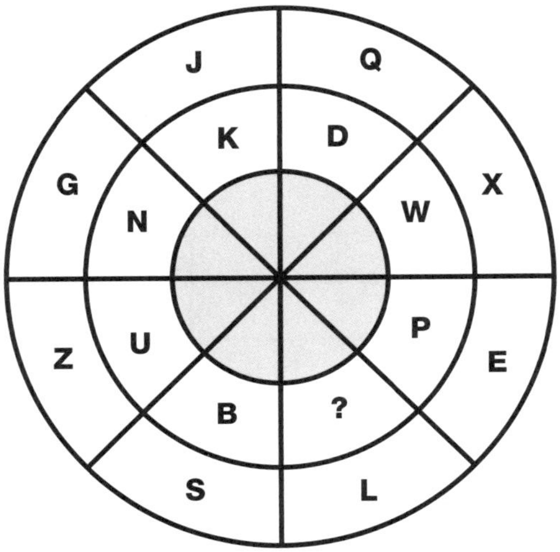

4 RÄTSEL

Welche Zahl ersetzt das Fragezeichen
und vollendet das Rätsel?

6	FKM	24
12	LUC	24
20	IRB	9
4	DGQ	24
34	PJH	?

5 RÄTSEL

Welche Zahl schließt die Kette?

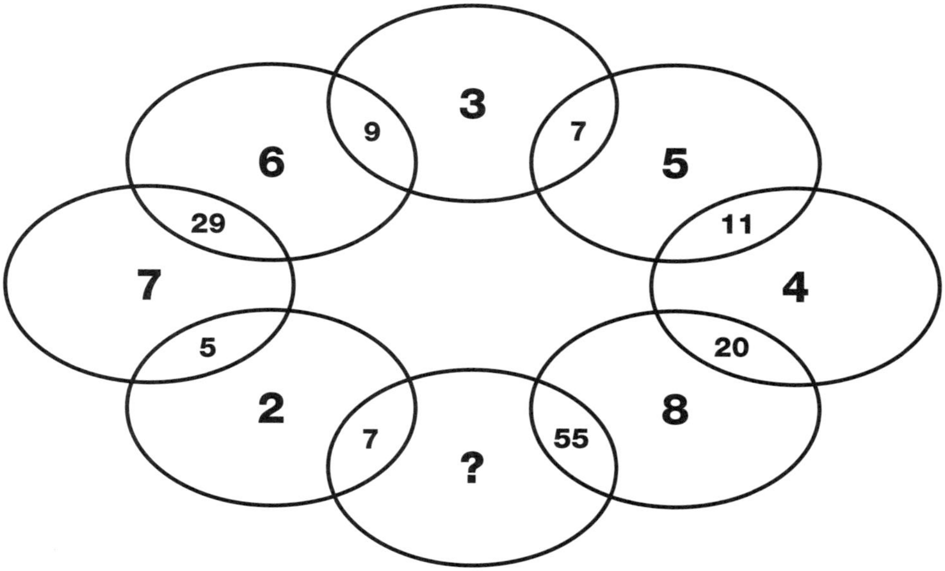

6 RÄTSEL

Welcher Buchstabe ersetzt das Fragezeichen und vollendet das Rätsel?

D	C	H	G
I	X	M	B
N	S	R	W

R	V	B	F
X	P	H	Z
D	J	N	T

J	S	Z	I
Q	L	G	B
X	E	N	U

O	C	K	Y
W	U	?	Q
E	M	A	I

7 RÄTSEL

Welche Zahl ersetzt das Fragezeichen und vollendet das Rätsel?

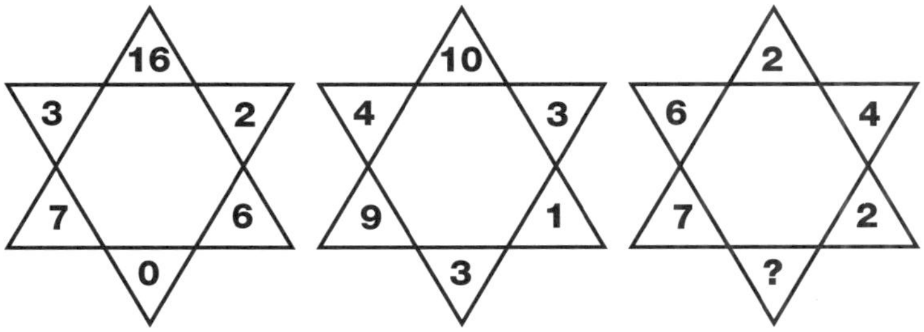

8 RÄTSEL

Welcher Buchstabe ersetzt das Fragezeichen und vollendet das Rätsel?

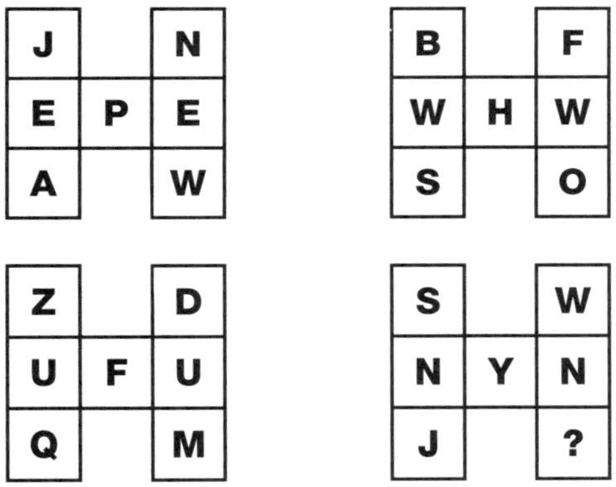

9 RÄTSEL

Welche Zahl ersetzt das Fragezeichen im Kopf der zweiten Figur?

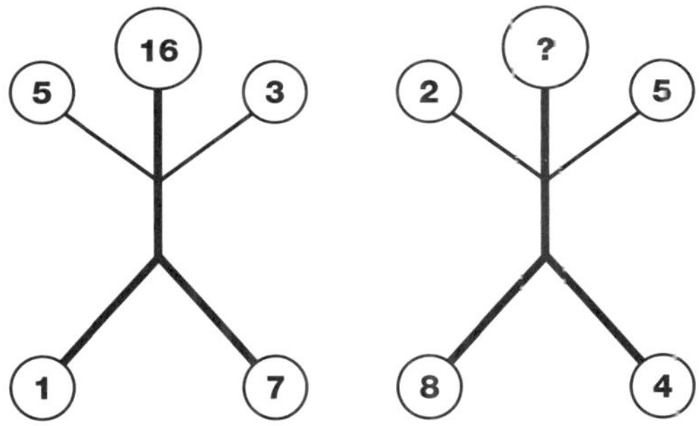

10 RÄTSEL

Welche Zahl passt in die Spitze des dritten Dreiecks?

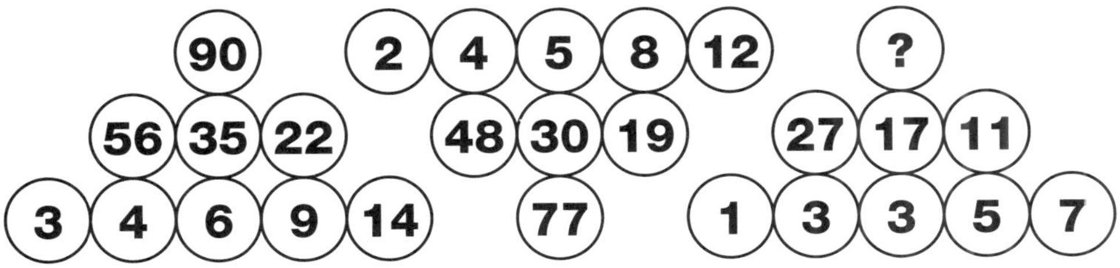

11 RÄTSEL

Welche Zahl ersetzt das Fragezeichen und vollendet das Rätsel?

1	2	1
4	4	1
9	6	1
6	9	1
5	2	?

12 RÄTSEL

Welche Zahl fehlt hier noch?

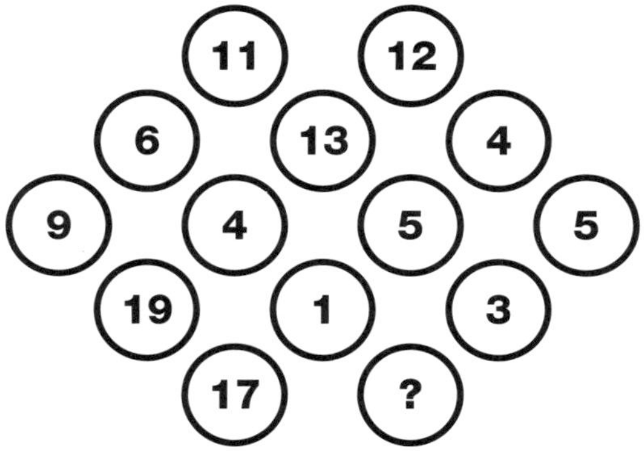

13 RÄTSEL

Welche Zahl ersetzt das Fragezeichen und vollendet das Rätsel?

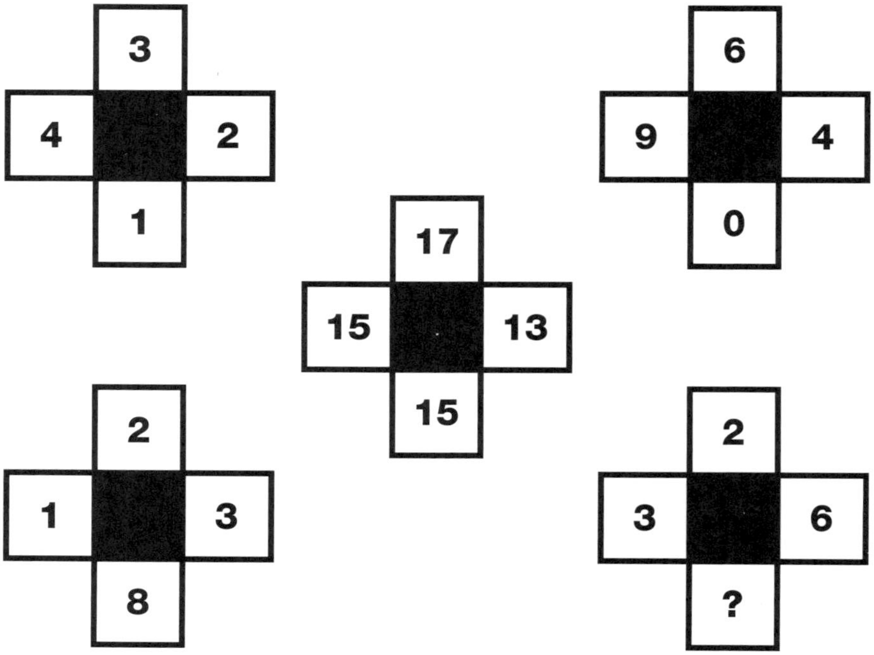

14 RÄTSEL

Welcher Buchstabe ersetzt das Fragezeichen
und vollendet das Gitter?

D			
N	Y		
K	X	L	
A	Q	H	?

15 RÄTSEL

Welche Zahl ersetzt das Fragezeichen
im mittleren Gitter?

3	1
2	7

0	1
6	6

4	12
12	?

9	5
6	1

5	2
0	3

16 RÄTSEL

Welche Spielkarte ersetzt das Fragezeichen und vervollständigt die Auslage?

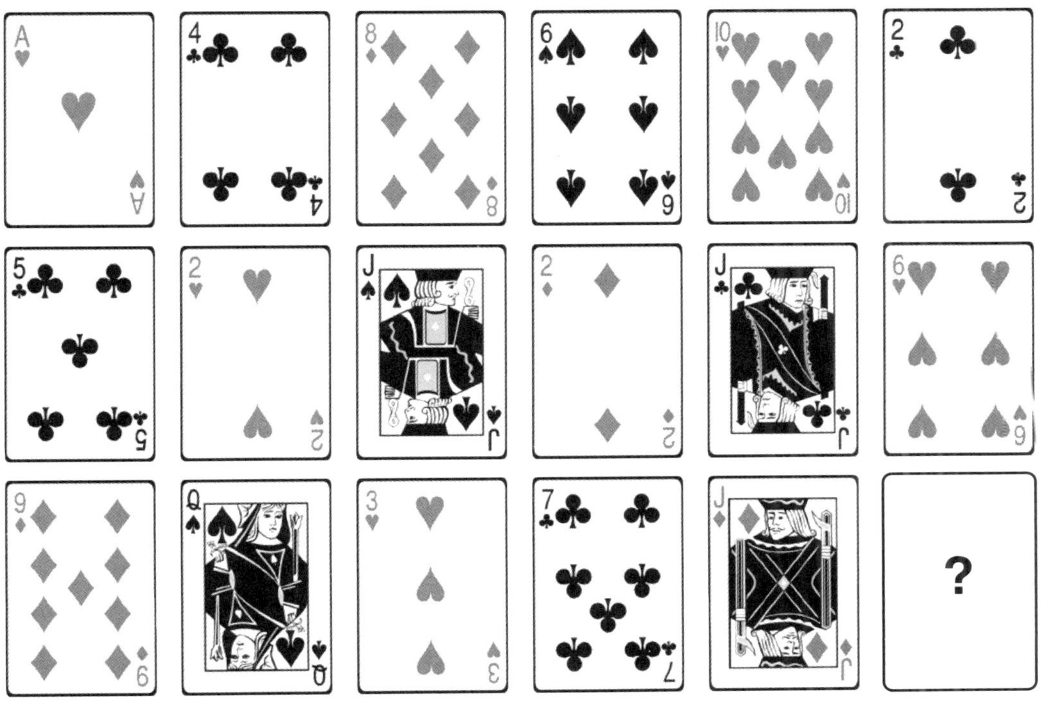

17 RÄTSEL

Welcher Buchstabe ersetzt das Fragezeichen und vollendet das Rätsel?

V	C
O	D

J	Q
F	X

H	H
A	Z

?	E
S	L

18 RÄTSEL

Welcher Buchstabe ersetzt das Fragezeichen im Gitter?

N		T		J	
	S		Y		O
R		X		D	
	W		C		I
L		B		H	
	Q		G		?

19 RÄTSEL

Worauf sollte der fehlende Minutenzeiger weisen?

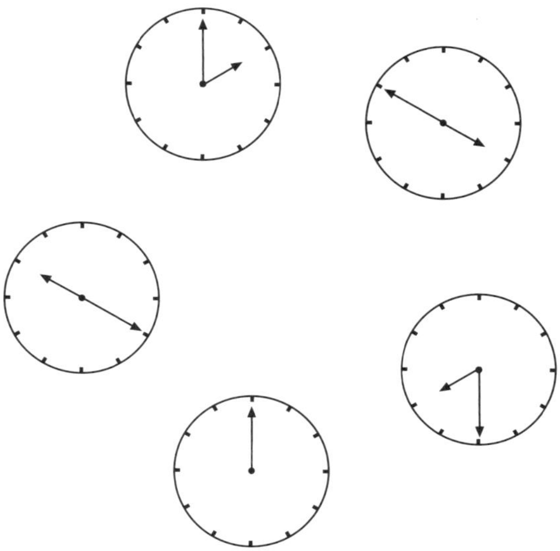

20 RÄTSEL

Welcher Buchstabe ersetzt das Fragezeichen und vollendet das Rätsel?

53	J	49
82	X	37
36	L	15
14	?	98

21 RÄTSEL

	Markus	Heidi	Sarah	Französisch	Italienisch	Chinesisch	Kochgeschirr	Präsentkorb	Küchenuhr
1. Preis									
2. Preis									
3. Preis									
Kochgeschirr									
Präsentkorb									
Küchenuhr									
Französisch									
Italienisch									
Chinesisch									

Markus, Heidi und Sarah standen dieses Jahr in der Endrunde des Kochwettbewerbs. Der zweite Preis ging an die Frau mit dem italienischen Gericht. Der dritte Preis, eine Küchenuhr, ging nicht an die Person, die das große chinesische Menü zubereitete. Sarah gewann den Präsentkorb für Ihr Gericht, meinte aber, mit dem italienischen Gericht hätte sie den ersten Preis gewonnen. Schließen Sie aus diesen Hinweisen darauf, welcher Teilnehmer mit welchem Kochstil welchen Preis gewann.

Teilnehmer	Rang	Stil	Preis

22 RÄTSEL

Welcher Buchstabe ersetzt das Fragezeichen im Kreis ganz unten?

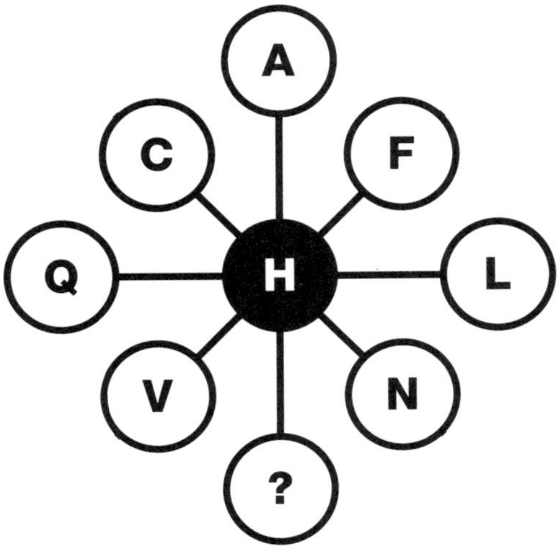

23 RÄTSEL

Welcher Buchstabe ersetzt das Fragezeichen und vollendet das Rätsel?

B	C	E
?		G
Q	M	K

TEST

24 RÄTSEL

Welcher Bilderwürfel ergibt dieses „Netz"?

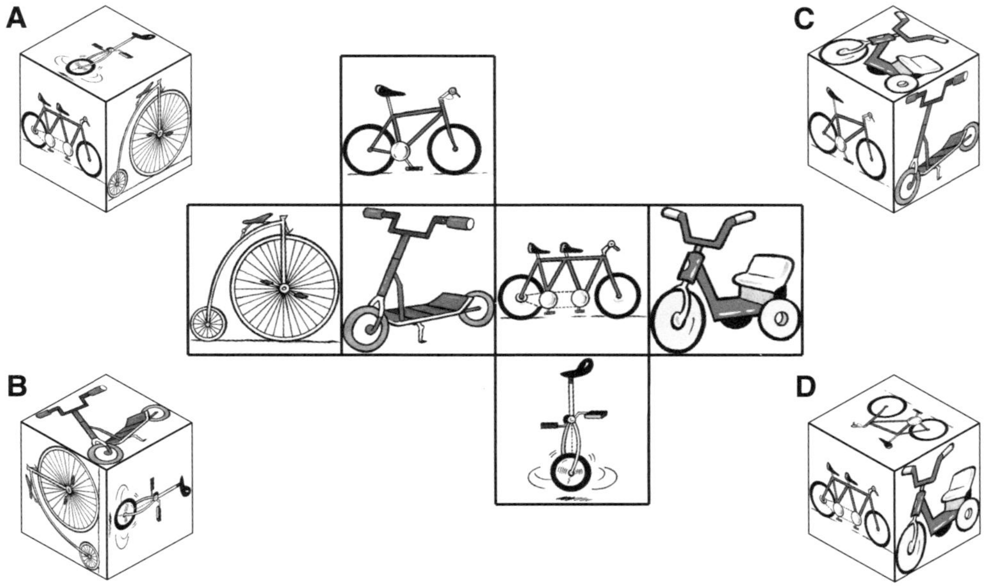

25 RÄTSEL

Welcher Buchstabe ersetzt das Fragezeichen und vollendet das Rätsel?

J	P	W
E	K	
R		
Z	F	
M	U	?

26 RÄTSEL

An Marias Haus rankt sich eine große Pflanze empor, deren Höhe sich jedes Jahr verdoppelt. Seit der Anpflanzung vor sechs Jahren ist sie um 12 Meter gewachsen. Nach wie vielen Jahren hatte sie die Hälfte ihrer jetzigen Höhe erreicht?

15

27 RÄTSEL

Welcher Buchstabe ersetzt das Fragezeichen und vollendet das Rätsel?

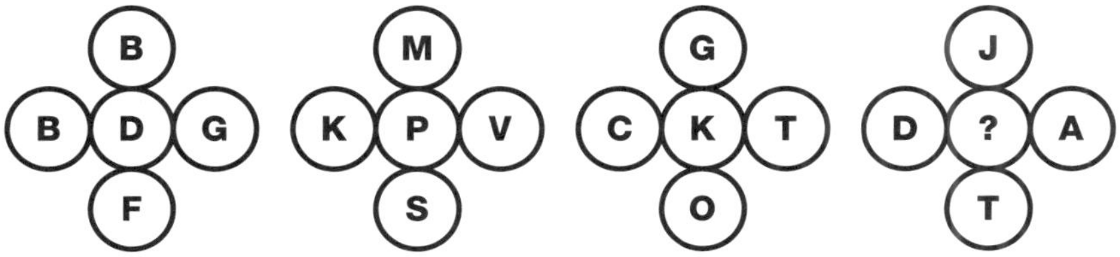

28 RÄTSEL

Welche Zahl ersetzt das Fragezeichen im dritten Kreis?

29 RÄTSEL

Welcher Buchstabe ersetzt das Fragezeichen und vollendet das Schema?

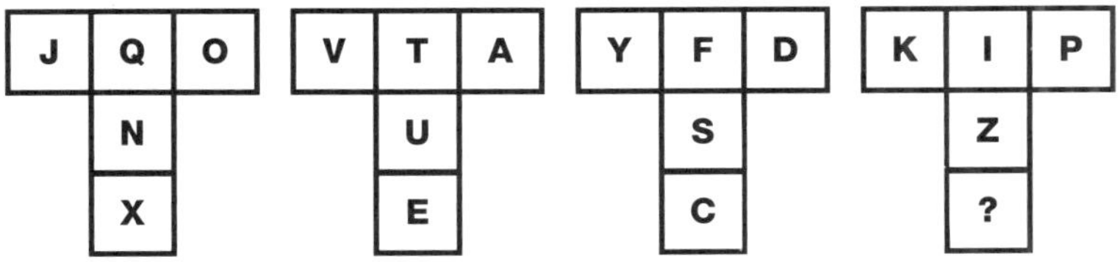

30 RÄTSEL

Welcher Dominostein muss noch angelegt werden?

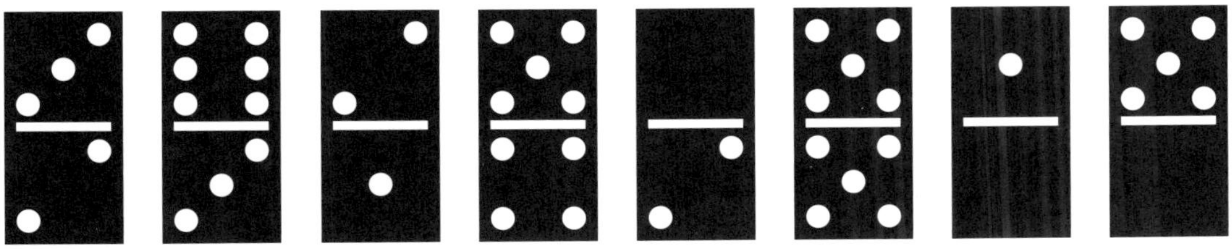

TEST

16

1 RÄTSEL

Welcher Buchstabe fehlt im Rad?

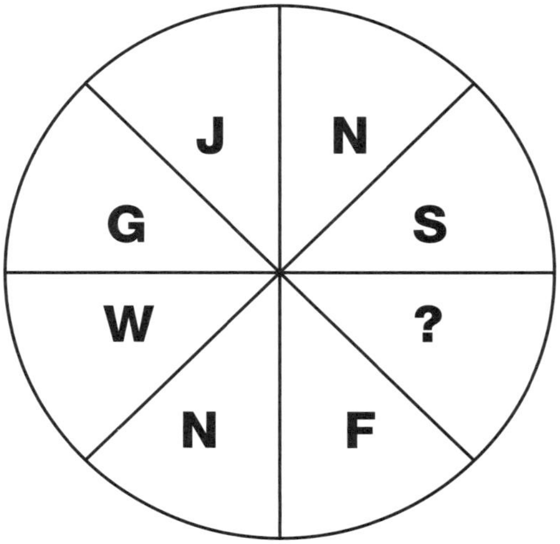

2 RÄTSEL

Welcher Buchstabe fehlt hier?

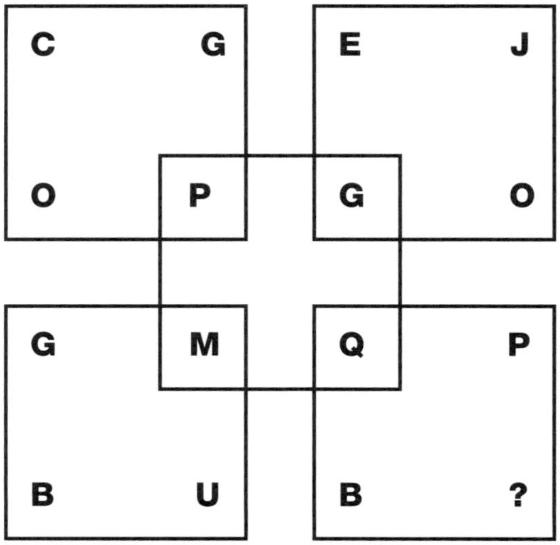

3 RÄTSEL

Welches Symbol wird noch gebraucht, um die Waage ins Gleichgewicht zu bringen?

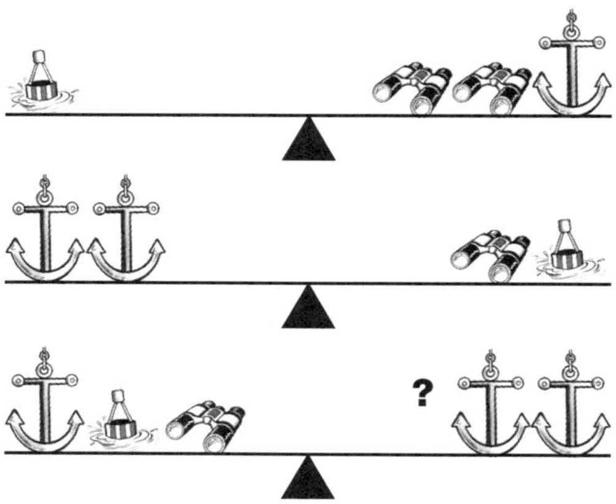

4 RÄTSEL

Welcher Buchstabe ersetzt das Fragezeichen und vollendet das Rätsel?

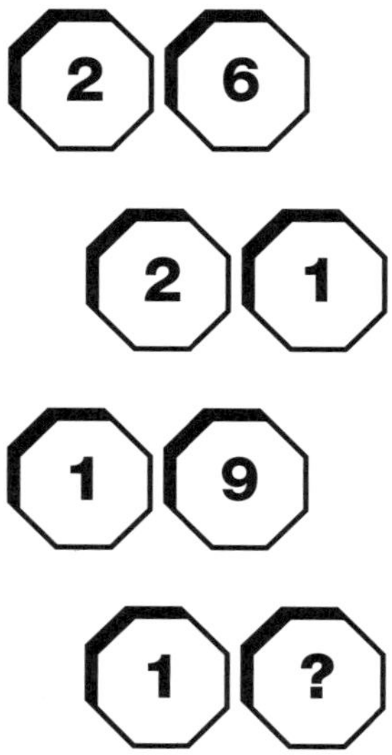

5 RÄTSEL

Welche Zahl fehlt im letzten Kreis?

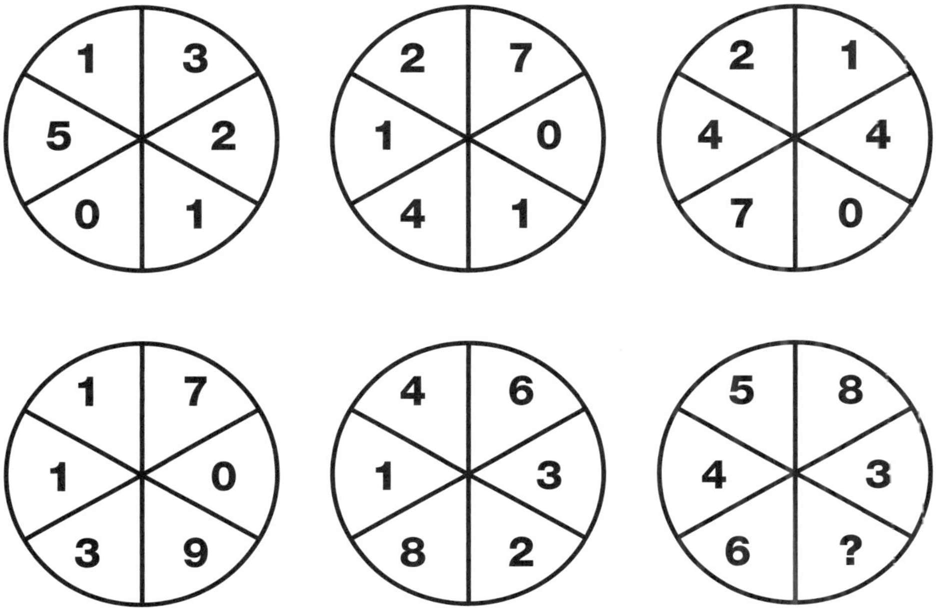

6 RÄTSEL

Welcher Buchstabe ersetzt das Fragezeichen und vollendet das Gitter?

A	G	C	J	B	H	E	I
C	B	D	C	G	A	B	D
F	B	A	A	C	D	G	E
D	E	G	D	C	B	A	C
B	D	E	C	F	G	A	D
D	A	B	B	C	C	J	?

7 RÄTSEL

Was fehlt im mittleren Kreis?

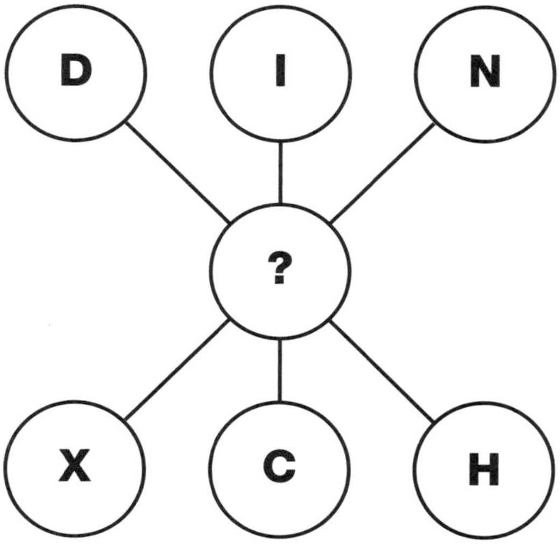

8 RÄTSEL

Welche Zahl fehlt hier?

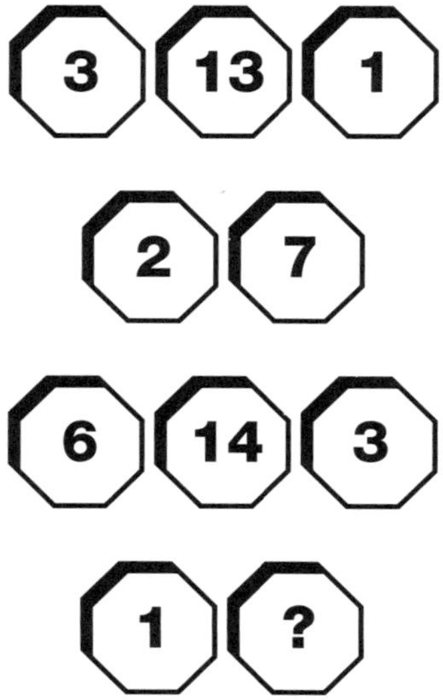

9 RÄTSEL

Welche Zahl ersetzt das Fragezeichen und vollendet das Rätsel?

5	12	26	54	?

10 RÄTSEL

Welche Zahl ersetzt das Fragezeichen und vollendet das Rätsel?

156	
2	6
3	1
4	5
5	?

11 RÄTSEL

Welche Zahl fehlt im letzten Kreis?

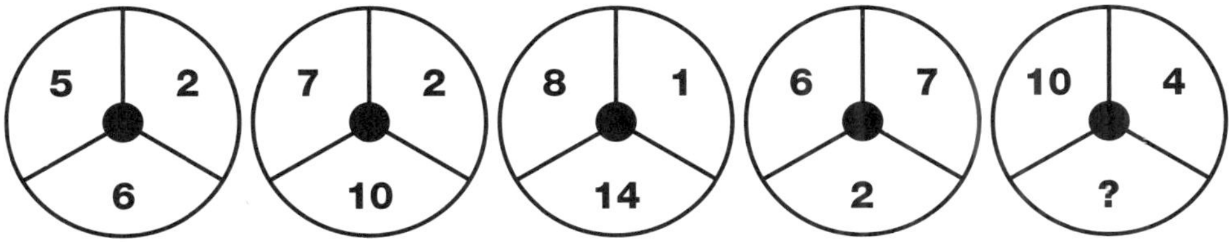

12 RÄTSEL

Welcher Buchstabe ersetzt das Fragezeichen und vollendet das Rätsel?

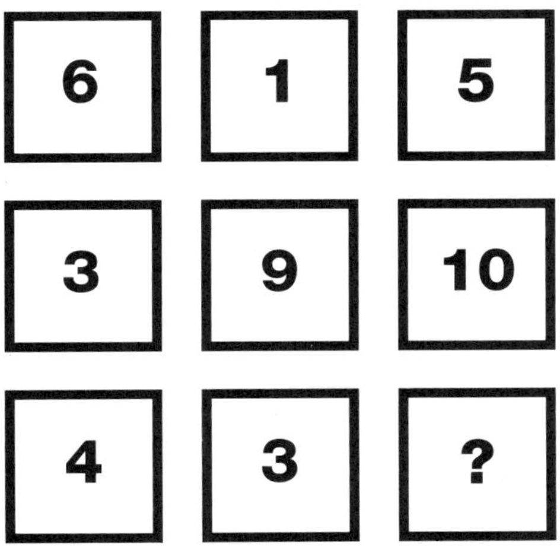

13 RÄTSEL

Welche Zahl fehlt noch?

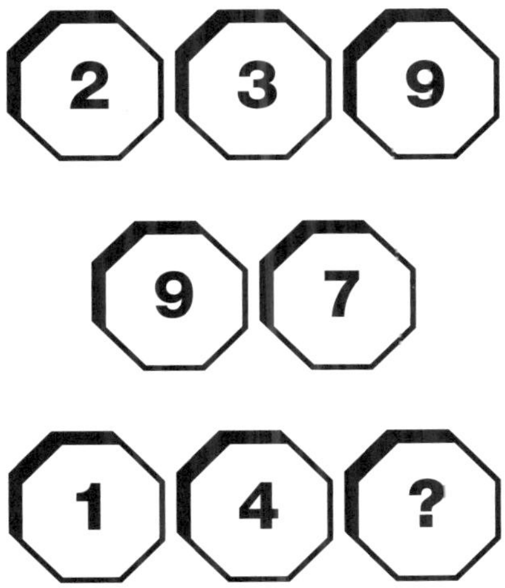

14 RÄTSEL

Welcher Buchstabe ersetzt das Fragezeichen und vollendet das Rätsel?

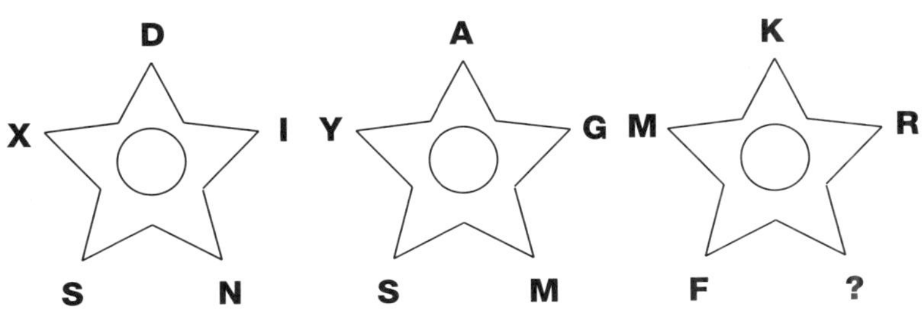

TEST

16

15 RÄTSEL

Was fehlt im letzten Kreis?

C	D	K
G	I	F
J	M	?

16 RÄTSEL

Welche Zahl fehlt hier?

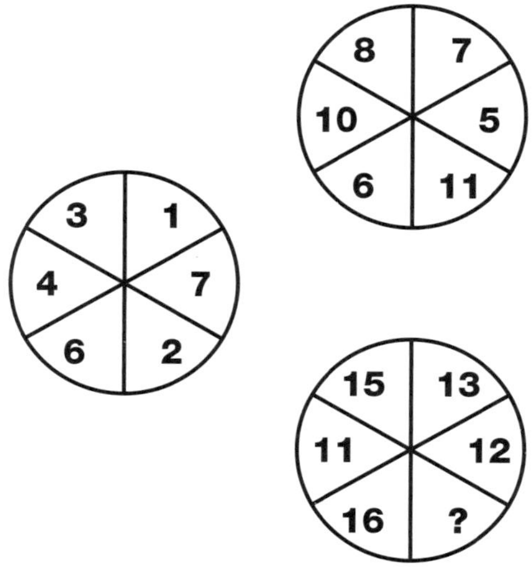

17 RÄTSEL

Welche Zahl ersetzt das Fragezeichen und vollendet das Rätsel?

48	30	20
24	15	10
72	45	?

25	28	30	35	39

18 RÄTSEL

Was fehlt im letzten Oval?

211

621

041

451

861

?

19 RÄTSEL

Welcher Buchstabe fehlt hier?

A	J
X	M

D	G
S	P

B	E
S	P

Y	J
V	?

20 RÄTSEL

Welche Zahl ersetzt das Fragezeichen und vollendet das Rätsel?

3	8
11	5
16	6
22	10
32	12
44	?

TEST

16

21 RÄTSEL

Welche der Zahlen aus der Reihe ersetzt das Fragezeichen?

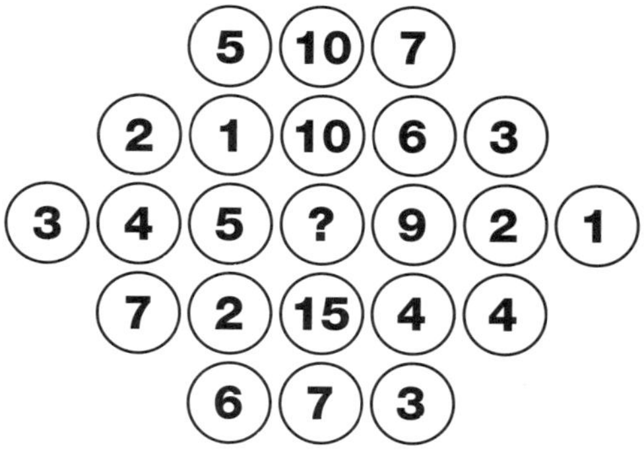

10 12 14 16 18 20 22 24

22 RÄTSEL

Welcher Buchstabe ersetzt das Fragezeichen und vollendet das Rätsel?

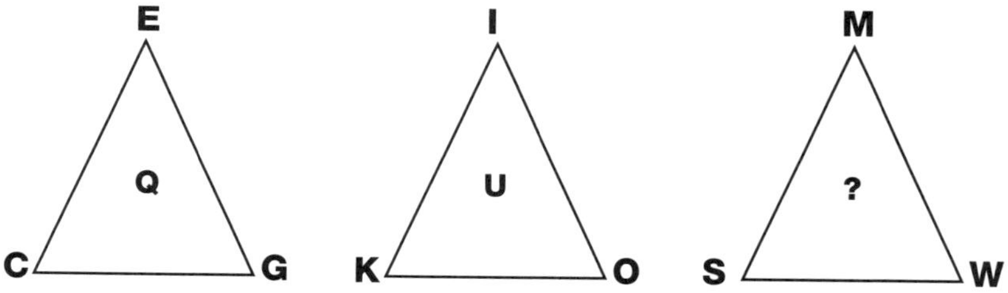

23 RÄTSEL

Welche Zahl fehlt in der letzten Figur?

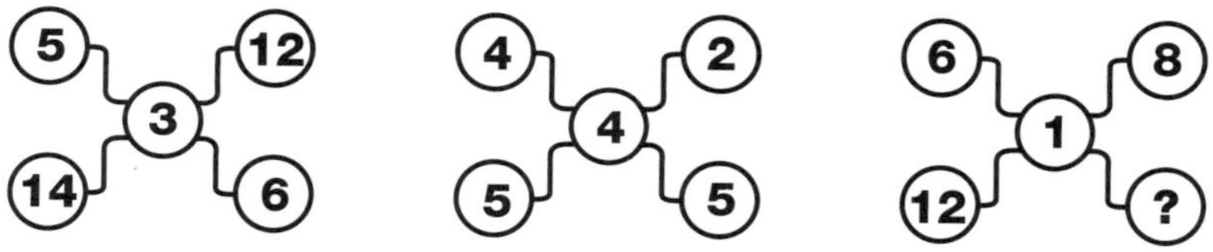

24 RÄTSEL

Was fehlt im dritten Stern?

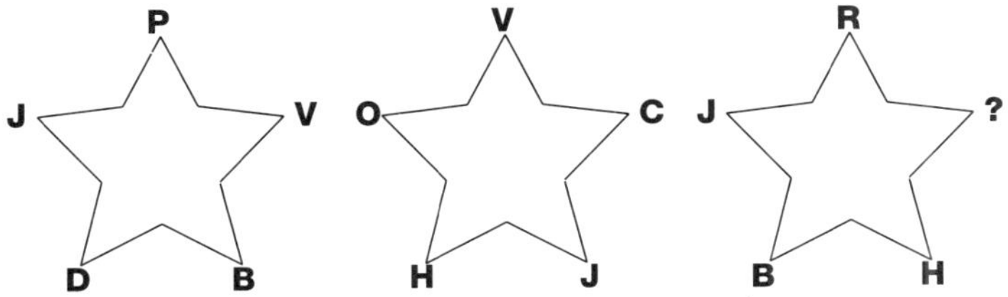

25 RÄTSEL

Welcher Buchstabe fehlt am Ende?

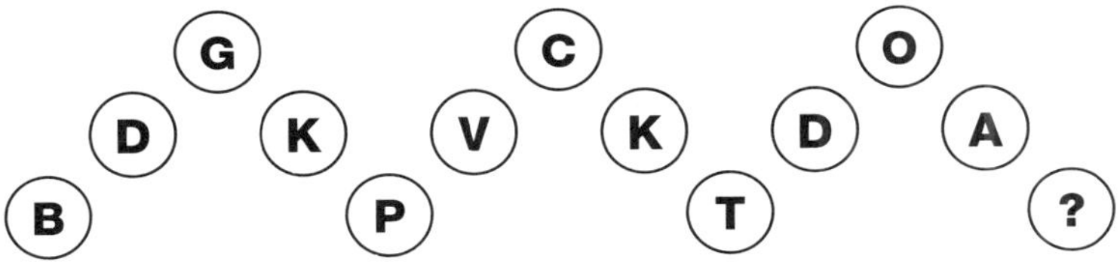

26 RÄTSEL

Welcher Buchstabe ersetzt das Fragezeichen und vollendet das Rätsel?

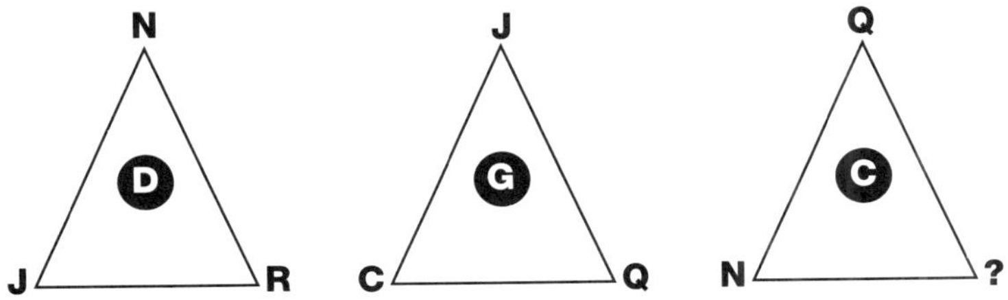

27 RÄTSEL

Welche Zahl ersetzt das Fragezeichen und vollendet das Rätsel?

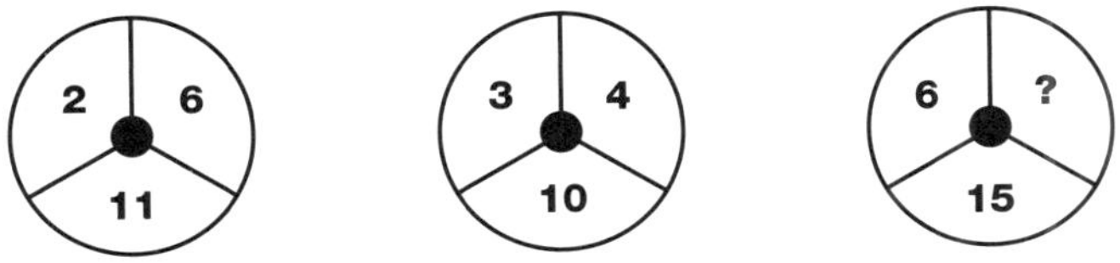

28 RÄTSEL

Welches Gitter gehört in die Lücke?

A	B	C	D	E	E	J	O	T	Y
F	G	H	I	J	D	I	N	S	X
K	L	M	N	O	C	H	M	R	W
P	Q	R	S			G	L	Q	V
U	V	W					K	P	U
U	P	K					W	V	U
V	Q	L	G			S	R	Q	P
W	R	M	H	C	O	N	M	L	K
X	S	N	I	D	J	I	H	G	F
Y	T	O	J	E	E	D	C	B	A

1

	A	B	
B	Y	T	X
X	Y	A	B
	T	Y	

2

	T	B	
F	A	Y	X
X	Y	A	F
	B	T	

3

	B	T	
F	A	Y	X
X	Y	A	F
	T	B	

4

	T	B	
X	Y	A	F
F	A	Y	X
	B	T	

5

	T	B	
X	A	Y	F
F	Y	A	X
	B	T	

29 RÄTSEL

Welche Zahl ersetzt das Fragezeichen und vollendet das Rätsel?

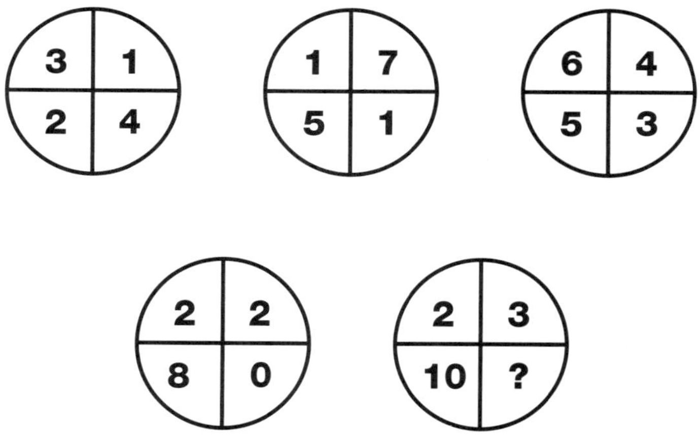

30 RÄTSEL

Welcher Buchstabe ersetzt das Fragezeichen und vollendet das Rätsel?

A H F K K N P ?

1 RÄTSEL

Welches der Gitter A–F ersetzt das Fragezeichen?

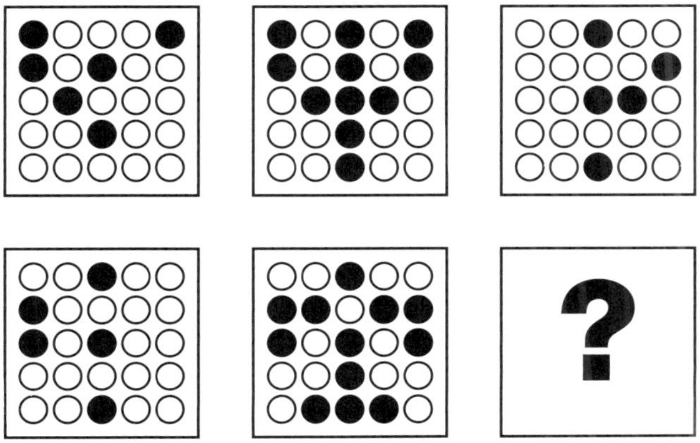

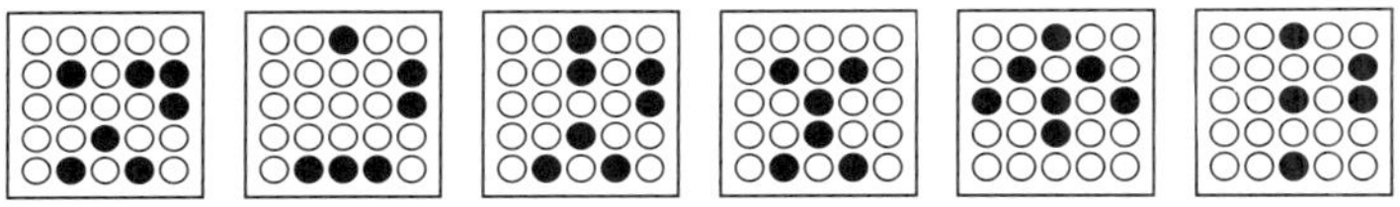

A B C D E F

2 RÄTSEL

Welche der Uhren A–E gehört in das leere Feld?

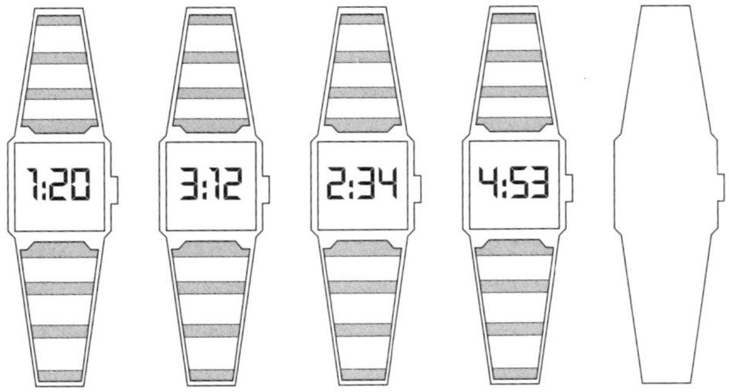

A B C D E

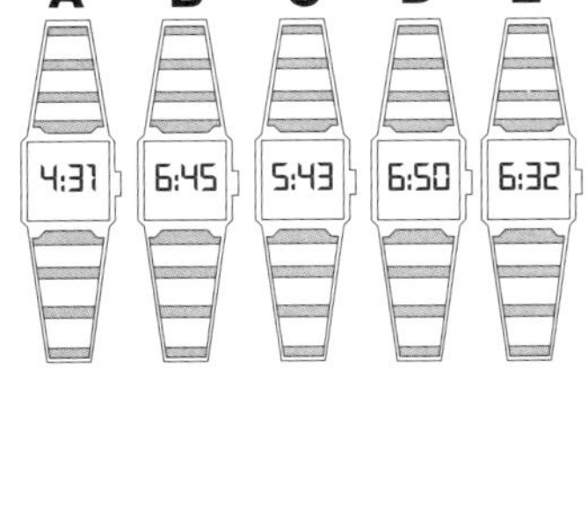

TEST

17

3 RÄTSEL

Welcher Buchstabe aus der Reihe unten ersetzt das Fragezeichen?

3 L 9
7 1 T 6 6
2 2 6 X 4 9 1
9 3 Y 5 8
8 ? 7

L M N O P Q R S

4 RÄTSEL

Welche Zahl ersetzt das Fragezeichen und vollendet das Rätsel?

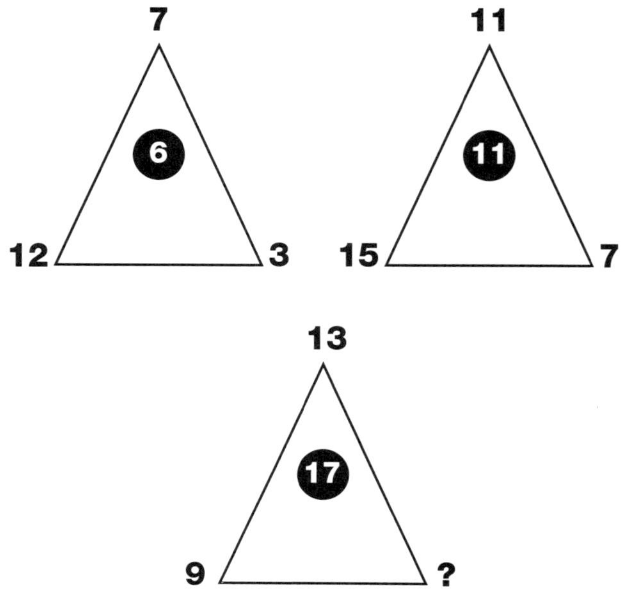

5 RÄTSEL

Welche Zahl fehlt im Kreis?

6 RÄTSEL

Welche Zahl beendet die Reihe?

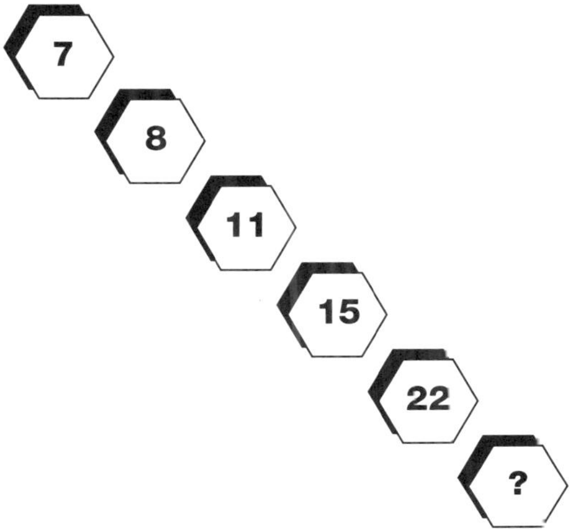

7 RÄTSEL

Welcher Buchstabe ersetzt das Fragezeichen und vollendet das Rätsel?

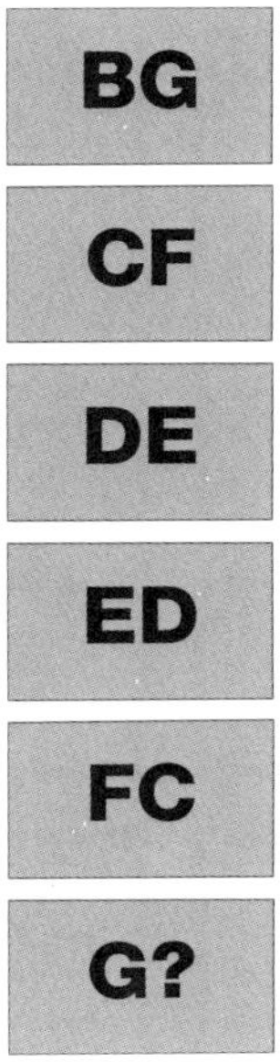

8 RÄTSEL

Welcher Buchstabe ersetzt das Fragezeichen und vollendet das Rätsel?

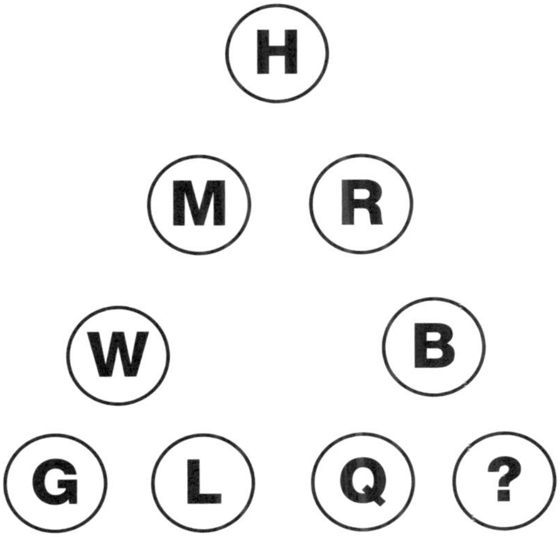

9 RÄTSEL

Welche Zahl gehört in das letzte Sechseck?

6	12	15
2	4	7
5	10	?

10 RÄTSEL

Welcher Buchstabe fehlt hier?

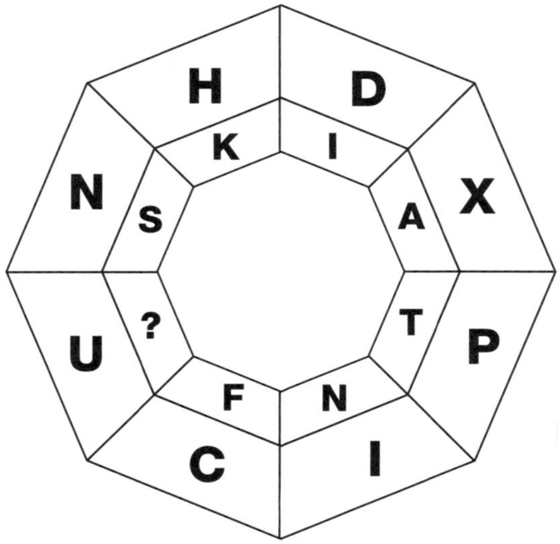

11 RÄTSEL

Welcher Buchstabe ersetzt das Fragezeichen und vollendet das Rätsel?

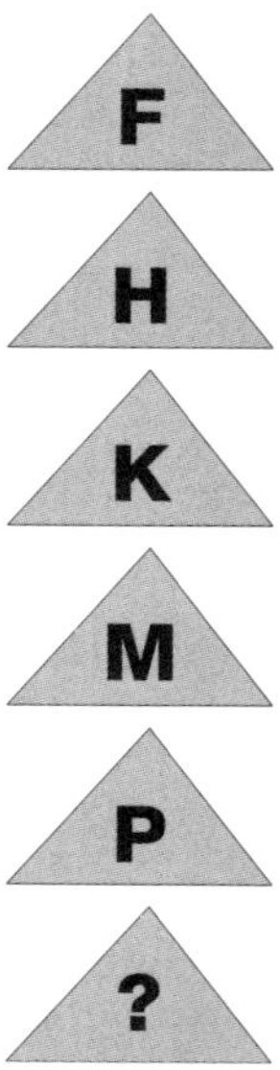

12 RÄTSEL

Welche Zahl ersetzt das Fragezeichen und vollendet das Rätsel?

1	3	4	1
2	0	4	8
2	7	5	5
3	4	6	?

13 RÄTSEL

Welche Zahl gehört in das letzte Achteck?

14 RÄTSEL

Welcher Buchstabe fehlt hier?

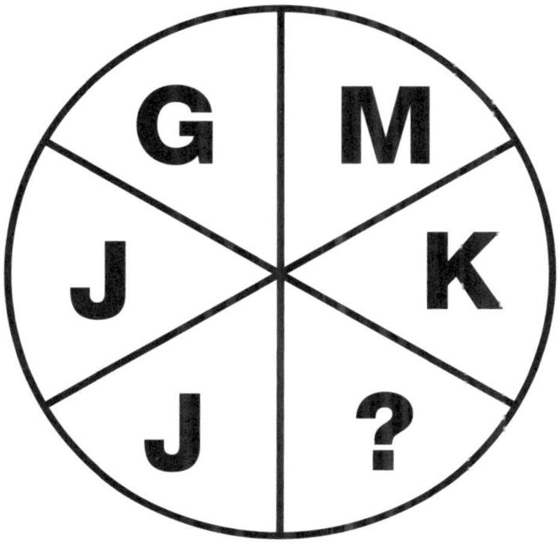

15 RÄTSEL

Welche Zahl ersetzt das Fragezeichen
und vollendet das Rätsel?

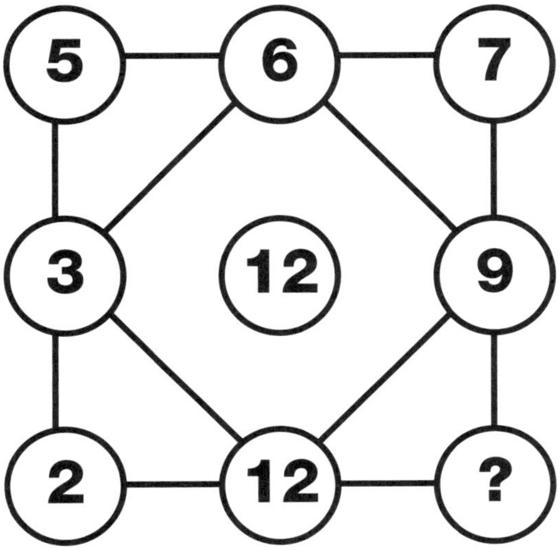

16 RÄTSEL

Worauf sollte der fehlende Minutenzeiger weisen?

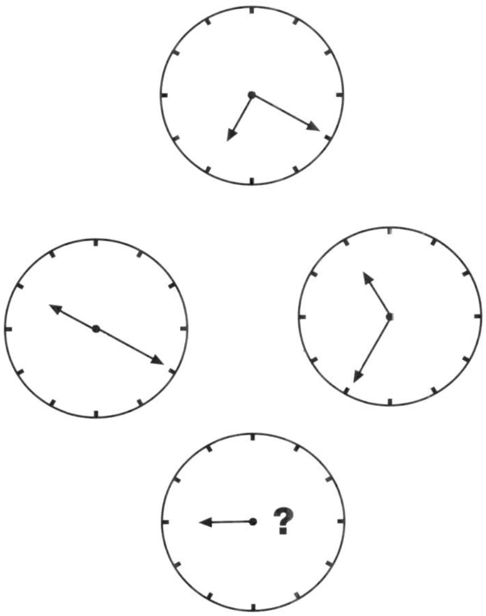

T E S T

17 RÄTSEL

Welche Zahl gehört in das letzte Sechseck?

18 RÄTSEL

Welche Zahl fehlt hier?

19 RÄTSEL

Welcher Buchstabe ersetzt das Fragezeichen und vollendet das Rätsel?

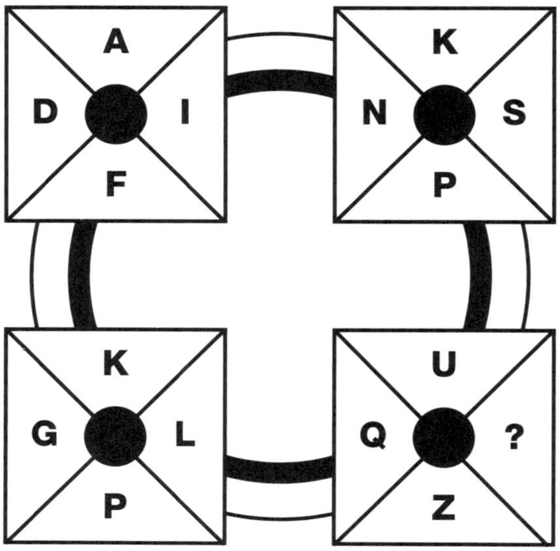

20 RÄTSEL

Welche Zahl gehört in das letzte Glied der Kette?

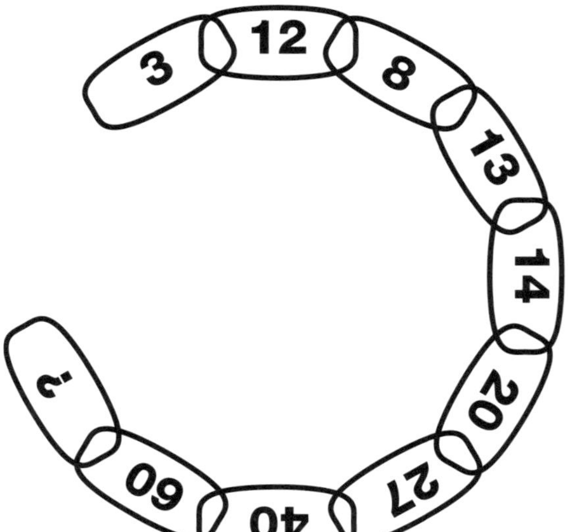

17

21 RÄTSEL

Welche Zahl gehört in den letzten Kreis?

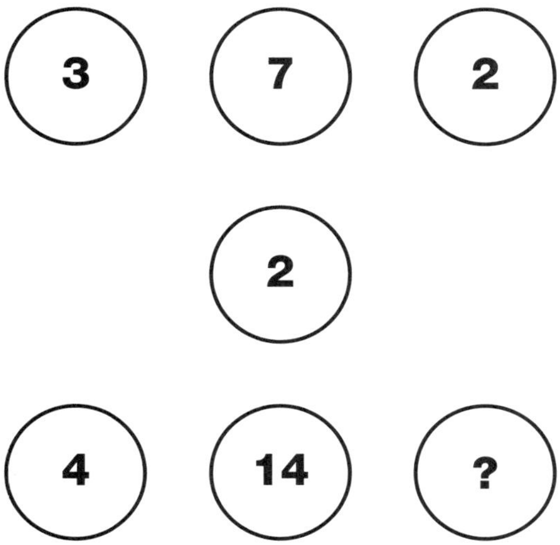

22 RÄTSEL

Welcher Buchstabe fehlt hier?

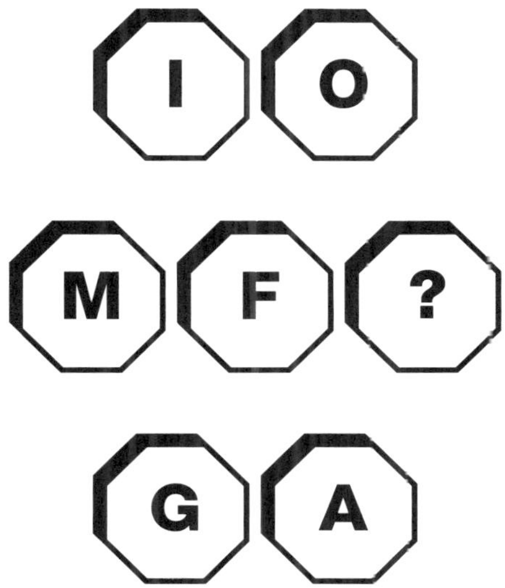

23 RÄTSEL

Welche Zahl ersetzt das Fragezeichen und vollendet das Rätsel?

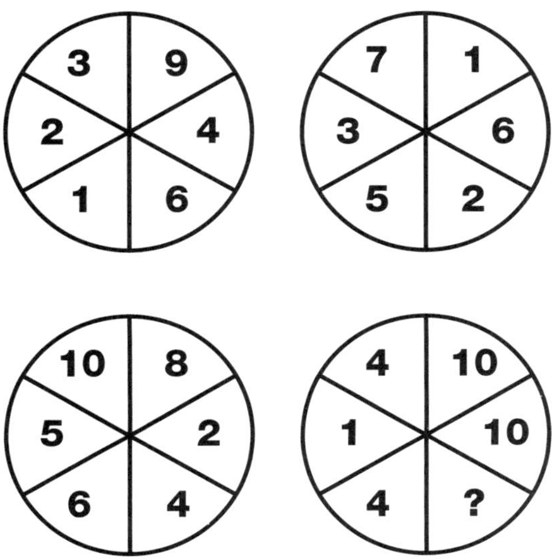

24 RÄTSEL

Welche Zahl ersetzt das Fragezeichen und vollendet das Rätsel?

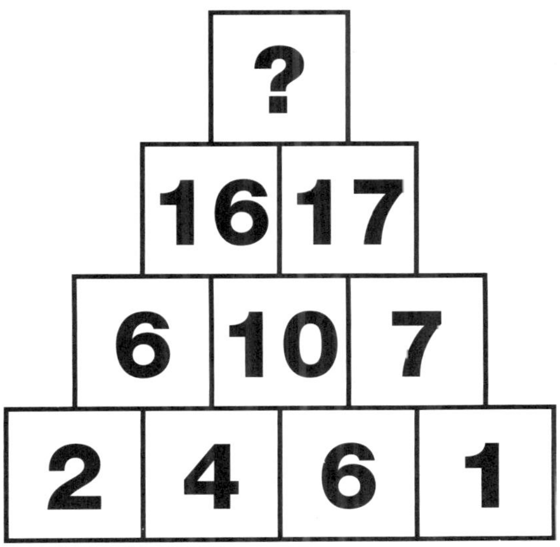

25 RÄTSEL

Welche Zahl gehört in den letzten Kreis?

4	0	9	6
4	9	1	3
5	8	3	2
6	8	5	?

26 RÄTSEL

Welcher Buchstabe ersetzt das Fragezeichen und vollendet das Rätsel?

C	K
I	

M	V
J	

H	S
L	

O	T
?	

27 RÄTSEL

Welcher Buchstabe fehlt hier?

A	M	Q
C	U	E
G	E	?

28 RÄTSEL

Welche Zahl fehlt hier?

1	7	0	5	2	1
2	5	1	0	2	4
3	2	1	1	3	0
3	7	1	3	3	3
4	7	1	7	3	9
5	8	2	5	5	?

29 RÄTSEL

Welche Zahl gehört jeweils nicht dazu?

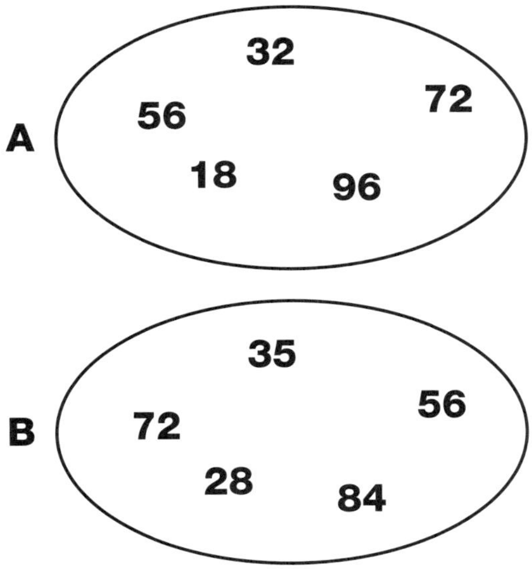

30 RÄTSEL

Welcher Buchstabe ersetzt das Fragezeichen und vollendet das Rätsel?

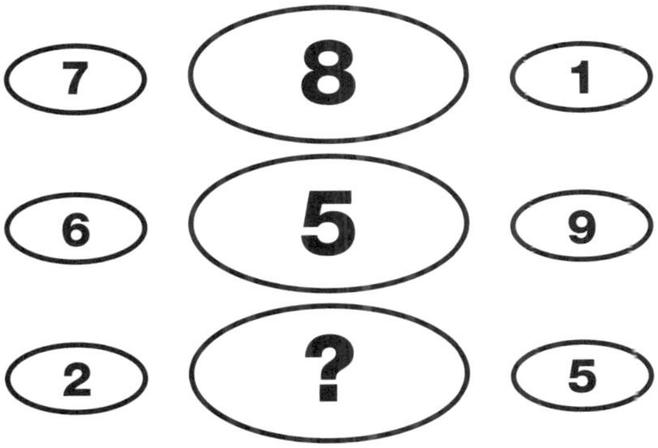

TEST

18

1 RÄTSEL

Welche Zahl ersetzt das Fragezeichen
und vollendet das Rätsel?

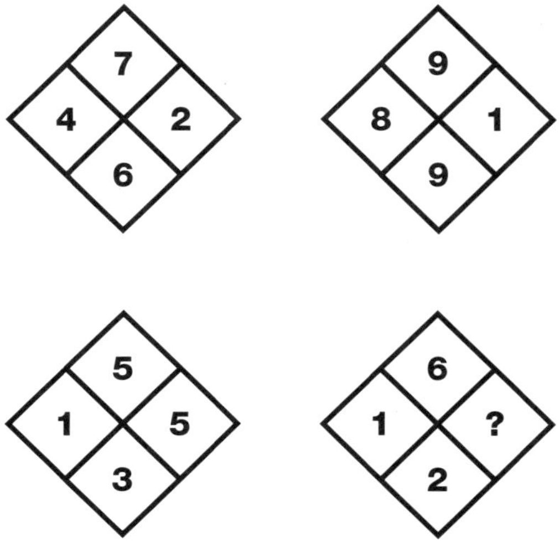

2 RÄTSEL

Welche Zahl ersetzt das Fragezeichen
und vollendet das Rätsel?

3	2	13	7	1
6	1	12	5	0
5	7	24	6	6
0	3	14	2	9
4	5	18	8	?

3 RÄTSEL

Welche Zahl ersetzt das Fragezeichen
und vollendet das Rätsel?

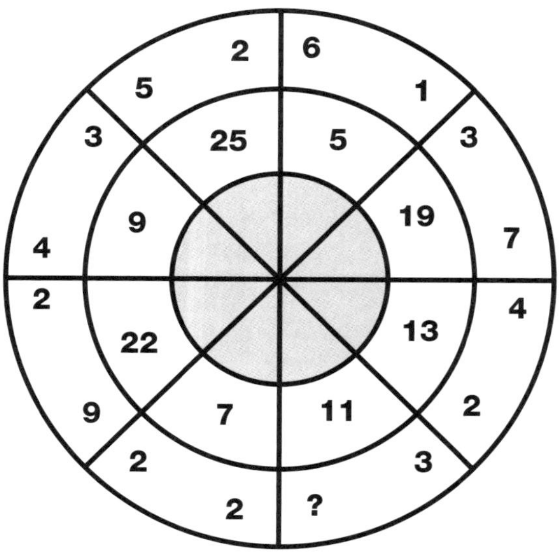

4 RÄTSEL

Welche Zahl ersetzt das Fragezeichen
und vollendet das Rätsel?

3	GNQ	8
3	RBS	9
4	TUA	2
2	FPC	5
3	OLH	?

5 RÄTSEL

Welcher Buchstabe ersetzt das Fragezeichen und schließt die Kette?

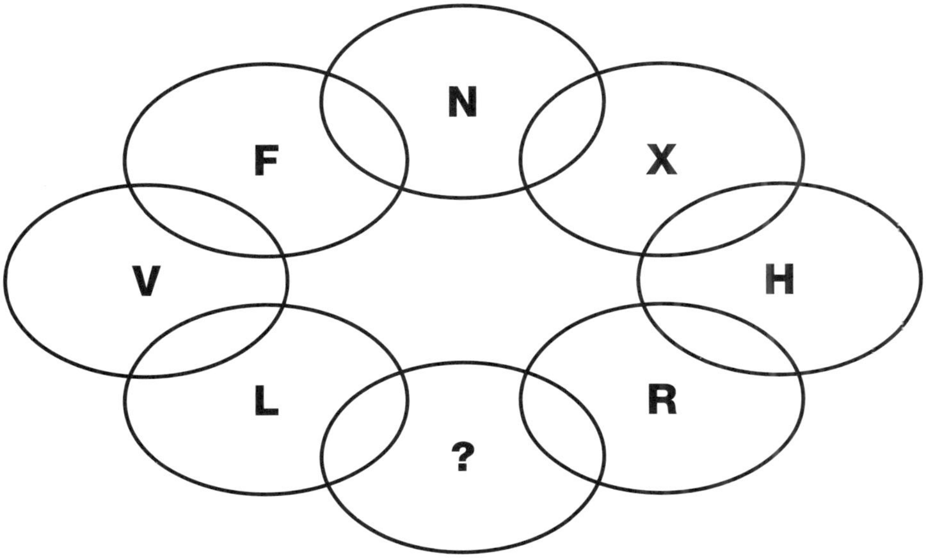

6 RÄTSEL

Welche Zahl ersetzt das Fragezeichen im letzten Feld?

0	6	4	2
1	7	5	6
2	9	7	1

1	9	5	5
3	0	6	9
4	2	8	4

2	4	6	0
3	5	7	4
4	7	8	9

0	8	4	4
1	9	5	8
3	1	7	?

7 RÄTSEL

Welche Zahl fehlt im dritten Hexagramm?

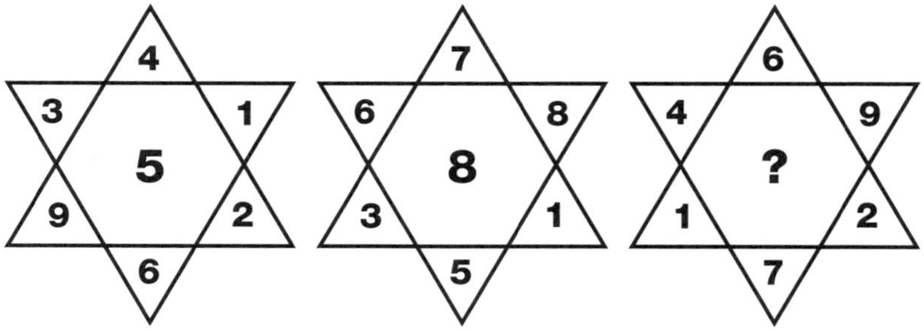

8 RÄTSEL

Welcher Buchstabe ersetzt das Fragezeichen und vollendet das Rätsel?

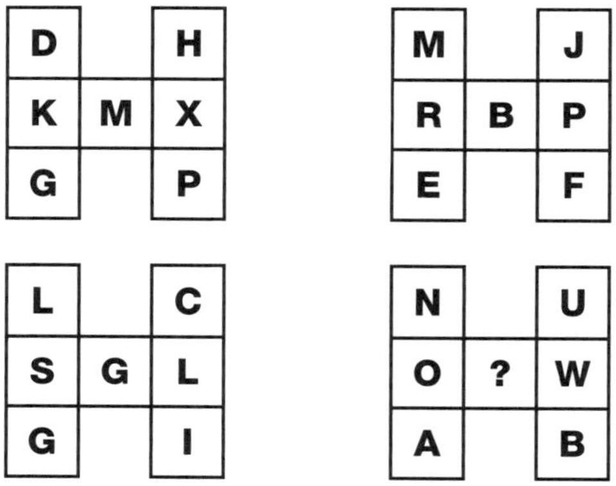

9 RÄTSEL

Welche Zahl ersetzt das Fragezeichen in der rechten Figur?

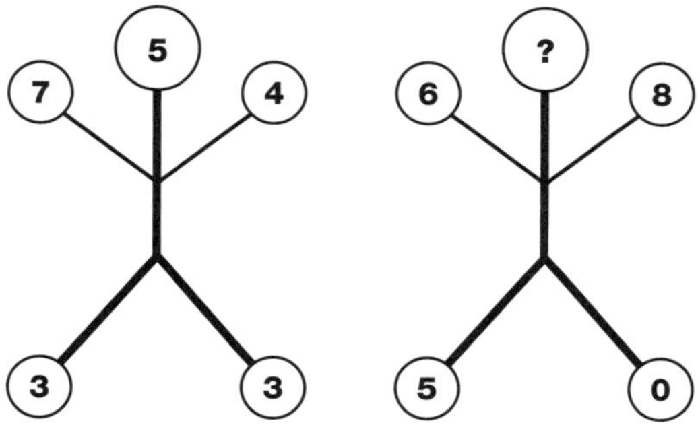

10 RÄTSEL

Welcher Buchstabe ersetzt das Fragezeichen im rechten Dreieck?

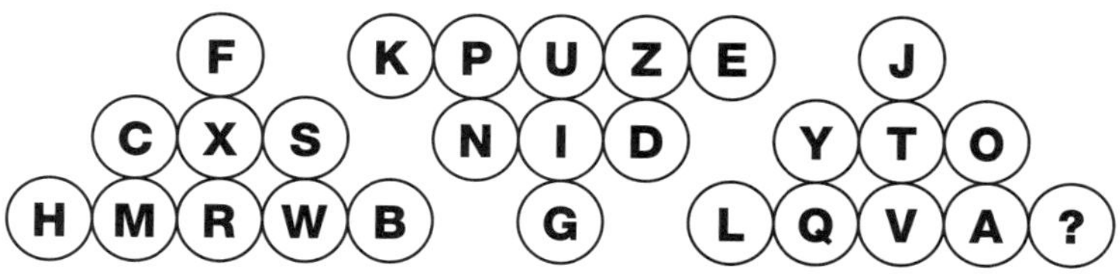

11 RÄTSEL

Welcher Buchstabe ersetzt das Fragezeichen und vollendet das Rätsel?

9	L	6
3	S	5
11	G	9
4	J	13
3	?	8

12 RÄTSEL

Welcher Buchstabe ersetzt das Fragezeichen und vollendet das Rätsel?

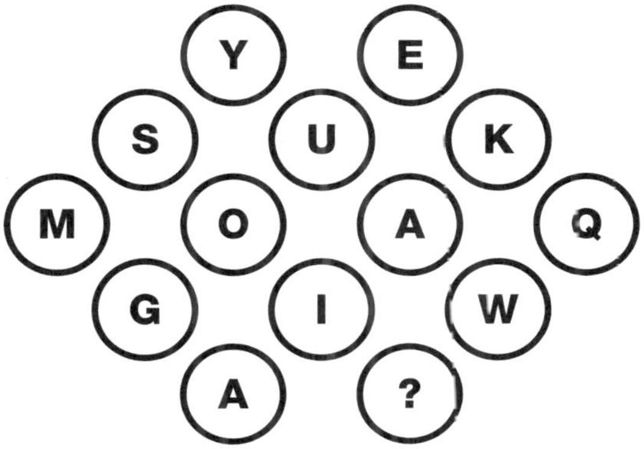

13 RÄTSEL

Welche Zahl ersetzt das Fragezeichen und vollendet das Rätsel?

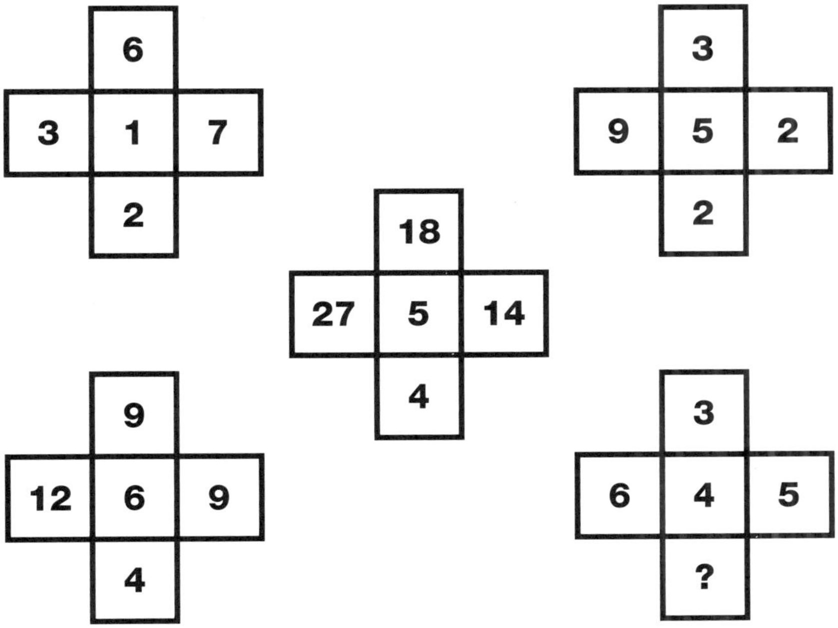

14 RÄTSEL

Welche Zahl ersetzt das Fragezeichen und vollendet das Rätsel?

9			
4	3		
1	8	1	
2	1	7	?

15 RÄTSEL

Welcher Buchstabe ersetzt das Fragezeichen im Gitter rechts unten?

A	J
L	R

Q	C
V	M

I	V
F	H

S	D
G	A

Z	V
?	E

16 RÄTSEL

Welche Spielkarte ersetzt das Fragezeichen und vollendet die Auslage?

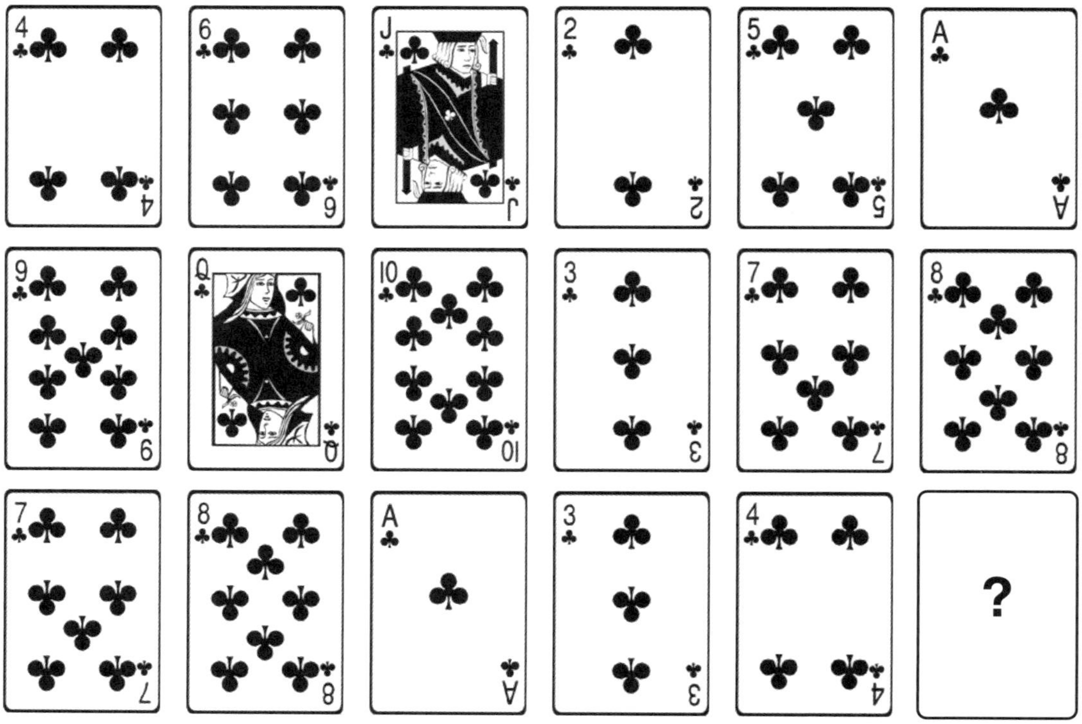

17 RÄTSEL

Welche Zahl ersetzt das Fragezeichen und vollendet das Rätsel?

4	2
6	11

7	8
2	3

10	9
7	13

4	7
5	?

18 RÄTSEL

Welche Zahl ersetzt das Fragezeichen unten rechts im Gitter?

3		23	6		7
	41			28	
7		8	2		13
4		19	14		3
	45			47	
17		5	11		?

19 RÄTSEL

Worauf sollte der fehlende Minutenzeiger weisen?

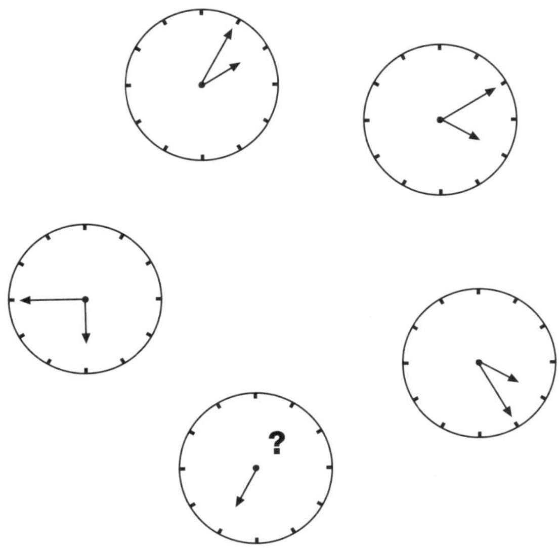

20 RÄTSEL

Welcher Buchstabe ersetzt das Fragezeichen und vollendet das Rätsel?

HI	N	AB
QL	P	EH
SW	X	OC
TK	?	GD

21 RÄTSEL

	Anna	Bert	Frank	Peter Paul	Maja Mertens	Ilona Weiß	120 Seiten	250 Seiten	400 Seiten
Krimi									
Biographie									
Liebesroman									
120 Seiten									
250 Seiten									
400 Seiten									
Peter Paul									
Maja Mertens									
Ilona Weiß									

Anna, Bert und Frank lesen gern. Bert mag vor allem Krimis, aber keine über 300 Seiten. Annas Buch hat 120 Seiten, es handelt von Peter Paul. Franks Buch ist spannend, handelt aber nicht von Maja Mertens. Der Liebesroman handelt nicht von Ilona Weiß. Schließen Sie von diesen Hinweisen darauf, welcher Leser welche Art von Buch mag, wer jeweils die Hauptfigur ist und wie viele Seiten das Buch hat.

Leser	Buchtyp	Hauptfigur	Buchumfang

22 RÄTSEL

Welcher Buchstabe ersetzt das Fragezeichen und vollendet das Rätsel?

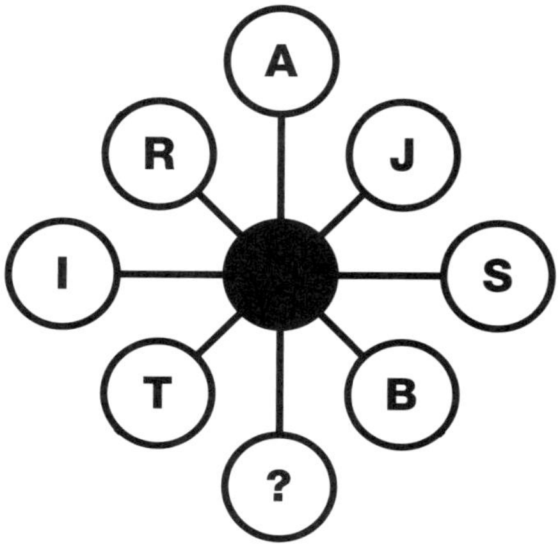

23 RÄTSEL

Welche Zahl ersetzt das Fragezeichen und vollendet das Rätsel?

4	8 3 2	8
5 7 4		2 3 3
5	6 1 4	?

24
RÄTSEL

Welcher Bilderwürfel ergibt dieses „Netz"?

25
RÄTSEL

Welcher Buchstabe ersetzt
das Fragezeichen unten rechts?

C H E
N D
T
L J
F E ?

26
RÄTSEL

Paul, Martin und Peter haben das Haus ihrer Eltern renoviert. Dafür gibt es 1500 Euro, die sie sich teilen sollen. Paul behauptet, er habe dreimal so hart gearbeitet wie Martin und Peter doppelt so hart wie er selbst. Wie viel erhält jeder, wenn gerecht geteilt wird.

TEST

18

27 RÄTSEL

Welche Zahl ersetzt das Fragezeichen und vollendet das Rätsel?

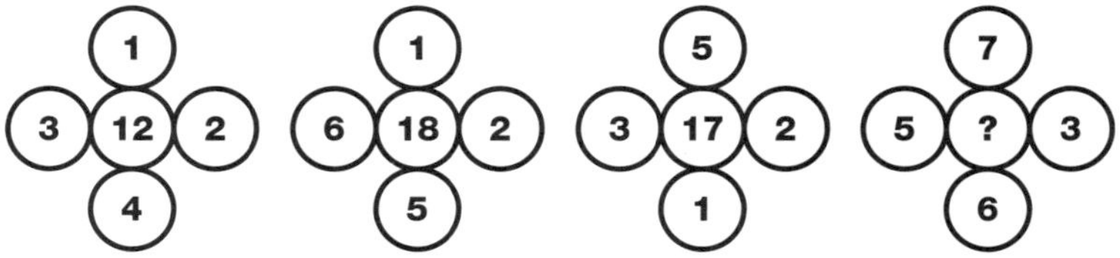

28 RÄTSEL

Welche Zahl ersetzt das Fragezeichen und vollendet das Rätsel?

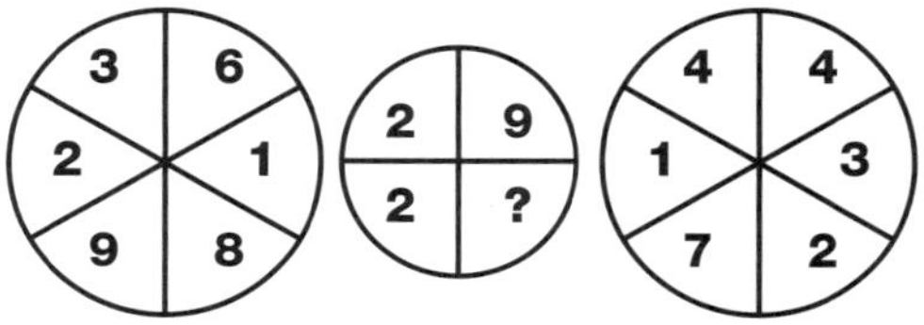

29 RÄTSEL

Welche Zahl ersetzt das Fragezeichen und vollendet das Rätsel?

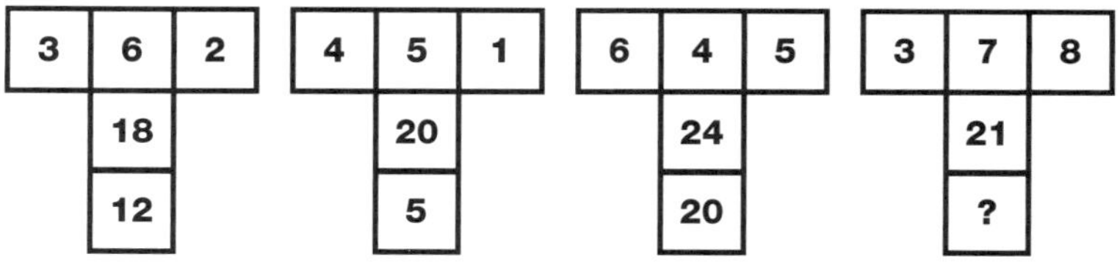

30 RÄTSEL

Wie viele Augen sollte der letzte Dominostein oben haben?

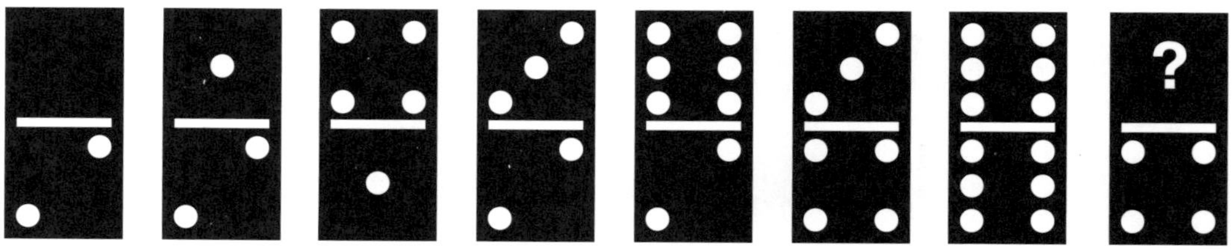

1 RÄTSEL

Welches der Raster A–F passt?

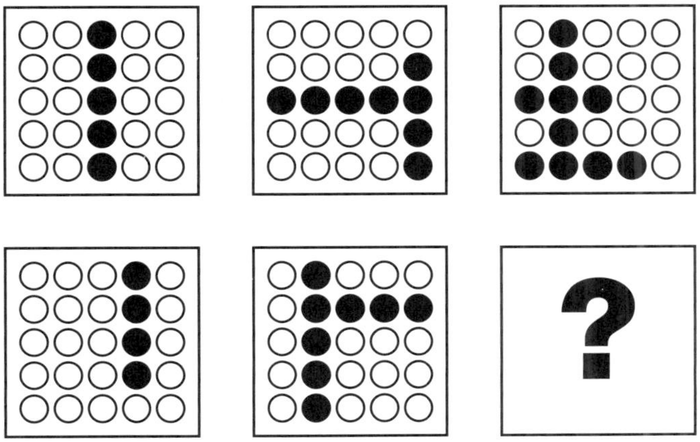

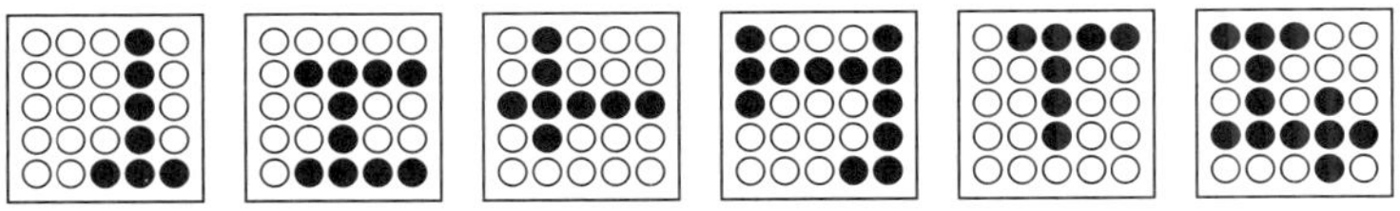

A B C D E F

2 RÄTSEL

Welche der Uhren A–E gehört in das leere Feld?

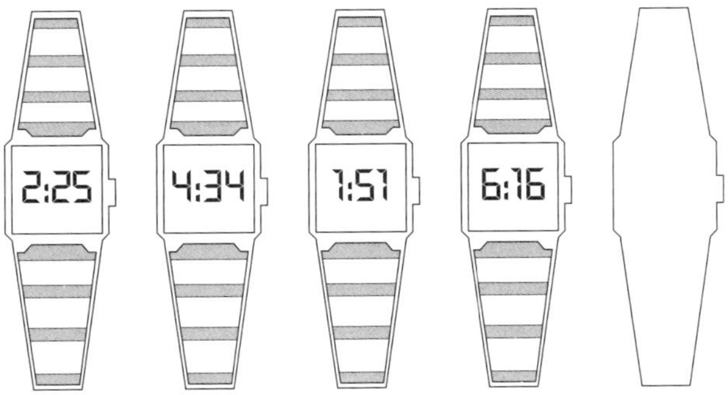

A B C D E

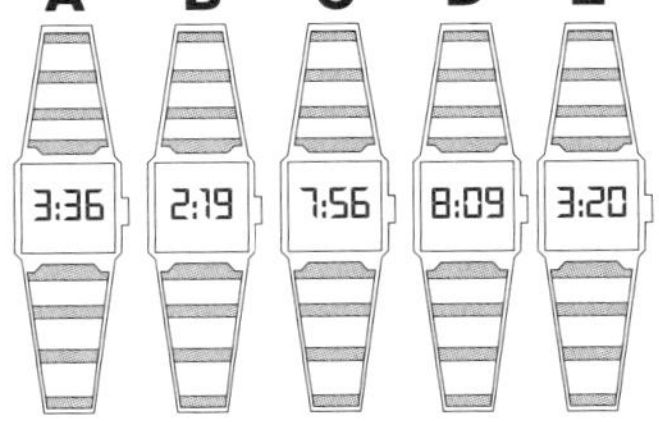

T
E
S
T

19

3 RÄTSEL

Welcher Buchstab aus der Reihe kann das Fragezeichen ersetzen?

C I P
X D K S Y
F N T A I O V
D J Q Y E
L T ?

B F I M P S W Z

4 RÄTSEL

Welcher Buchstabe ersetzt das Fragezeichen und vollendet das Rätsel?

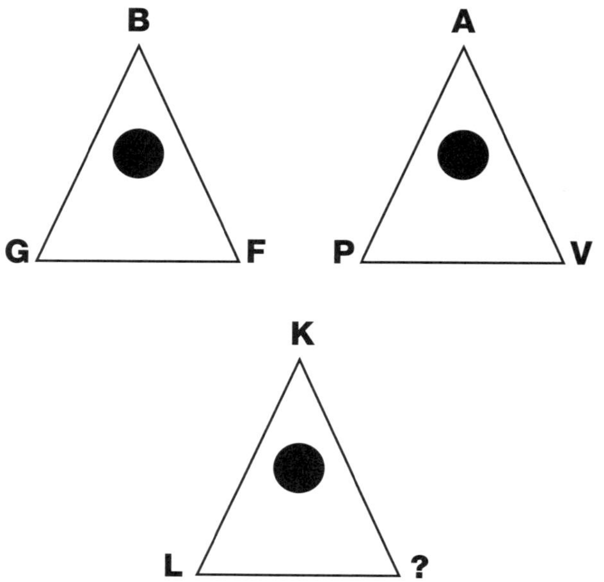

5 RÄTSEL

Was fehlt im letzten Segment?

6 RÄTSEL

Welche Zahl ersetzt das Fragezeichen und vollendet das Rätsel?

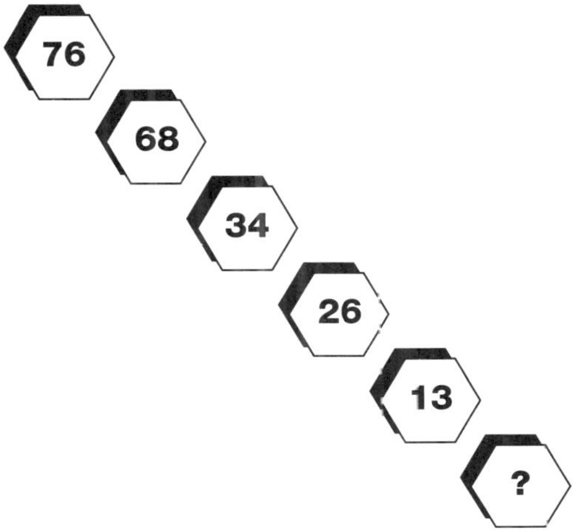

7 RÄTSEL

Welche Zahl ersetzt das Fragezeichen und vollendet das Rätsel?

44
69
96
25
56
?

8 RÄTSEL

Welcher Buchstabe ersetzt das Fragezeichen und vollendet das Rätsel?

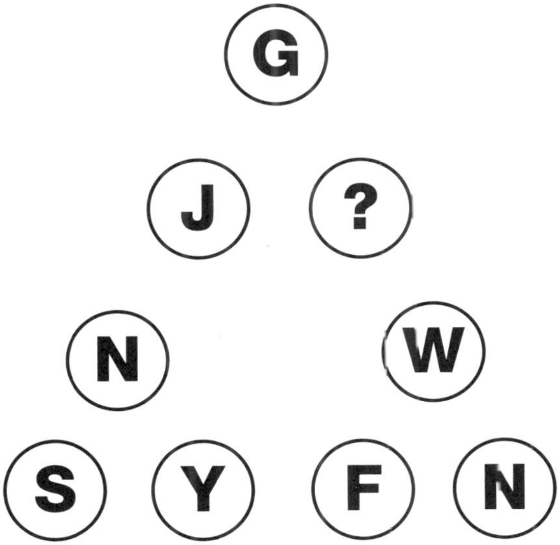

9 RÄTSEL

Was fehlt im letzten Sechseck?

7	11	2
6	14	4
5	19	?

10 RÄTSEL

Welcher Buchstabe fehlt hier?

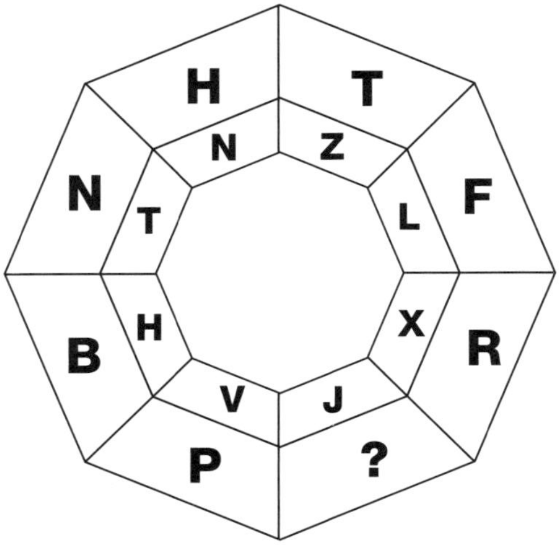

11 RÄTSEL

Welche Zahl ersetzt das Fragezeichen
und vollendet das Rätsel?

8

12

17

23

30

?

12 RÄTSEL

Welche Zahl ersetzt das Fragezeichen
und vollendet das Rätsel?

3	1	2	4
7	2	6	7
3	5	2	8
4	4	2	?

13 RÄTSEL

Was fehlt im letzten Achteck?

14 RÄTSEL

Welcher Buchstabe fehlt hier?

15 RÄTSEL

Welche Zahl ersetzt das Fragezeichen
und vollendet das Rätsel?

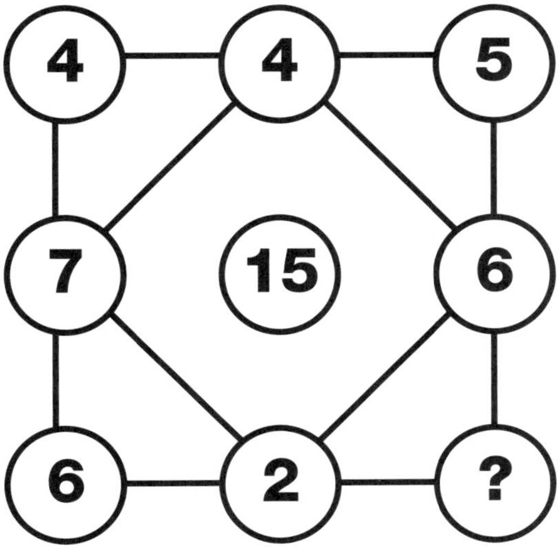

16 RÄTSEL

Worauf zeigt der fehlende Stundenzeiger?

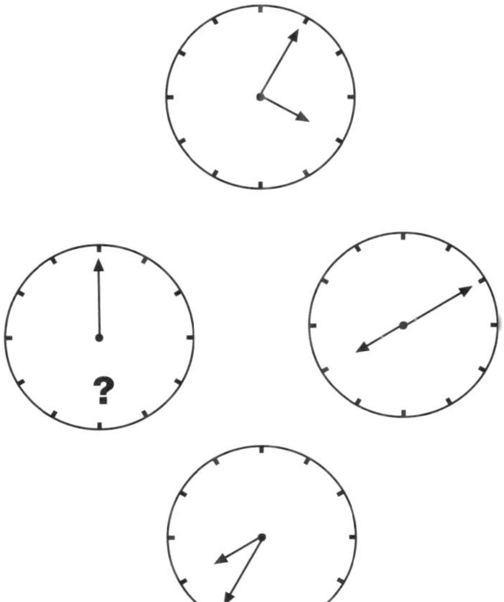

17 RÄTSEL

Was fehlt im letzten Sechseck?

18 RÄTSEL

Welcher Buchstabe fehlt hier?

19 RÄTSEL

Welcher Buchstabe ersetzt das Fragezeichen und vollendet das Rätsel?

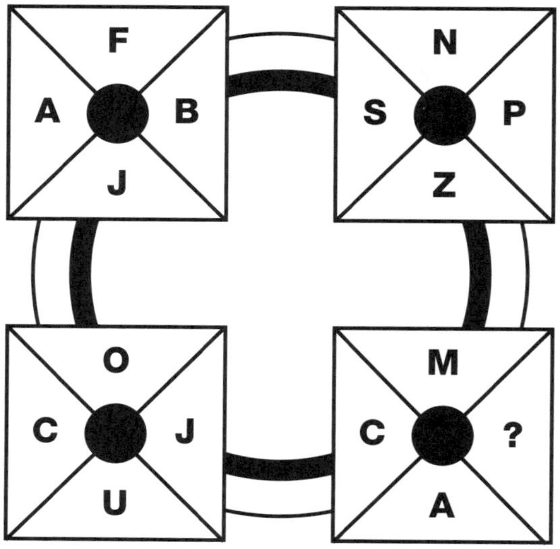

20 RÄTSEL

Welche Zahl ersetzt das Fragezeichen im letzten Kettenglied?

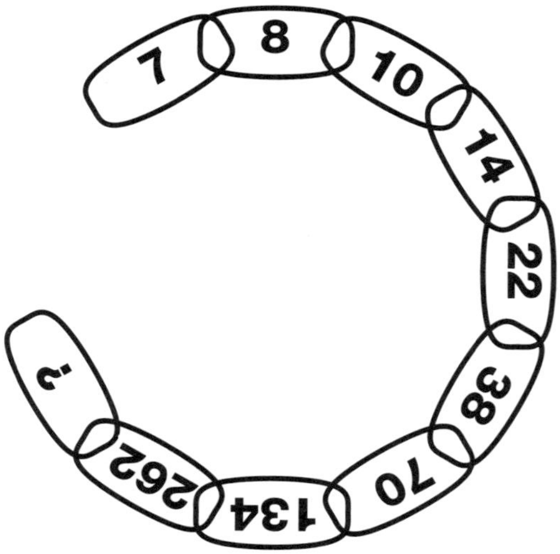

21 RÄTSEL

Was fehlt im letzten Kreis?

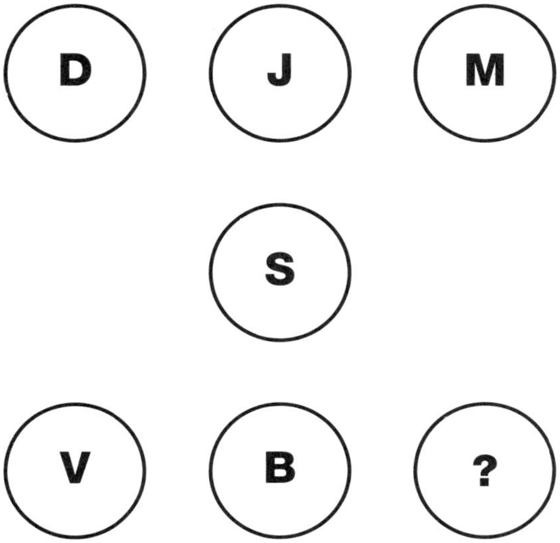

22 RÄTSEL

Welcher Buchstabe fehlt hier?

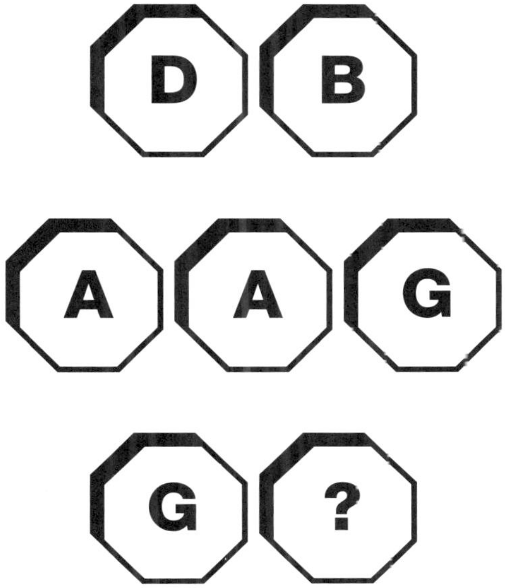

23 RÄTSEL

Welche Zahl ersetzt das Fragezeichen
und vollendet das Rätsel?

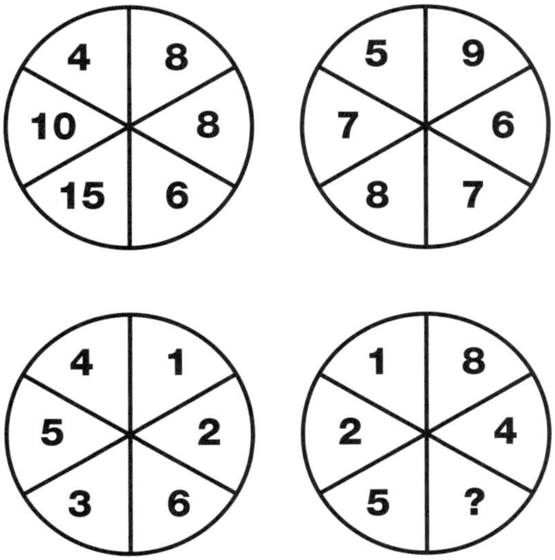

24 RÄTSEL

Welche Zahl ersetzt das Fragezeichen
und vollendet das Rätsel?

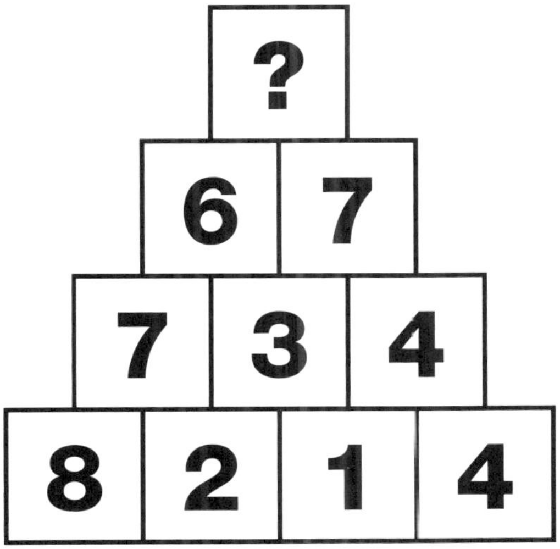

25 RÄTSEL

Welcher Buchstabe fehlt unten rechts?

A	B	C	D
F	I	L	O
K	P	U	Z
P	W	D	?

26 RÄTSEL

Welcher Buchstabe ersetzt das Fragezeichen und vollendet das Rätsel?

D	L		J	P		E	Y
F			K			M	

T	N
?	

27 RÄTSEL

Was fehlt im letzten Quadrat?

7	2	6
3	9	3
5	4	?

28 RÄTSEL

Welcher Buchstabe fehlt hier?

F		M	J		P
	H			H	
A		T	B		V
T		X	Q		V
	J			K	
F		B	F		?

29 RÄTSEL

Welche Zahl gehört jeweils nicht dazu?

A: 342, 319, 171, 144, 621

B: 232, 124, 610, 511, 424

30 RÄTSEL

Welcher Buchstabe ersetzt das Fragezeichen und vollendet das Rätsel?

J	F	O
G	N	K
L	I	?

1 RÄTSEL

Welcher Buchstabe fehlt hier?

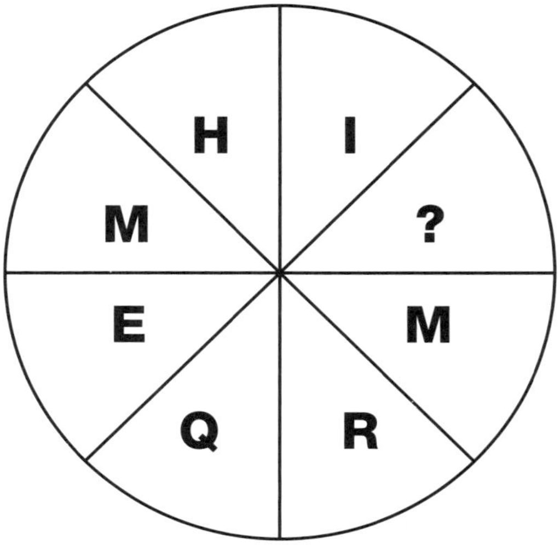

2 RÄTSEL

Welcher Buchstabe fehlt hier?

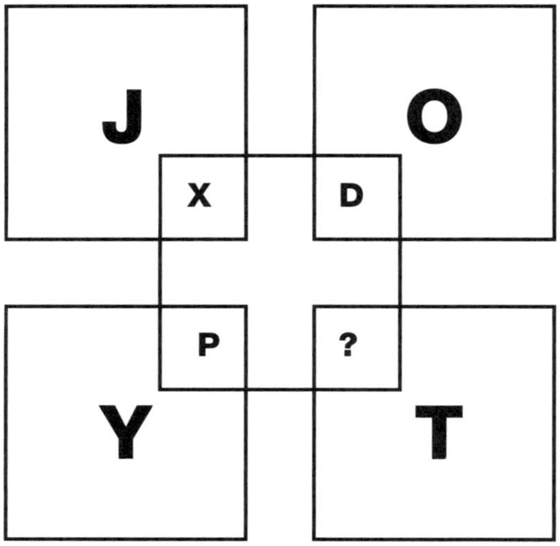

3 RÄTSEL

Welche Zahl ersetzt das Fragezeichen
und vollendet das Rätsel?

71
79
67
80
68
?

4 RÄTSEL

Welche Zahl ersetzt das Fragezeichen
und vollendet das Rätsel?

6	1
5	2
6	3
9	?

5 RÄTSEL

Welche Zahl fehlt im Kreis rechts unten?

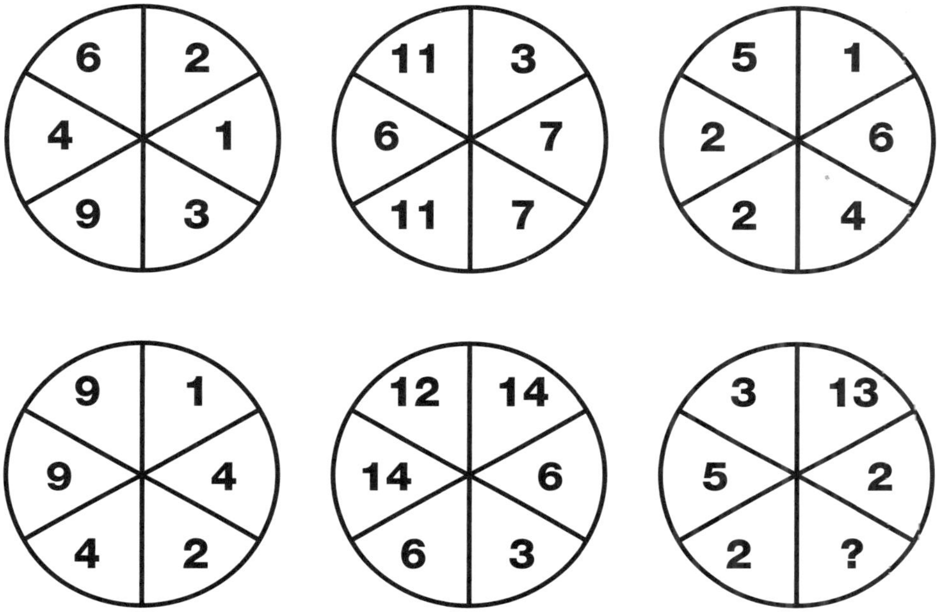

6 RÄTSEL

Welcher Buchstabe ersetzt das Fragezeichen und vollendet das Rätsel?

H		R		B		L	
	M		W		G		Q
J		V		H		T	
	P		B		N		Z
G		U		I		W	
	N		B		P		?

TEST

7 RÄTSEL

Welche Zahl gehört in das Zentrum?

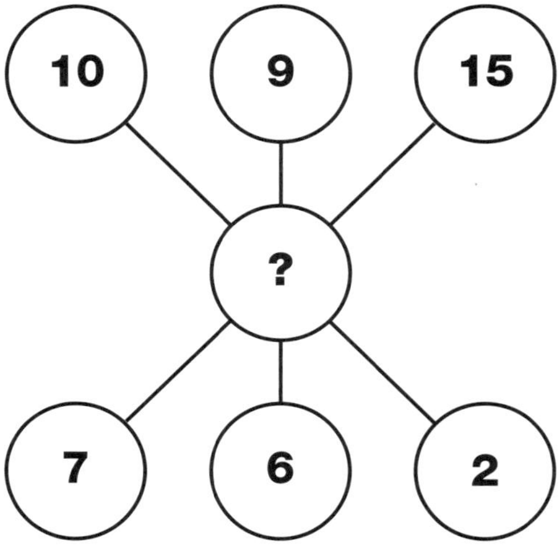

8 RÄTSEL

Welcher Buchstabe wird benötigt?

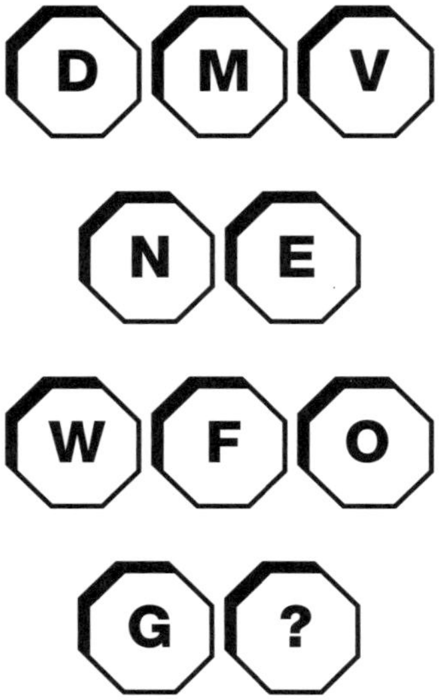

9 RÄTSEL

Welche Zahl ersetzt das Fragezeichen und vollendet das Rätsel?

10 RÄTSEL

Welche Zahl ersetzt das Fragezeichen und vollendet das Rätsel?

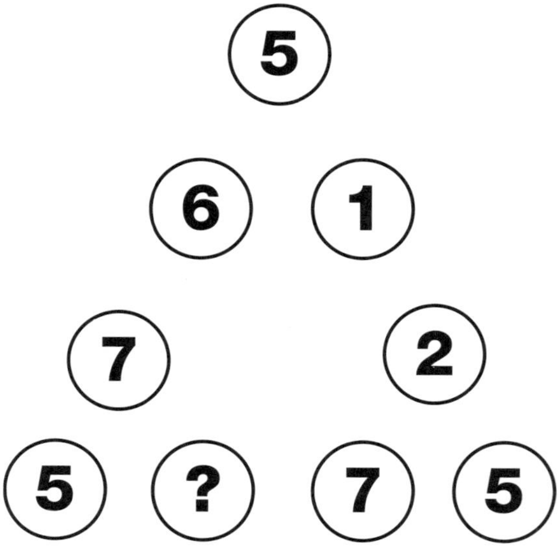

20

11 RÄTSEL

Welche Zahl gehört in den Kreis ganz rechts?

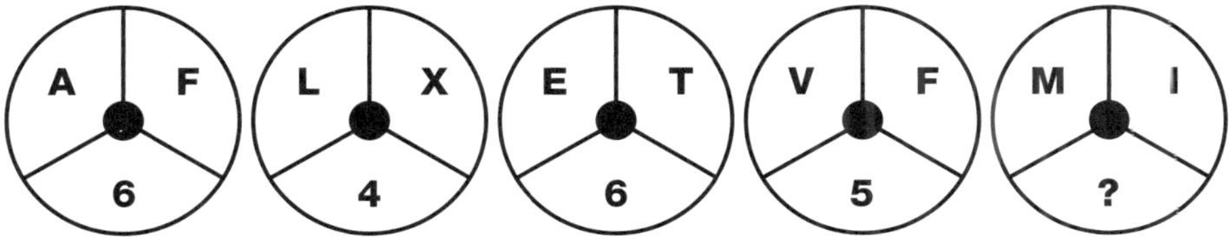

12 RÄTSEL

Welche Zahl ersetzt das Fragezeichen und vollendet das Rätsel?

5	2	7
4	2	6
3	2	?

13 RÄTSEL

Welcher Buchstabe fehlt hier?

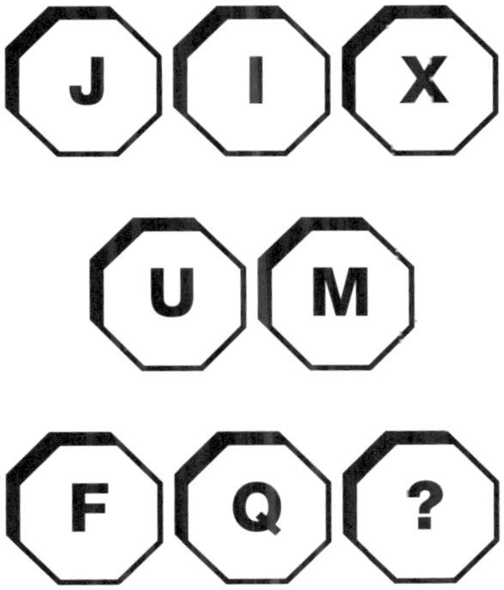

14 RÄTSEL

Welche Zahl ersetzt das Fragezeichen und vollendet das Rätsel?

TEST

20

15 RÄTSEL

Welche Zahl gehört in den letzten Kreis?

2	6	8
3	7	3
6	4	?

16 RÄTSEL

Welcher Buchstabe fehlt im letzten Kreis?

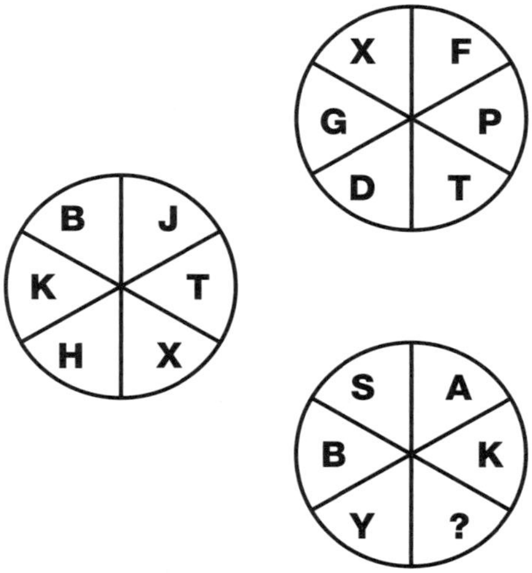

17 RÄTSEL

Welche Zahl aus der Reihe unten ersetzt das Fragezeichen?

6	2	17
1	4	11
3	7	?

9 | 11 | 13 | 17 | 21

18 RÄTSEL

Welche Buchstaben fehlen im letzten Oval?

AJM

HOT

MVY

TAF

YHK

?

19 RÄTSEL

Welcher Buchstabe fehlt hier?

E	K
W	P

Z	H
S	N

W	B
Q	I

W	D
R	?

20 RÄTSEL

Welche Zahl ersetzt das Fragezeichen und vollendet das Rätsel?

8	11
14	10
19	16
30	21
46	32
?	?

TEST

20

21 RÄTSEL

Welcher Buchstabe aus der Reihe unten ersetzt das Fragezeichen?

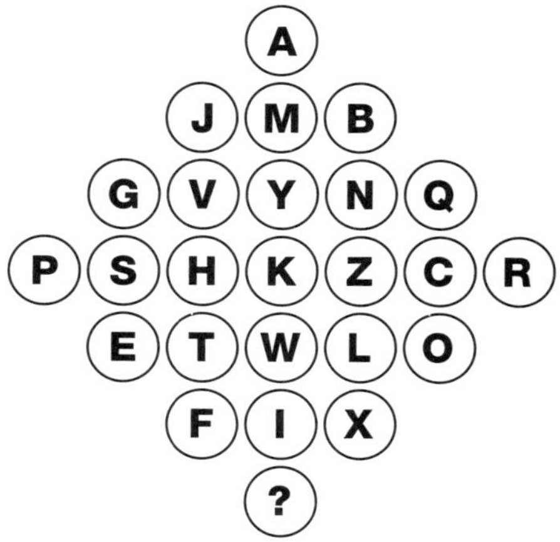

22 RÄTSEL

Welche Zahl ersetzt das Fragezeichen und vollendet das Rätsel?

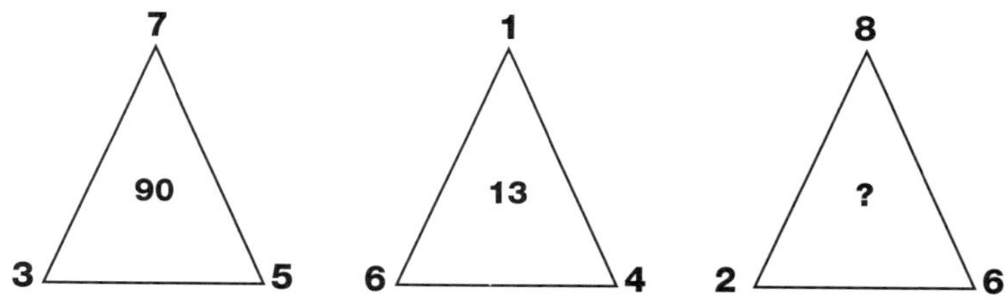

23 RÄTSEL

Welcher Buchstabe gehört in die Figur rechts?

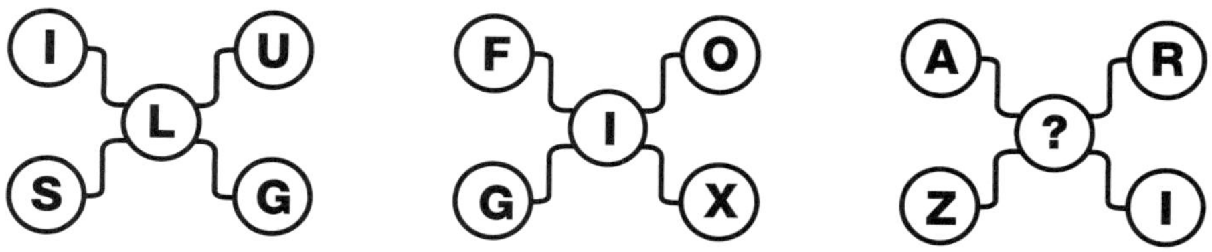

24 RÄTSEL

Welcher Buchstabe fehlt im rechten Stern?

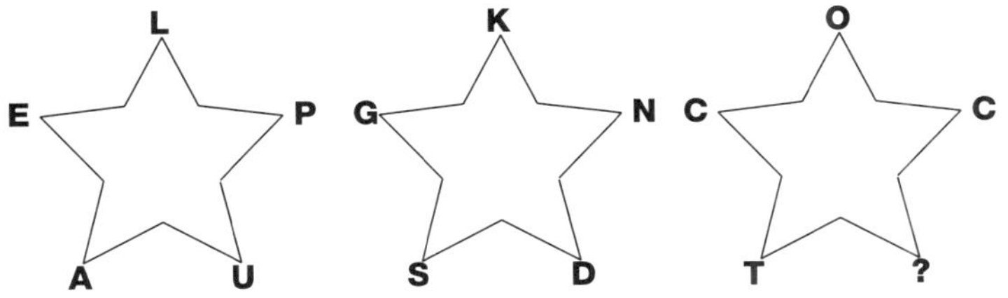

25 RÄTSEL

Welcher Buchstabe gehört in den letzten Kreis?

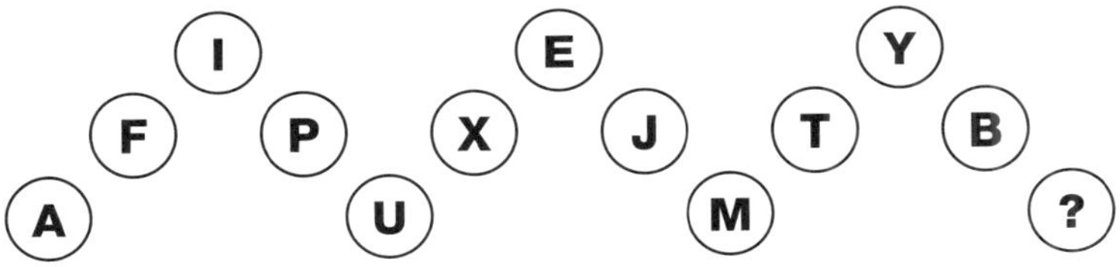

26 RÄTSEL

Welche Zahl ersetzt das Fragezeichen und vollendet das Rätsel?

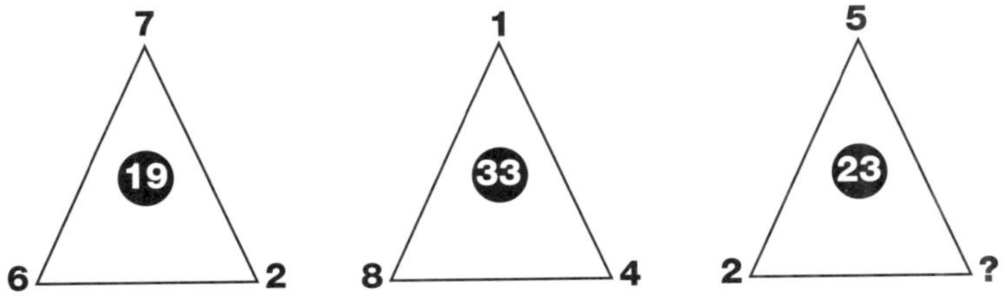

27 RÄTSEL

Welcher Buchstabe ersetzt das Fragezeichen und vollendet das Rätsel?

TEST

20

TEST

20

28 RÄTSEL

Welches Muster gehört an die freie Stelle im Gitter?

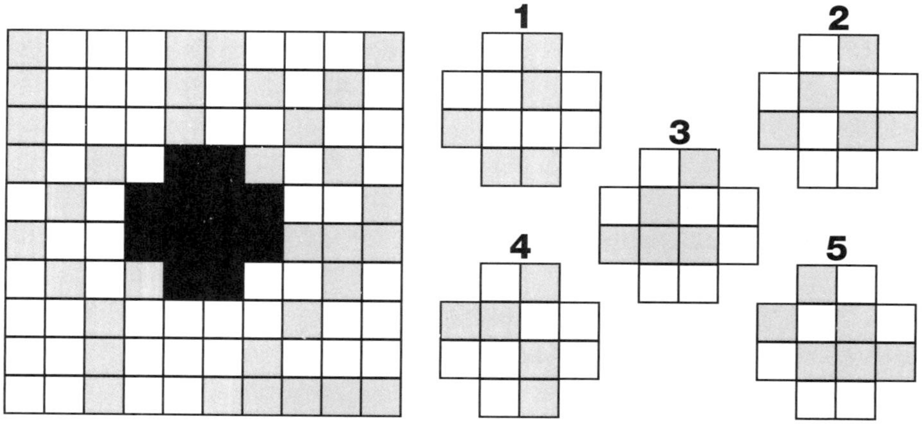

29 RÄTSEL

Welche Zahl ersetzt das Fragezeichen und vollendet das Rätsel?

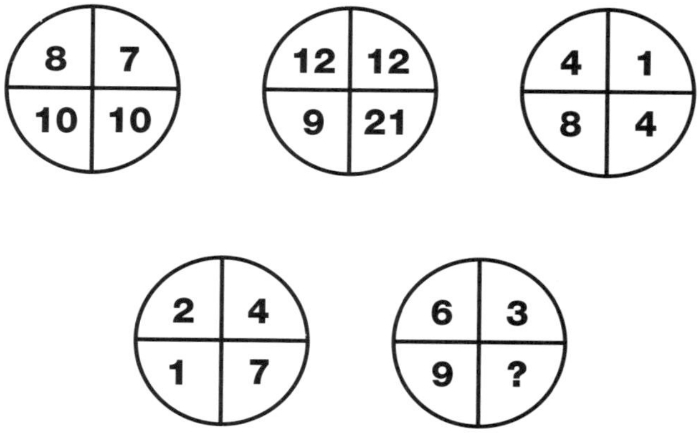

30 RÄTSEL

Welche Zahl ersetzt das Fragezeichen und beendet die Reihe?

4 **7** **15** **31** **35** **19** **11** **?**

LÖSUNGEN

TEST 1

1 – D
Die Anzahl der schwarzen Rasterpunkte steigt, von links nach rechts und von oben nach unten, jedes Mal um 1.

2 – A
Auf jeder weiteren Uhr (von links nach rechts) ist es jeweils 42 Minuten später.

3 – 6
Die Zahl im mittleren Kreis ist jeweils die Hälfte der Summe der übrigen Zahlen dieser Reihe.

4 – 9
Die Zahl im Zentrum ist immer die Summe der beiden unteren Zahlen abzüglich der oberen Zahl.

5 – E
Vom Y aus geht es im Uhrzeigersinn 2, 3, 4, … Buchstaben rückwärts durch das Alphabet.

6 – 19
Nach rechts unten hin folgen Primzahlen aufeinander.

7 – V
Nach unten hin geht es immer jeweils 4 Buchstaben weiter im Alphabet.

8 – 16
Von links unten aus im Uhrzeigersinn folgen die Quadrate der Zahlen von 1, 2, 3 … aufeinander.

9 – M
In jede Reihe ist der Zahlenwert des mittleren Buchstabens die Summe der Zahlenwerte der beiden äußeren Buchstaben.

10 – O
Der äußere und der innere Buchstabe eines Segments stehen jeweils gleich weit vom Anfang und vom Ende des Alphabets entfernt.

11 – 39
Oben beginnend, wird jede Zahl verdoppelt, dann um 1, 2, 3, … vermindert und ergibt so die darunter stehende Zahl.

12 – 4
In jeder Spalte ist die Summe der Zahlen 14.

13 – V
Von oben links geht es im Uhrzeigersinn spiralförmig zur Mitte jeweils 5 Buchstaben im Alphabet weiter.

14 – K
Die Summe der Zahlenwerte gegenüberliegender Buchstaben ist jeweils 17.

15 – 6
Die Summe der Zahlen in jeder Reihe und Spalte ist 15.

16 – Der Zeiger steht auf der 5.
Mit der oberen Uhr beginnend und rechtsherum weiter, geht der der Stundenzeiger um 1, dann 2, dann 3 Stunden zurück, der Minutenzeiger dagegen jedes Mal um 10 Minuten vor.

17 – 40
Von links nach rechts erhöhen sich die Zahlen um 2, 3, 4 und 5.

18 – K
Nach unten hin sind die Zahlenwerte der Buchstaben gleich den Primzahlen 2, 3, 5, 7, 11.

19 – 9
In jedem Quadrat ist die Summe der Zahlen 22.

20 – 16
Im Uhrzeigersinn erhöhen sich die Zahlen im 1., 2., 3.,… Glied um 1, 2, 3 und 4, im 2., 3., 4., … Glied dagegen um 2, 3, 4 und 5.

21 – 7
Ziehen Sie gerade Linien von den oberen Kreisen durch das Zentrum zu den unteren: Dann ist die obere Zahl minus die Zahl im Zentrum die untere Zahl.

22 – A
Nehmen Sie die Zahlenwerte der Buchstaben: Die 3-stellige Zahl in der mittleren Reihe ist die Summe der beiden 2-stelligen Zahlen oben und unten.

23 – 13
Die Zahlen in den Kreisen erhöhen sich von oben links aus im Uhrzeigersinn: jeweils um 2 im oberen linken Kreis, um 3 im oberen rechten, um 4 unten links und um 5 unten rechts.

24 – G
In jeder Reihe ist die Summe der Zahlenwerte der Buchstaben 26.

25 – W
In der linken Spalte abwärts, dann eine weiter aufwärts usw. geht es jeweils 4 Buchstaben im Alphabet weiter.

26 – 3
In jeder Dreiergruppe ist die Zahl unten der Durchschnitt der beiden Zahlen oben.

27 – 1
Lesen Sie jede Reihe als 3-stellige Zahl Dann sind es die Quadrate der Zahlen 17, 18, 19.

28 – 8, 1
Lesen Sie jede Reihe als drei nebeneinander stehende 2-stellige Zahlen. Dann ist die mittlere Zahl immer der Durchschnitt der beiden äußern.

29 – A: 58 B: 86
Im oberen Oval sind alle Zahlen Vielfache von 8, im unteren Vielfache von 7.

30 – B
In jeder Reihe ist die Summe der Zahlenwerte der beider äußeren Buchstaben der rückläufig alphabetische Wert des mittleren.

LÖSUNGEN

TEST 2

1 – T
Vom F aus geht es gegen den Uhrzeigersinn 2, 3, 4, 5, ... Buchstaben im Alphabet weiter.

2- Q
Addiert man die drei Zahlen in den Quadraten, erhält man jeweils den Zahlenwert des Buchstabens in der inneren Ecke.

3 – Hammer
Hammer = 1, Feile = 3, Beil = 5.

4 – 1
Als 2-stellige Zahl sind die Zahlenpaare die Quadrate der Zahlen von 6 bis 9.

5 – 7
In der oberen Reihe sind die Zahlen im mittleren Kreis jeweils die Summe der Zahlen in gleichen Segmenten des linken und rechten Kreises. Unten sind sie entsprechend die Differenz.

6 – P
Vom Kreis links oben aus in der oberen Reihe nach rechts, in der nächsten Reihe dann nach links usw. geht es 2, dann 3, dann 4 – und wieder 2, 3 und 4 Buchstaben weiter im Alphabet.

7 – 253
Von oben links aus geht es weiter in Form eines Z: Jede Zahl wird verdoppelt und um 3 erhöht und ergibt so die nächste.

8 – U
Das Produkt der Zahlenwerte beider Buchstaben ist jeweils die 3-stellige Zahl darüber.

9 – 51
Jede Zahl ergibt, verdoppelt und um 3 vermindert, die Zahl rechts neben ihr.

10 – 2
Von der 10 aus wird, abwechselnd in beiden Spalten weiter nach unten, die Zahl jeweils um 3 erhöht bzw. um 2 vermindert.

11 – I
Von links nach rechts geht es im linken, rechten und unteren Segment jeweils 2, 3 und 4 Buchstaben im Alphabet weiter; dabei drehen sich die Segmente jedes Mal um eine Stelle nach rechts.

12 – 6
Die Zahlen im linken und mittleren Feld ergeben zusammen jeweils die im rechten Feld.

13 – V
Von oben links aus geht es gegen den Uhrzeigersinn immer 5 Buchstaben im Alphabet weiter.

14 – 10
Die Zahl im Zentrum ist jeweils die Summe der drei oberen Zahlen abzüglich der beiden unteren.

15 – 23
Von oben nach unten und von links nach rechts folgen die Primzahlen von 2 bis 23 aufeinander.

17 – E
Nimmt man die Zahlenwerte der Buchstaben, ist der mittlere immer die Summe des oberen und des unteren.

18 – 1143
Von oben nach unten wird die linke Zahl (bzw. Ziffer) jeweils um 2 erhöht, die mittlere um 1 vermindert; die rechte ist abwechselnd 5 und 3.

19 – 6
Die Zahlen im Kreis unten links sind jeweils die Summen der Zahlen in gleichen Segmenten der beiden Kreise oben; die Zahlen im Kreis unten rechts sind entsprechend die Differenz.

20 – N
Nimmt man die Zahlenwerte der Buchstaben, folgen von oben nach unten in der linken Spalte die Primzahlen 2, 3, ..., 13, in der rechten Spalte die rückläufigen Werte der linken Buchstaben.

21 – I
Von links aus diagonal nach rechts unten geht es Linie für Linie immer 4 Buchstaben im Alphabet weiter.

22 – 4
Die Zahl im Zentrum des Dreiecks ist jeweils die Summe der drei Eckzahlen geteilt durch 3.

23 – B
Nimmt man die Zahlenwerte der Buchstaben, geht es jeweils von links oben im Uhrzeigersinn so viele Buchstaben im Alphabet weiter, wie der Wert im Zentrum angibt.

24 – 5
Bei jedem Stern ist die Zahl im Zentrum die Differenz der Summen der beiden geraden und der beiden ungeraden Zahlen an den Spitzen.

25 – U
Von links nach rechts geht es immer aufs Neue 1, 2, 3 und 4 Buchstaben im Alphabet weiter.

26 – 5
Die Zahl oben ist jeweils der Durchschnitt der beiden Zahlen unten.

27 – 22
Die untere Zahl im Kreis ist jeweils das Produkt der beiden oberen – abzüglich 3 beim linken, 4 beim mittleren und 5 beim rechten Kreis.

28 – 2
Teilt man das Gitter in Viertel, hat jedes das gleiche Muster.

29 – Y
Vom oberen linken Kreis aus geht es in in Form eines W in gleichen Segmenten jeweils 4 Buchstaben im Alphabet weiter.

30 – W
Von links nach rechts geht es abwechselnd immer 7 Buchstaben weiter und 2 zurück.

LÖSUNGEN

TEST 3

1 – 4
In jeder Raute ergibt die Summe der linken und der rechen Zahl, von der oberen Zahl subtrahiert, die untere Zahl.

2 – 7
In jeder Reihe ist die mittlere Zahl die Summe der Differenz der beiden linken und der Differenz der beiden rechten Zahlen.

3 – 7
Die Zahl im inneren Segment ist die Summe der beiden Zahlen im gegenüberliegenden äußeren.

4 – K
Die Summe der beiden Zahlen in der Reihe ist gleich der Summe der Zahlenwerte der drei Buchstaben.

5 – H
Von oben nach unten erhöht sich die Summe der Zahlenwerte der Buchstaben bzw. -paare auf jeder Ebene um 2 (von 18 bis auf 26).

6 – 0
Reihe für Reihe ist das Produkt der beiden äußeren Zahlen gleich der 2-stelligen Zahl in der Mitte.

7 – F
In jedem Hexagramm haben die Zahlenwerte der drei Buchstaben auf den beiden Dreiecken die gleiche Summe.

8 – 5
In jeder Figur ist die Zahl in der Mitte die Differenz der Summe der drei Zahlen links und der Summe der drei rechts.

9 – E
Bei beiden „Männchen" geht es vom linken „Fuß" über die beiden „Arme" bis zum rechten „Fuß" jeweils so viele Buchstaben im Alphabet weiter, wie der Zahlenwert im „Kopf" angibt.

10 – B
Die Summe der Zahlenwerte der Buchstaben auf gleichen Positionen im linken und rechten Dreieck findet sich entsprechend im mittleren.

11 – 7
Liest man jede Reihe als 3-stellige Zahl, ist die mittlere Zahl die Summe sowohl der beiden oberen als auch der beiden unteren Zahlen.

12 – A
Links außen beginnend, geht es spiralförmig im Uhrzeigersinn jeweils 2, 3, 4, … Buchstaben im Alphabet weiter.

13 – 22
Addieren Sie die Zahlen an gleichen Positionen in den beiden oberen Kreuzen: Die Summen finden Sie an den entsprechenden Positionen im Kreuz unten links. Die Differenz der Zahlen oben finden Sie entsprechend im Kreuz unten rechts. Und die Summen der Zahlen in den beiden unteren Kreuzen finden Sie im mittleren Kreuz.

14 – T
Die Summen der Zahlenwerte in der Spalte sind, von links nach rechts: 17, 18, 19 und 20.

15 – 2
In jedem Gitter stehen zwei 2-stellige Zahlen übereinander. Vom Gitter links oben aus im Uhrzeigersinn spiralförmig weiter bis zur Mitte steigt die Summe der Zahlenpaare von 55 auf 60, 65, 70 und 75.

16 – Kreuz-Neun
Nimmt man die roten Karten als positive Zahlen und die schwarzen als negative, hat in jeder Spalte die untere Karte den gleichen Wert wie die beiden oberen zusammen. Die Kartenfarbe wechselt in jeder Spalte.

17 – Z
Betrachten Sie die vier Gitter als ein einziges aus 4x4 Feldern. Von unten links aus geht es im Uhrzeigersinn zuerst außen, dann innen immer 5 Buchstaben im Alphabet weiter.

18 – X
Von links nach rechts, in der nächsten Reihe dann nach links, in der übernächsten wieder nach rechts usw. geht es in jedem zweiten Feld 2, 3, 4, …, 8 (dann wieder um 2, 3, …, 8) Stellen im Alphabet weiter.

19 – Auf die 4
Von oben links aus rechtsherum ist bei der erste Uhr der Wert der angezeigten Stunde gleich dem der angezeigten Minuten minus 4, bei der zweiten minus 5, dann minus 6 usw.

20 – H
Der Zahlenwert des mittleren Buchstabens ist immer die Differenz zwischen den Summen der Zahlenwerte der beiden linken und der beiden rechten Buchstaben.

21 -

Besitzer	Haus	Straße	Wert
Margot	Mietwohnung	Gartenstraße	150 000 €
Heinz	Bungalow	Kastanienallee	200 000 €
Bettina	Reihenhaus	Grüner Weg	80 000 €

22 – C
Von ganz links aus im Uhrzeigersinn geht es abwechselnd 8 und 9 Buchstaben im Alphabet weiter.

23 – 12
Der Wert in der Ecke ist jeweils die Differenz der Summen der Zahlenwerte der Buchstaben in den beiden anliegenden Feldern.

24 – C

25 – E
Von oben nach unten ist die Summe der Zahlenwerte in der Reihe 15, 20, 25, 30, 35.

26 – Max hat 7 Murmeln, Moritz hat 5.

27 – 6
Die Zahl im Zentrum ist jeweils der Durchschnitt der vier äußeren Zahlen.

28 – 11
Die Summe der Zahlen in der linken Hälfte des linken Kreises steht im mittleren Kreis links oben, die Summe der Zahlen in der rechten Hälfte des linken Kreises steht im mittleren Kreis links unten. Entsprechend ist es beim rechten Kreis.

29 – 7
Bei jedem T steht die Summe der Zahlen oben links und oben Mitte im mittleren Feld, die der Zahlen oben Mitte und oben rechts steht im unteren.

30 – 5
Von außen nach innen haben die beiden Dominosteine links und rechts immer die gleiche Augenzahl.

LÖSUNGEN

TEST 4

1 – 6
Die Zahl innen ist die Summe der beiden äußeren Zahlen im Segment gegenüber.

2 – I
In jedem Quadrat geht es im Uhrzeigersinn jeweils 5 Buchstaben im Alphabet weiter, für den vom inneren Quadrat eingeschlossenen Buchstaben gilt allerdings der rückläufige Zahlenwert (unten rechts also H statt S).

3 – Wecker
Wecker = 7, Adapter = 5, Glühbirne = 2.

4 – 23
Die Zahlen in der linken „Spalte" erhöhen sich jeweils um 5, 6, 7 usw., die in der rechten um 6, 7, 8 usw.

5 – 5
Die Zahlen in den oberen Kreisen ergeben, verdoppelt und beim linken um 3, beim mittleren um 4 und beim rechten um 5 vermindert, die Zahlen in den entsprechenden Segmenten der unteren Kreise.

6 – O
In der ersten Reihe geht es jeweils 4 Buchstaben im Alphabet weiter, in der zweiten 5, dann 6 usw.

7 – 2
Das Diagramm zeigt eine Multiplikation: 126 x 2 = 256.

8 – H
In jeder Reihe ist die Summe der Zahlenwerte der Buchstaben 26.

9 – 96
Von links nach rechts folgen die Quadrate der Zahlen von 6 bis 10, jeweils vermindert um 4.

10 – 9
Die beiden Ziffern wachsen als 2-stellige Zahl von Reihe zu Reihe um 6.

11 – X
Immer von links oben aus im Uhrzeigersinn wachsen die Zahlenwerte der Buchstaben im linken Kreis jeweils um 5, im nächsten um 6, dann um 7, 8 und 9.

12 – 3
Liest man jede Spalte als 3-stellige Zahl, folgen von links nach rechts die Kubikzahlen der Zahlen von 5, 6 und 7.

13 – A
Nimmt man die Zahlenwerte der Buchstaben, wird eine Subtraktion dargestellt: 247 – 54 = 193.

14 – 13
Bei jedem Stern ist die Zahl im Zentrum die Summe der obersten und der beiden unteren Zahlen minus die Summe der beiden Zahlen links und rechts oben.

15 – T
Von oben links aus geht es spiralförmig linksherum immer 3 Buchstaben weiter im Alphabet.

16 – 6
In allen Kreisen sind die Zahlen in der rechten Hälfte jeweils doppelt so groß wie die in den gegenüberliegenden Segmenten der linken Hälfte.

17 – W
In der linken Spalte bestehen die Buchstaben jeweils aus zwei, in der mittleren aus drei, in der rechten aus vier geraden Linien.

18 – 4
Die Quersumme der Ziffern wächst von oben nach unten jedes Mal um 2 (von 12 auf 22).

19 – 1
In jedem Kreis ist die Zahl unten links die Summe der beiden oberen Zahlen, die Zahl unten rechts deren Differenz.

20 – C
Liest man die Zahlenwerte der Buchstabenpaare als 2-stellige Zahlen, sind diese immer Vielfache von 7.

21 – 2
Die Summe der Zahlen in den Reihen ist, von oben nach unten: 5, 10, 15, 20, 15, 10, 5.

22 – 9
Bei jedem Dreieck ergibt die Addition der beiden kleineren Zahlen die größere Zahl.

23 – G
Die Kreise der drei Figuren liegen auf drei Ebenen: Auf der oberen geht es jeweils 4 Buchstaben im Alphabet weiter, auf der mittleren 5, auf der unteren 6.

24 – 6
Die Zahl im Zentrum ist jeweils der Durchschnitt der fünf äußeren Zahlen.

25 – F
Von links nach rechts geht es 12, dann 11, 10, 9, 8, ... Buchstaben im Alphabet weiter.

26 – 43
Multiplizieren Sie die beiden unteren Zahlen des Dreiecks, addieren Sie die beiden oberen, und Sie erhalten die Zahl im Zentrum.

27 – D
Die Summe der Zahlenwerte ist bei jedem Kreis 20.

28 – 4
In jeder Reihe des Gitters sind die Zahlen von 0 bis 9 in zufälliger Ordnung enthalten.

29 – 6
Die Zahlen im Kreis unten links sind die Summe der Zahlen in den Kreisen oben links und Mitte; die Zahlen im Kreis unten rechts sind die Summe der Zahlen in den Kreisen oben Mitte und rechts.

30 – S
Die Zahlenwerte der Buchstaben sind die Primzahlen 2, 3, 5, 7 usw.

LÖSUNGEN

TEST 5

1 – A
Im ersten Raster bilden einmal 2 und einmal 3 schwarze Punkte eine Linie, im zweiten 3 und 4 Punkte, im vierten 4 und 5 usw.

2 – E
Die Quersumme der Ziffern erhöht sich von links nach rechts jeweils um 2.

3 – N
Vom A links außen aus geht es spiralförmig im Uhrzeigersinn 4, dann 5, dann 6 Buchstaben im Alphabet weiter, dann wieder 4, 5 und 6 usw.

4 – 10
Die Zahlen am unteren Dreieck sind jeweils die Summe der beiden Zahlen an den entsprechenden Spitzen der oberen Dreiecke.

5 – G
Beginnen Sie mit A und Z: Die Summe der beiden Zahlenwerte ist gleich dem des nächsten Buchstabens im Uhrzeigersinn usw.

6 – O
Abwärts folgen die Buchstaben des Alphabets aufeinander, aber die mit geraden Linien geschriebenen werden ausgelassen.

7 – 37
Von oben nach unten wird von der Zahl jeweils 3, 7, 9 und 11 abgezogen.

8 – 11
Eine der beiden Zahlen auf den drei Schenkeln des Dreiecks ist jeweils die Summe der beiden Zahlen an den Ecken, die andere deren Differenz.

9 – W
In der ersten Reihe geht es von links nach rechts, in der zweiten wieder nach links usw. abwechselnd 5 Buchstaben im Alphabet vor und 2 zurück.

10 – S
Bei allen Segmenten ist die Summe der Zahlenwerte des inneren und des äußeren Buchstabens 20.

11 – 90
Die Zahlen sind jeweils Vielfache von 12: die oberste minus 1, die zweite plus 2, die dritte minus 3, die vierte plus 4 usw.

12 – 9
Lesen Sie jede Reihe als 4-stellige Zahl. Die erste Zahl plus die zweite ergibt die dritte, die die zweite minus die erste ergibt die vierte Zahl.

13 – K
In jeder Spalte ist die Summe der Zahlenwerte der beiden oberen Buchstaben der rückläufige Zahlenwert des untere Buchstabens.

14 – S
Vom G aus geht es im Uhrzeigersinn 3, 4, 5, 6 und 7 Buchstaben im Alphabet weiter.

15 – 3
In jeder waagerechten Reihe ist die Quersumme der Zahlen 10.

16 – Der Stundenzeiger weist auf die 2. Die verdoppelte Zahl der Stunden plus die Zahl der Minuten ergibt immer 15.

17 – 21
Die Zahlen sind die Zahlenwerte der Vokale im Alphabet.

18 – I
Die Buchstaben folgen alphabetisch aufeinander, aber die mit gebogenen Linien geschriebenen werden ausgelassen.

19 – F
Vom oberen Segment im Quadrat oben links aus geht es rechtsherum durch die anderen Quadrate jeweils 2 Buchstaben weiter im Alphabet, dabei rückt das Segment jedes Mal um eine Vierteldrehung im Uhrzeigersinn vor. Vom rechten Segment im Quadrat oben links aus geht es dann jeweils 3 Buchstaben weiter usw.

20 – 26
Die Zahlen in den Kettengliedern erhöhen sich im Uhrzeigersinn um 4, dann 3, dann 2 – und wieder um 4, dann 3, dann 2 usw.

21 – 42
Von oben links aus geht es weiter in Form eines Z: Immer ist die Summe der ersten und der zweiten Zahl gleich der dritten Zahl.

22 – D
Von unten rechts aus geht es im Uhrzeigersinn immer 6 Buchstaben im Alphabet weiter.

23 – 2
Die Zahlen im Kreis oben links sind jeweils die Summe der Zahlen in gleichen Segmenten der beiden unteren Kreise; die Zahlen im Kreis oben rechts sind deren Differenz.

24 – 1
Von unten nach oben wird die Quersumme der Zahlen in der Reihe jedes Mal um 5 kleiner.

25 – C
Nimmt man die Zahlenwerte der Buchstaben und liest man die Kreispaare als 2-stelligen Zahlen in zwei Spalten, dann sind es (von 14 bis 63) Vielfache von 7.

26 – 2
Die Zahlen in der mittleren Dreiergruppe oben sind jeweils die Summe der Zahlen in den gleichen vier Feldern der anderen Gruppen.

27 – 13
Links wird von oben nach unten, dann in der Mitte wieder nach oben und rechts wieder nach unten immer abwechselnd 1 abgezogen und 3 addiert.

28 – 4
Von oben nach unten wächst die Quersumme der Zahlen in der Reihe jeweils um 2 (von 20 auf 30).

29 – A: 15
B: 38
Im ersten Oval gibt es nur Primzahlen, im zweiten nur Quadratzahlen.

30 – 3
In jeder Reihe ist die Zahl in der Mitte die durch 3 geteilte Summe der Zahlen links und rechts.

LÖSUNGEN

TEST 6

1 – M
Die vier Rauten enthalten zwei Buchstabenfolgen: die erste von ganz oben links senkrecht nach ganz unten, weiter von ganz oben rechts senkrecht nach unten, jeweils 4 Buchstaben im Alphabet weiter; die zweite von oben ganz links waagerecht nach ganz rechts, weiter von unten ganz links nach ganz rechts, immer 5 Buchstaben im Alphabet weiter.

2 – L
In der ersten Spalte abwärts, in der zweiten aufwärts, in der dritten wieder abwärts usw. erhöhen sich die Zahlenwerte der Buchstaben in jedem zweiten Kreis um 7.

3 – 7
Die Zahl ganz innen im Kreissegment ist jeweils das Produkt der beiden äußeren Zahlen in diesem Segment minus die Summe der beiden äußeren Zahlen im Segment gegenüber.

4 – Q
Nehmen Sie die Zahlenwerte der Buchstaben: Die Zahlen im mittleren Feld einer Reihe sind Vielfache der Zahl im rechten Feld. Eine der Zahlen gehört nicht dazu, sie steht auch im linken Feld.

6 – S
Die Zahlenwerte der Buchstabenpaare, die auf einer Linie durch das Zentrum liegen, haben immer die Summe 25.

6 – 1
Die Zahlen im Gitter unten links sind jeweils die Summe der Zahlen in gleichen Feldern der beiden Gitter oben; die Zahlen im Gitter unten rechts sind jeweils deren Differenz.

7 – N
Bei linken Stern geht es vom unteren Zacken aus gegen den Uhrzeigersinn jeweils 8 Buchstaben im Alphabet weiter, beim mittleren 9 und beim rechten 10 Buchstaben.

8 – 3
In allen Diagrammen ist der Zahlenwert des Buchstabens links das Produkt der Zahlen links oben und unten, der des Buchstabens rechts ist das Produkt der Zahlen rechts oben und unten, der des mittleren Buchstabens ist das Produkt der Zahlenwerte des linken und des rechten Buchstabens.

9 – 5
Beide Male ist die Summe der drei oberen Zahlen das Produkt der beiden unteren.

10 – P
Von links oben aus geht es in drei waagerechten Reihen bis nach rechts unten jeweils 2, 3, 4 und wieder 2, 3, 4 Buchstaben im Alphabet weiter.

11 – B
In jeder Reihe ist der rückläufige Zahlenwert des mittleren Buchstabens die Summe der Zahlenwerte des linken und des rechten.

12 – 12
Die Grafik besteht aus zwei sich überschneidenden Rauten aus 3x3 Kreisen. In beiden folgen, jeweils vom Kreis Mitte links aus, die Zahlen von 1 bis 9 in drei schrägen Reihen aufeinander. Wo sich die Rauten überschneiden, sind die Zahlen addiert!

13 – 1
Die Summe der vier äußeren Zahlen steht jeweils im Zentrum des im Uhrzeigersinn folgenden Kreuzes.

14 – N
Von oben nach unten in Spalten von links nach rechts geht es 3, 4, 5, ... Buchstaben weiter im Alphabet.

15 – I
Vom Feld ganz oben links aus geht es im Uhrzeigersinn spiralförmig durch die übrigen Blöcke bis zur Mitte. Dabei werden jeweils 3 Buchstaben im Alphabet übersprungen, zugleich rücken die Buchstaben um eine Vierteldrehung im Block weiter.

16 – Kreuz-König
Von oben links nach rechts, dann eine Reihe tiefer nach links usw. nimmt der Kartenwert jeweils um 5 zu. Dabei folgen immer wieder Herz, Kreuz, Karo und Pik aufeinander.

17 – B
Die Zahlenwerte der vier Buchstaben in den Quadraten haben, von oben links aus im Uhrzeigersinn, die Summen 20, 25, 30 und 35.

18 – 1
Teilen Sie das Gitter senkrecht in zwei je drei Ziffern breite Spalten. Von oben nach unten, zuerst links, dann rechts, sind die 3 Ziffern, als 3-stellige Zahlen gelesen, die Quadrate der Zahlen von 10 bis 21.

19 – Fünf vor zehn.
Beginnend mit der Uhr oben links und weiter im Uhrzeigersinn, geht der Minutenzeiger 15, dann 20, dann 25 Minuten usw. zurück, der Stundenzeiger dagegen 2, dann 3, dann 4 Stunden usw. vor.

20 – G
Nehmen Sie von jedem Buchstaben den Zahlenwert, und lesen Sie jedes Buchstabenpaar als 2-stellige Zahl. Die Zahl in der Mitte ist jeweils die Differenz der Zahlen links und rechts.

21 –

Theatergruppe	Stück	Premierenmonat	Kartenpreis
Stein-Gymn.	Macbeth	Juni	€ 10
Neust. Amat.	Othello	Oktober	€ 5
Jugend-Th.	Julius Caesar	März	€ 20

22 – 1
Die Summe der drei Zahlen auf einer Geraden ist immer 19.

23 – Y
Vom Feld links oben geht es gegen den Uhrzeigersinn jeweils 2, 3, 4, ... Buchstaben im Alphabet weiter.

24 – A

25 – 1
Von der oberen und von der unteren Reihe aus ergeben zwei nebeneinander liegende Zahlen zusammen jeweils die Zahl direkt unter bzw. über ihnen.

26 – Der Flakon ist € 1 und das Parfum € 19 wert.

27 S
Vom Kreis oben links aus geht es waagerecht durch alle vier Figuren Reihe um Reihe jeweils 4 Buchstaben im Alphabet weiter.

28 – H
Im linken Kreis geht es vom Segment links oben aus rechtsherum, dann im mittleren Kreis linksherum und schließlich im rechten Kreis rechtsherum jeweils 4 Buchstaben im Alphabet weiter.

29 – V
Im linken T geht es vom linken Feld im Querbalken nach rechts jeweils 5 Buchstaben im Alphabet weiter, vom mittleren Feld im Querbalken abwärts jeweils 6 Buchstaben. Im zweiten T sind es entsprechend 7 Buchstaben, im dritten 8 und im vierten 9 Buchstaben.

30 – 5
Betrachten Sie die obere und die untere Hälfte der Dominosteine getrennt. Die Summe der Augen auf den beiden ersten Steinen ist gleich der Zahl der Augen auf dem dritten, die Summe der Augen auf dem zweiten und dritten ist gleich der Zahl der Augen auf dem vierten usw. Sobald 6 Augen erreicht sind, wird wieder bei null begonnen.

LÖSUNGEN

TEST 7

1 – E
Die beiden linken Raster sind um die Senkrechte symmetrisch, die beiden mittleren um die Horizontale und die beiden rechten um die Diagonale (von links unten nach rechts oben).

2 – A
Von links nach rechts wird es 12, 24, 36 und 48 Minuten früher.

3 – 4
Die Summe der Zahlen in der Reihe nimmt nach unten hin jeweils um 2 ab.

4 – 9
Die Summe der drei äußeren Zahlen eines Dreiecks steht im Kreis des im Uhrzeigersinn nächsten Dreiecks.

5 – N
Vom B aus geht es rechtsherum 2, dann 4, 6, 8 und 10 Buchstaben im Alphabet weiter.

6 – 72
Von oben nach unten folgen die jeweils verdoppelten Quadrate der Zahlen von 1 bis 6 aufeinander.

7 – 68
Nach unten hin wird jede Zahl verdoppelt und dann um 4 vermindert.

8 – 2
Auf jedem Schenkel des Dreiecks ist die Summe der vier Zahlen 16.

9 – I
Nehmen Sie die Zahlenwerte der Buchstaben, und lesen Sie jede Reihe als 3-stellige Zahl: Es sind die Quadrate der Zahlen von 15 bis 17.

10 – W
Vom A aus geht es außen im Uhrzeigersinn 4, dann 5, 6, 7, … Buchstaben im Alphabet weiter. Innen geht es nach diesem Schema vom Z aus linksherum.

11 – 16
Nach unten hin werden die Zahlen um 3, dann 2, dann 1 größer, dann erneut um 3, dann 2.

12 – 7
In jeder Reihe ist die Summe der Zahlen 18.

13 – G
Von oben links aus spiralförmig im Uhrzeigersinn geht es immer 8 Buchstaben im Alphabet weiter.

14 – F
Die Summe der Zahlenwerte von zwei benachbarten Buchstaben ist immer 10.

15 – 2
Die Summe der vier Zahlen an den Ecken ist 17, ebenso wie die Summe der vier Zahlen auf den Seitenmitten.

16 – Der Stundenzeiger weist auf die 8.
Beginnend mit der oberen Uhr und weiter im Uhrzeigersinn, geht der Minutenzeiger jedes Mal 15 Minuten vor, der Stundenzeiger 2 Stunden zurück.

17 – V
Hier stehen die im Alphabet jeweils auf einen Vokal folgenden Buchstaben hintereinander.

18 – J
Addieren Sie jeweils 1 zum Zahlenwert des Buchstabens, dann haben Sie, von oben nach unten, die Primzahlen von 2 bis 11.

19 – 9
Beginnend mit dem Quadrat links oben und weiter im Uhrzeigersinn, haben die vier Zahlen im Quadrat die Summe 20, 19, 18 und 17.

20 – 71
Im Uhrzeigersinn findet sich jeweils die Summe der beiden vorhergehenden Zahlen im folgenden Glied der Kette.

21 – 9
Zieht man von den Zahlen in der oberen Reihe gerade Linien durch das Zentrum, ist die obere Zahl minus 3 gleich der gegenüberliegenden Zahl unten.

22 – 2
Lesen Sie die obere und die untere Reihe als 2-stellige Zahlen: Ihr Produkt ist die 3-stellige Zahl in der mittleren Reihe.

23 – 1
Die Zahlen im Kreis unten links sind jeweils die Summe der Zahlen in gleichen Segmenten der beiden Kreise oben, die Zahlen im Kreis unten rechts sind deren Differenz.

24 – F
Vom B unten rechts aus geht es im Uhrzeigersinn jeweils 5 Buchstaben im Alphabet weiter.

25 – A
In jeder Spalte ist die Summe der Zahlenwerte der Buchstaben 25.

26 – W
In jedem Diagramm geht es von oben links aus rechtsherum weiter im Alphabet: im linken oberen Diagramm 6 Buchstaben, im mittleren oberen 7, im rechten 8, im unteren 9 Buchstaben.

27 – 56
Links hinunter, dann in der Mitte hinauf und rechts wieder hinunter, nach unten, ist jeweils die Summe der ersten beiden Zahlen plus 1 gleich der nächsten Zahl.

28 – 6
Teilen Sie das Gitter in vier Quadrate von 3x3 Feldern. Die Abfolge der Zahlen im ersten Quadrat wiederholt sich in den drei anderen, die Zahlen erhöhen sich aber im Quadrat oben rechts um 1, im Quadrat unten rechts um 2 und im Quadrat unten links um 3.

29 – A: 11
B: 16
Im erste Oval steht jede Zahl für den Zahlenwert eines der Vokale des Alphabets; im zweiten Oval steht jede Zahl für den Zahlenwert eines Buchstabens, der nur aus geraden Linien besteht.

30 – 4
In jeder Reihe ist die Summe der linken und der rechten Zahl minus die mittlere Zahl 8.

LÖSUNGEN

TEST 8

1 – 8
Teilen Sie den Kreis senkrecht und waagerecht. Die Summe der beiden Zahlen in jedem Viertel ist 11.

2 – K
Addieren Sie 6 zum Zahlenwert jedes großen Buchstabens: Der kleine Buchstabe mit dem entsprechenden Zahlenwert steht im Feld gegenüber.

3 – Kutsche
Kutsche = 2, Auto = 3, Bus = 6

4 – D
Nimmt man die Zahlenwerte der Buchstaben und liest jede Zeile als 2-stellige Zahl, stehen (von 6 bis 36) Vielfache von 6 untereinander.

5 – O
Addieren Sie 4 zum Zahlenwert jedes Buchstabens im Kreis oben links: Der Buchstabe dieses Zahlenwerts steht im gleichen Segment des Kreises unten links. Addieren Sie entsprechend 5 im mittleren und 6 im rechten Kreis oben.

6 – A
Von oben links abwärts, weiter in der zweiten Spalte aufwärts, in der dritten wieder abwärts usw. erscheint immer wieder die Buchstabenfolge A C P R F D U.

7 – 6
Liest man in jeder Zeile die Ziffern als eine einzige Zahl, hat man die Darstellung einer Subtraktion: 203 – 7 = 196

8 – C
Nehmen Sie den Zahlenwert der Buchstaben, und lesen Sie jede Zeile als 2- oder 3-stellige Zahl: Die oberste und die zweite Zahl ergeben zusammen 200, ebenso die dritte und vierte Zahl.

9 – 39
Addieren Sie 6 zur ersten Zahl, und Sie haben die nächste. Dann addieren Sie 8, 10 und 12.

10 – 16
Von oben links (oder rechts) aus geht es abwechselnd links und rechts nach unten, und jedes Mal verdoppelt sich die Zahl.

11 – 1
Die Zahlen im mittleren Kreis sind jeweils die Differenz der Summen der Zahlen in gleichen Segmenten der beiden linken und der beiden rechten Kreise.

12 – 16
In jeder Spalte ergibt die obere Zahl plus 4 die mittlere, diese plus 5 die untere.

13 – Z
Von oben links aus geht es in Form eines Z jeweils 6 Buchstaben im Alphabet weiter.

14 – 11
Bei allen Sternen ergibt die Summe der drei oberen Zahlen minus die Summe der beiden unteren die Zahl im Zentrum.

15 – T
Der Zahlenwert des rechten Buchstabens ist jeweils gleich der Summe der Zahlenwerte des linken und des mittleren Buchstabens.

16 – T
Vom oberen linken Segment aus geht es im Uhrzeigersinn weiter im Alphabet: jeweils 3 Buchstaben im oberen Kreis, 4 im linken und 6 Buchstaben im unteren Kreis.

17 – 3
Die Summe der linken und der rechten Zahl plus 2 ergibt jeweils die mittlere Zahl.

18 – 601
Von oben nach unten ergibt jede Zahl, verdoppelt und um 7 erhöht, die nächste.

19 – L
Bei jedem Kreis ist der Zahlenwert des Buchstabens unten links gleich der Summe der beiden Werte oben, der Zahlenwert des Buchstabens unten rechts ist gleich deren Differenz.

20 – 92
Von links nach rechts und von oben nach unten ist die Summe von zwei aufeinander folgenden Zahlen minus 3 gleich der nächsten Zahl.

21 – E
Von der Spitze aus geht es Zeile für Zeile von links nach rechts immer wieder 3, 4, 5 und 6 Buchstaben im Alphabet weiter.

22 – 47
Von links nach rechts, zuerst an der Spitze, dann an der Basis der drei Dreiecke, erhöhen sich die Zahlen jeweils um 2, dann 3, dann 4 usw.

23 – P
Von oben links aus geht es spiralförmig im Uhrzeigersinn weiter im Alphabet: links jeweils 3, in der Mitte 4 und rechts 5 Buchstaben.

24 – 9
Die Zahl im Zentrum des Sterns ist immer der Durchschnitt der drei äußeren Zahlen.

25 – V
Vom B oben links aus geht es waagerecht nach rechts Zeile für Zeile bei jedem Schritt 6 Buchstaben weiter im Alphabet.

26 – 21
Die beiden Zahlen unten, multipliziert mit der Zahl oben, ergeben jeweils die Zahl im Zentrum des Dreiecks.

27 – 1
Bei jedem Kreis ist die Summe der Zahlen im linken und rechten Segment minus 2 gleich der Zahl im unteren Segment.

28 – 1
In der linken Spalte nach unten, in der nächsten nach oben, in der dritten wieder nach unten usw. geht es in jedem zweiten Feld jeweils 3 Buchstaben im Alphabet weiter.

29 – 1
Die Zahlen im Kreis oben links sind die Summen der Zahlen in gleichen Segmenten der beiden unteren Kreise, die Zahlen im Kreis oben Mitte sind deren Differenz, die Zahlen im Kreis oben rechts deren Produkt.

30 – 0
Liest man, von links nach rechts, jedes Zahlenpaar als 2-stellige Zahl, hat man (von 49 bis 70) jeweils Vielfache von 7.

LÖSUNGEN

TEST 9

1 – K
Vom linken Segment aus geht es im Uhrzeigersinn weiter im Alphabet: in der Raute oben links jeweils 10 Buchstaben, oben rechts 11, unten links 12 und in der Raute unten rechts 13 Buchstaben.

2 – 3
In jeder Spalte ist die mittlere Zahl die Differenz zwischen den Summen der beiden oberen und der beiden unteren Zahlen.

3 – 2
Die Zahl innen ist jeweils die Differenz der mittlern und der äußeren Zahl im gegenüberliegenden „Tortenstück".

4 – J
Beginnend links, geht es Spalte für Spalte von oben nach unten immer wieder aufs Neue jeweils 5, 6 und 7 Buchstaben weiter im Alphabet.

5 – 4
Die „kleinen" Zahlen sind jeweils die Differenz der „großen" Zahlen in den beiden Ovalen genau gegenüber.

6 – 11
Die Zahlen im Gitter oben rechts sind jeweils die Summe der Zahlen in gleichen Feldern der Gitter links oben und unten, die Zahlen im Gitter unten rechts sind jeweils deren Differenz.

7 – Q
Betrachten Sie jedes Hexagramm als zwei sich überschneidende Dreiecke. Von oben links oder aber von ganz oben aus geht es weiter im Alphabet: links jeweils 6 Buchstaben, in der Mitte 7 und rechts 8 Buchstaben.

8 – 6
Die Zahl im Zentrum ist jeweils die Differenz zwischen der Summe der drei Zahlen links und der Summe der drei Zahlen rechts.

9 – 14
Die Zahl ganz oben ist jeweils der Durchschnitt der vier übrigen Zahlen.

10 – 11
In jedem „Dreieck" addiert man, zuerst in der längsten, dann in der mittleren Zeile, die Zahlen in drei benachbarten Kreisen und notiert die Summe im Kreis über (bzw. unter) der mittleren Zahl.

11 – 6
Die Summen der drei Zahlen in der Reihe sind 11, 12, 13, 14, 15.

12 – 5
Beginnen Sie in der mittleren, vier Kreise langen Zeile. Die Summe von zwei benachbarten Zahlen steht jeweils im Kreis über dem Paar, ebenso bei der zweiten Zeile von oben. Die Differenz von jeweils zwei benachbarten Zahlen findet sich entsprechend im Kreis unter dem Paar, usw.

13 – F
Bei diesen fünf Gittern gelten zwei Muster, beide nur für die Reihen aus 3 Feldern. Zum einen geht es, angefangen bei A, waagerecht von oben links bis unten rechts jeweils 4 Buchstaben im Alphabet weiter; zum anderen, angefangen bei E, von oben nach unten und von links nach rechts jeweils 6 Buchstaben. Wo sich die Reihen kreuzen, werden die Zahlenwerte der ursprünglichen Buchstaben aus beiden Abfolgen addiert, die Summe ist der Zahlenwert des Buchstabens im Kreuzungsfeld.

14 – 6
Addiert man entlang der Diagonale nach rechts unten zwei benachbarte Zahlen, findet sich die Summe jeweils im Feld links unterhalb des Paars. So geht es weiter auf das Feld unten links zu.

15 – 14
Die Summe von zwei Zahlen in gleichen Feldern der beiden oberen Gitter findet sich im gleichen Feld des zentralen Gitters. Das Produkt von Zahlen im linken oberen und im zentralen Gitter findet sich im Gitter unten links, das Produkt von Zahlen im oberen rechten und im zentralen Gitter im Gitter unten rechts.

16 – 7 (Farbe beliebig)
Das Ass gilt 1, König und Dame 10. Dann ist die Summe der Kartenwerte in jeder Spalte 21.

17 – K
Vom A ganz oben links aus geht es im Uhrzeigersinn um die vier Gitter herum: in den Feldern oben links jeweils 5 Buchstaben im Alphabet weiter, oben rechts 6, unten links 7 und unten rechts 8 Buchstaben. Dabei machen die Gitter jeweils eine Vierteldrehung nach rechts.

18 – S
Teilen Sie das Gitter waagerecht in drei jeweils 2 Felder hohe Reihen. In der oberen Doppelreihe geht es, abwechselnd oben und unten, jeweils 6 Buchstaben im Alphabet weiter, in der mittleren um 7 und in der unteren 8 Buchstaben.

19 – Auf die Fünf
Die Summen der beiden Zahlen, auf die der Stunden- und der Minutenzeiger auf den fünf Zifferblättern (im Uhrzeigersinn) jeweils weisen, sind: 14, 15, 16, 17 und 18.

20 – B
Die Zahl in der Mitte ist jeweils die Differenz der Summe der Zahlenwerte des linken und des rechten Buchstabenpaars.

21 –

Gärtner	Leiden	Pflanze	Wochentag
Bob	Rücken	Rosen	Mittwoch
Mike	Knie	Äpfel	Freitag
Sandra	Ellbogen	Kartoffeln	Montag

22 – K
Die Zahlenwerte der drei Buchstaben auf einer Seite haben immer die Summe 30.

23 – D
Das Diagramm enthält 4 Buchstaben in den äußeren Ecken, 4 in den inneren Ecken, 4 in den äußeren Mittelstücken. Die Summe der Zahlenwerte ist bei jeder Buchstabengruppe 40.

24 – C

25 – D
Vom C in der Mitte aus geht es im Uhrzeigersinn im oberen Teil jeweils 7 Buchstaben im Alphabet weiter, im unteren Teil 9 Buchstaben.

26 – 7 Leute

27 – X
Der Zahlenwert des mittleren Buchstabens ist immer der Durchschnitt sowohl des oberen und unteren als auch des linken und des rechten Werts.

28 – 4
Teilen Sie den linken und den rechten Kreis senkrecht in zwei Hälften. Der Zahlenwert des Buchstabens oben links im mittleren Kreis ist die Summe der Werte in der linken Hälfte des linken Kreises, der Wert oben rechts die Summe der Zahlen in der rechten Hälfte. Entsprechendes gilt für den rechten Kreis.

29 – I
In jedem T geht es von links nach rechts, dann nach unten weiter im Alphabet links jeweils 5, dann 6, dann 7 und rechts 8 Buchstaben.

30 – 3
Die Summen der Augen auf den vier Paaren Dominosteine sind, von links nach rechts: 3, 6, 9 und 12.

LÖSUNGEN

TEST 10

1 – K
Teilen Sie den Kreis senkrecht und waagerecht in Viertel. Die Summe der Zahlenwerte der Buchstaben in den beiden Segmenten oben links ist 15, die der nächsten beiden im Uhrzeigersinn 16, dann 17, dann 18.

2 – 9
Die Summe von zwei gegenüberliegenden Zahlen ist jeweils die Zahl im kleinen oberen Feld, deren Differenz die im unteren.

3 – Doughnut
Doughnut = 4, Éclair = 6, Brötchen = 7

4 – Q
Bei jedem Buchstabenpaar ist der Zahlenwert des linken Buchstabens der rückläufige Wert des rechten.

5 – 1
Beginnen Sie mit den drei oberen Kreisen: Die Summe der sich spiegelbildlich gegenüberliegenden beiden Zahlen im linken Kreis findet sich jeweils im gleichen Segment der linke Hälfte des mittleren Kreises, die der Zahlenpaare im rechten Kreis in der rechten Hälfte des mittleren Kreises. Bei den unteren Kreisen geht es nach demselben Schema um die Differenz der Zahlen.

6 – H
Von oben links aus geht es im Uhrzeigersinn spiralförmig jeweils 5 Buchstaben im Alphabet weiter.

7 – I
Von oben links aus geht es in Z-Form 6, dann 7, 8, ... Buchstaben im Alphabet weiter.

8 – 1
Die Quersumme der drei oberen Zahlen ist die 2-stellige Zahl in der zweiten Reihe. Ebenso bei der dritten/vierten Reihe.

9 – 6
Von links nach rechts haben wir die rückläufige Zahlenwerte der Vokale im Alphabet.

10 – 6
Lesen Sie jedes Zahlenpaar als 2-stellige Zahl: Die oberste plus 10 ergibt die zweite, diese plus 15 die dritte, diese plus 20 die letzte.

11 – 13
Die Summen der Zahlen in den Kreisen sind Vielfache von 6 (von links: 6, 12, 18, 24, 30).

12 – 6
Die Zahl in der Mitte ist jeweils der Durchschnitt der linken und der rechten Zahl.

13 – 18
Von oben links aus weiter im Uhrzeigersinn ergibt die Addition der ersten und der zweiten Zahl jeweils die dritte.

14 – 6
Links ist die Zahl im Zentrum die Summe der fünf äußeren Zahlen, geteilt durch 3, in der Mitte durch 4, rechts durch 5.

15 – O
Links geht es von oben nach unten, in der Mitte wieder nach oben und rechts erneut hinunter, jeweils 5 Buchstaben im Alphabet weiter.

16 – U
Vom Zahlenwert der einzelnen Buchstaben im linken Kreis ziehen Sie jeweils 3 ab, die Buchstaben mit diesem Wert stehen in den entsprechenden Segmenten des oberen Kreises. Nun addieren Sie links jeweils 3 und notieren die Resultate im rechten Kreis.

17 – N
Von links nach rechts geht es Reihe für Reihe durch das Alphabet. Buchstaben mit runden Linien werden dabei ausgelassen.

18 – S
Die Zahlenwerte der Buchstaben sind die Primzahlen von 2 bis 17, jeweils plus 1, 2, 3 usw.

19 – 12
Die Summen der Zahlen in gleichen Segmenten der beiden oberen und des linken Kreises sind die Zahlen im rechten Kreis.

20 – 3
Lesen Sie jedes Zahlenpaar als 2-stellige Zahl, addieren Sie diese zu den beiden einzelnen Zahlen: Die Summe ist das nächste Zahlenpaar.

21 – L
Von der Spitze aus geht es reihenweise immer wieder aufs Neue 4, 5, 6, 7, 8, 9 und 10 Buchstaben im Alphabet weiter.

22 – 6
Die Zahl an der Spitze ist bei linken Dreieck die Summe der beiden unteren Zahlen minus 2, beim mittleren minus 3, beim rechten minus 4.

23 – 9
Die Zahl im Zentrum ist jeweils die halbierte Summe der vier äußeren Zahlen.

24 – X
Von der Spitze aus geht es im Uhrzeigersinn weiter durch das Alphabet: links jeweils 8, in der Mitte 9 und rechts 10 Buchstaben.

25 – V
Von links nach rechts der Zickzacklinie folgend, geht es 15, dann 14, dann 13, ... Buchstaben im Alphabet weiter.

26 – 12
Die Zahl im Zentrum des Dreiecks ist jeweils der Durchschnitt der drei äußeren Zahlen.

27 – 27
Die Summe der Zahlen in den beiden oberen Segmente – beim linken Kreis dividiert durch 2, beim mittleren durch 3 und beim rechten durch 4 – ergibt jeweils die Zahl im unteren Segment.

28 – 2
Teilen Sie das Gitter in gleich große Quadrate. Darin geht es von links nach rechts reihenweise immer 3 Buchstaben im Alphabet weiter. Gegenüber dem Viertel oben links ist man in gleichen Feldern oben rechts 2 Buchstaben weiter, unten links um 3 und unten rechts 4 Buchstaben.

29 – 5
Die Summen der Werte im linken und mittleren Kreis oben finden sich in entsprechenden Segmenten des linken unteren Kreises, die Differenzen der Werte im mittleren und rechten oberen Kreis im rechten unteren Kreis.

30 – 22
Addiert man von links nach rechts die Zahlen in den beiden ersten Feldern und subtrahiert 4, erhält man jeweils die nächste Zahl.

LÖSUNGEN

TEST 11

1 – F
In allen Rasterfeldern bilden die schwarzen Punkte Polygone (Vielecke) aus Geraden. Deren Anzahl steigt vom Polygon oben links bis zum Polygon unten rechts jeweils um 1 (von 3 auf 8).

2 – D
Auf jeder Anzeige ist die Summe der Ziffern 8.

3 – F
Die Summe der Zahlenwerte aller Buchstaben in der Reihe steigt von oben nach unten jeweils um 2 (von 12 auf 20).

4 – 32
Bei allen Dreiecken ergibt die Summe der beiden unteren Zahlen, multipliziert mit der oberen Zahl, die Zahl im Zentrum.

5 – G
Die Zahlenwerte von Buchstaben in gegenüberliegenden Segmenten des Kreises haben immer die Summe 16.

6 – H
Von oben nach unten bilden die Buchstaben Paare. Der Zahlenwert des ersten Buchstabens ist 2-stellig, die Summe der beiden Ziffern ist der Zahlenwert des nächsten Buchstabens. Ebenso beim zweiten und dritten Buchstabenpaar.

7 – 71
Die Quadratzahlen von 36 bis 121 stehen untereinander, aber bei der zweiten Zahl wurden 10 abgezogen, bei der dritten 20, dann 30 usw.

8 – T
Vom Kreis unten links aus geht es im Uhrzeigersinn jeweils 2, 3, 4, ... Buchstaben im Alphabet weiter.

9 – 1
Die Zahl unten in der Reihe ist jeweils die obere minus die mittlere.

10 – V
Vom äußeren Segment oben links aus geht es im Uhrzeigersinn abwechselnd innen und außen immer 5 Buchstaben im Alphabet weiter, vom inneren Segment oben links aus, ebenfalls abwechseln außen und innen, immer 6 Buchstaben.

11 – 849
Wird zur oberen Zahl 1 addiert und das Ergebnis mit 3 multipliziert, erhält man jeweils die nächste Zahl.

12 – 6
Liest man jede Reihe als 4-stellige Zahl, hat man, von oben nach unten, die Kubikzahlen von 13, 14, 15 und 16.

13 – 8
Die untere Zahl in jeder Spalte erhält man, indem man zur Summe der beiden oberen Zahlen noch 1 addiert.

14 – L
Vom A im Segment links oben aus geht es in abgewandelter Form im Uhrzeigersinn weiter im Alphabet: Es folgt jeweils der übernächste nicht mit geraden Linien geschriebene Buchstabe.

15 – 1
Sowohl die vier Zahlen an den Ecken des Quadrats als auch die vier Zahlen auf der Mitte der Geraden haben die Summe 21.

16 – Der Stundenzeiger weist auf die 4. Die Summe der von beiden Zeigern angezeigten Zahlen ist bei jeder Uhr 12.

17 – Y
Die Zahlenwerte der Buchstaben sind Vielfache von 5 (von links: 5, 10, 14, 20, 25).

18 – M
Addieren Sie die Zahlenwerte der beiden obersten Buchstaben, und setzen Sie den Buchstaben mit dem Zahlenwert der Summe darunter usw.

19 – 4
Addieren Sie die jeweils vier Zahlen in gleichen Segmenten der vier Quadrate. Die Summe der Zahlen in den linken Segmenten ist 20, in den oberen 22, in den rechten 24 und in den untern 26.

20 – 22
Im Kreis wiederholen sich zwei Abfolgen. Vom Segment ganz links aus geht es im Uhrzeigersinn in jedem zweiten Segment weiter: Zur ersten Zahl wird 1 addiert, dann 2, 3 und 4. Auch vom zweiten Segment aus geht es jeweils im übernächsten weiter: Zur Zahl wird 3 addiert, dann 4, 5, dann 6.

21 – D
Vom Kreis oben links aus weiter in Z-Form erhöht sich der Zahlenwert der Buchstaben um 6, dann 7, dann 8 usw.

22 – 22
Lesen Sie jede Reihe als mehrstellige Zahl. Die mittlere (3-stellige) Zahl ist das Produkt der oberen und der unteren (2-stelligen) Zahl.

23 – 13
Verdoppeln Sie den Wert jeder einzelnen Zahl in den beiden oberen Kreisen, subtrahieren Sie anschließend 3, und notieren Sie das Ergebnis im entsprechenden Segment des unteren Kreises.

24 – 6
Die Zahlen in der ersten, zweiten und dritten Reihe sind jeweils der Durchschnitt der Zahlen in den beiden Feldern direkt unter ihnen.

25 – O
In der obersten Reihe addieren Sie zum Zahlenwert des ersten Buchstabens (von links) 3 und haben den Wert des nächsten Buchstabens, dann 4, dann 5. In der zweiten Reihe addieren Sie 5 zum ersten Buchstaben, dann 6, dann 7. In der dritten Reihe addieren Sie 7, dann 8, dann 9, in der untersten 9, dann 10, dann 11.

26 – O
In jedem Diagramm ist der Zahlenwert des Buchstabens im unteren Feld der Durchschnitt der Zahlenwerte der Buchstaben in den beiden oberen Feldern.

27 – 2
Lesen Sie jede Reihe des Diagramms als 3-stellige Zahl. Addieren Sie die obere und die mittlere Reihe: Das Ergebnis ist die untere Reihe.

28 – Y
Teilen Sie das Gitter in 4 je 3x3 Waben große Viertel. Es geht jeweils von oben links aus im Uhrzeigersinn spiralförmig zur Mitte, immer 2, dann 3, dann 4 ... Buchstaben im Alphabet weiter.

29 – 1: Q
2: D
Im oberen Oval gibt es Buchstaben mit geraden, im unteren Oval Buchstaben mit ungeraden Zahlenwerten.

30 – 1
Addieren Sie jeweils die linke und die rechte Zahl in der Reihe, und subtrahieren Sie 2. Das Ergebnis ist die Zahl in der Mitte.

LÖSUNGEN

TEST 12

1 – B
Die Summen der Zahlenwerte des oberen und unteren Buchstabens und der des linken und rechten Buchstabens sind jeweils gleich.

2 – E
Die unterste Zahl in der Spalte ist immer die Summe der beiden oberen minus die beiden unteren Zahlen.

3 – F
Addieren Sie die Zahlenwerte der beiden Buchstaben in den äußeren Segmenten: Der Buchstabe mit dem Zahlenwert der Summe steht im inneren Segment, das im Uhrzeigersinn folgt.

4 – Z
In jeder Reihe ist die Zahl in der Mitte das Produkt der Zahlenwerte der beiden Buchstaben.

5 – Y
Von ganz links aus geht es im Uhrzeigersinn von Oval zu Oval jeweils 10 Buchstaben im Alphabet weiter.

6 – 8
Addieren Sie bei jedem Gitter jeweils die obere und die untere Zahl in der Spalte: Das Resultat ist die Zahl in der Mitte der entsprechenden Spalte im Gitter darunter (für die oberen Gitter) bzw. im Gitter darüber (für die unteren Gitter).

7 – 5
Bei jedem Stern ist die Zahl im Zentrum die Differenz der Summe der drei oberen Zahlen und der Summe der drei unteren Zahlen.

8 – F
Wandeln Se bei jedem Diagramm die Buchstaben in ihre Zahlenwerte um. Lesen Sie jeweils die oberen und die unteren beiden Werte als 2-stellige Zahlen. Das Produkt dieser beiden Zahlen ist die 3-stellige Zahl in den Feldern der mittleren Reihe.

9 – 4
Lesen Sie in beiden Diagrammen die oberen und die unteren beiden Ziffern als 2-stellige Zahlen. Das Produkt beider Zahlen ist die Zahl an der Spitze.

10 – X
Bei jedem Dreieck geht es von ganz links im Uhrzeigersinn spiralförmig zur Mitte weiter im Alphabet: beim linken Dreieck jeweils 6 Buchstaben, beim mittleren 7 und beim rechten Dreieck 8 Buchstaben.

11 – 4
Zieht man jeweils von der Summe der linken und der rechten Zahl in der Reihe 3 ab, erhält man die Zahl in der Mitte.

12 – B
Von links nach rechts geht es, Spalte für Spalte, von oben nach unten, immer wieder jeweils 2, dann 4, dann 6, dann 8 Buchstaben im Alphabet weiter.

13 – 4
Die Summe der vier äußeren Zahlen im Gitter ist jeweils die Zahl im Zentrum des im Uhrzeigersinn nächsten Gitters.

14 – 10
In jeder Spalte ist die Summe der Zahlen 23.

15 – 5
Addieren Sie die Zahlen in gleichen Feldern der vier äußeren Quadrate. Die Summe findet sich jeweils im direkt gegenüberliegenden Feld des inneren Quadrats.

16 – Pik-Bube
Die Spielkarten folgen zwei Mustern: Das eine legt den Wert, das andere die Farbe der Karte fest. Von oben links nach rechts, in der nächsten Reihe nach links und in der unteren wieder nach rechts, erhöht sich der Wert der Karte jedes Mal um 4. Von oben links nach unten, dann in der nächsten Spalte nach oben, in der dritten wieder nach unten usw., liegen die Karten in der Abfolge Herz – Kreuz – Karo – Pik.

17 – Y
Durch alle vier Gitter geht es in der obersten Reihe von links nach rechts, in der nächsten weiter nach links usw. jeweils 5 Buchstaben im Alphabet weiter.

18 – 6
Teilen Sie das Gitter senkrecht in zwei je drei Felder breite Spalten. Links haben Sie die Kubikzahlen von 64 bis 729, rechts die Quadratzahlen von 121 bis 256.

19 – Auf die 6
Auf dem Zifferblatt oben links ist die Summe der von beiden Zeigern angezeigten Zahlen 3. Sie erhöht mit jedem im Uhrzeigersinn weiteren Zifferblatt um 2.

20 – W
Die Zahl in der Mitte der Reihe ist jeweils die Differenz des Zahlenwerts des rechten Buchstabens und des rückläufigen Zahlenwerts des linken Buchstabens.

21 –

Kind	Mutter	Kostüm	Alter
Arno	Petra	Karotte	6
Diana	Jutta	TV-Gerät	7
Lisa	Maria	Marsmensch	9

22 – F
Die Summe der Zahlenwerte von zwei gegenüberliegenden Buchstaben ist jeweils 21.

23 – T
Von oben links aus geht es im Uhrzeigersinn 4, dann 5, 6, 7, 8, 9, 10 Buchstaben im Alphabet weiter, dann wieder 4, 5, 6 usw.

24 – C

25 – O
Vom Buchstaben im Zentrum aus geht es im oberen Dreieck im Uhrzeigersinn jeweils 9 Buchstaben im Alphabet weiter, im unteren Dreieck jeweils 7 Buchstaben.

26 – Dreißig Männer

27 – 2
In allen Diagrammen ist die Zahl im Zentrum jeweils gleich der Summe der beiden Zahlen links und rechts minus die Summe der beiden Zahlen oben und unten.

28 – J
Jeweils vom Segment oben links aus geht es zuerst im linken Kreis linksherum, weiter dann im mittleren Kreis rechtsherum, schließlich im rechten Kreis wieder linksherum, von Segment zu Segment immer wieder 3, dann 4, 5 und 6 Buchstaben im Alphabet weiter.

29 – 4
Gehen Sie bei jedem Diagramm von den beiden Zahlen links und rechts oben aus: Ihre Summe ist die mittlere Zahl oben, ihr Produkt ist die mittlere Zahl im Zentrum, ihre Differenz ist die mittlere Zahl unten.

30 – 3
Von links nach rechts wird die Summe der Augen auf den Dominosteinen abwechselnd um 3 größer und um 1 kleiner.

LÖSUNGEN

TEST 13

1 – B
Von links nach rechts und von oben nach unten wird in jedem Rasterfeld ein weiterer schwarzer Punkt zugefügt. Das Rasterfeld macht jeweils eine Vierteldrehung im Uhrzeigersinn.

2 – E
Von links nach rechts steigt der Wert der angezeigten Stunden jeweils um 1, 2, 3 und 4; der Wert der Minuten nimmt um 11, 22, 33 und 44 ab.

3 – 5
In jeder Reihe ist die Zahl im Zentrum die Differenz der Summe der übrigen geraden und der Summe der übrigen ungeraden Zahlen.

4 – V
Von der Spitze des linken Dreiecks aus geht es um die beiden anderen herum jeweils 4, 5 und 6 Buchstaben im Alphabet weiter. Dabei rücken die Buchstaben um eine Position im Dreieck weiter.

5 – 196
Vom Segment oben links aus folgen im Uhrzeigersinn die Quadrate von 11, 12, 13, 14, 15 und 16 aufeinander.

6 – M
Von oben nach unten geht es 7, dann 4, dann 7, dann 4 … Buchstaben im Alphabet weiter.

7 – 57
Von oben nach unten folgen die Quadratzahlen von 16 (4x4) bis 81 (9x9) aufeinander, aber jeweils minus 4, 8, 12 usw.

8 – 1
Wenn man das Dreieck in drei kleinere von je drei Kreisen Seitenlänge teilt, ist die Summe der jeweils drei Zahlen immer 21.

9 – D
Von links oben nach rechts, dann eine Reihe tiefer zurück nach links usw., geht es im Alphabet 5, dann 2 Buchstaben weiter, dann 5, dann 2 usw.

10 – N
Bilden Sie Buchstabenpaare, einer aus einem äußeren Segment, einer aus dem inneren Segment gegenüber. Die Zahlenwerte der beiden Buchstaben haben immer die Summe 20.

11 – 69
Verdoppeln Sie eine Zahl, und subtrahieren Sie 5: Sie haben die Zahl darunter.

12 – 5
In jeder Spalte ist die Summe der Zahlen 18.

13 – C
In jeder der drei Reihen ist der Zahlenwert des mittleren Buchstabens gleich der Summe der Zahlenwerte des linken und des rechten Buchstabens.

14 – B
Von oben links aus geht es im Uhrzeigersinn 4, dann 5, dann 6, … Stellen im Alphabet weiter.

15 – 16
Von oben links aus geht es im Uhrzeigersinn spiralförmig zur Mitte. Dabei nehmen die Zahlen abwechselnd um 7 zu und um 2 ab.

16 – Auf die 6
Vom Zifferblatt oben links aus im Uhrzeigersinn zu den anderen, rückt der Stundenzeiger 1, dann 2, dann 3 Stunden weiter, während der Minutenzeiger 10, dann 20, dann 30 Minuten zurückgeht.

17 – 10
Von links nach rechts folgen, jeweils um 1 vermindert, die Primzahlen von 2 bis 11 aufeinander.

18 – J
Von oben nach unten erscheinen die Buchstaben in alphabetischer Ordnung. Solche mit geraden Linien werden ausgelassen.

19 – Q
Vom Quadrat oben links aus geht es im Uhrzeigersinn in gleichen Segmenten der übrigen Quadrate jeweils 2 Buchstaben im Alphabet weiter. Zusätzlich macht jedes Quadrat dabei eine Vierteldrehung nach rechts.

20 – 24
Durch Addition der ersten beiden Zahlen und Subtraktion von 3 erhalten Sie jeweils die nächste Zahl im Uhrzeigersinn.

21 – G
Jeweils ein Buchstabe in der oberen und einer in der unteren Reihe liegen sich auf einer Gerade durch den Mittelkreis gegenüber. Ziehen Sie vom Zahlenwert des oberen Buchstabens den Wert des Buchstabens im Mittelkreis ab, und Sie haben den Wert des gegenüberliegenden unteren Buchstabens.

22 – Y
Von unten links aus geht es spiralförmig im Uhrzeigersinn 4, 5, 6, ... Buchstaben im Alphabet weiter.

23 – 3
Bei allen Kreisen ist die Summe der Zahlen in der linken Hälfte doppelt so groß wie die in der rechten Hälfte.

24 – E
Die Zahlenwerte der Buchstaben haben in der untersten Reihe die Summe 26, in der Reihe darüber 24, dann 22 und dann 20.

25 – X
Von unten rechts aus geht es im spiralförmig im Uhrzeigersinn jeweils 5 Buchstaben im Alphabet weiter.

26 – 11
Ermitteln Sie für jedes Diagramm den Durchschnitt der Zahlen in den beiden oberen Feldern. Addieren Sie 1 (beim Diagramm oben links), 2 (oben Mitte), 3 (oben rechts) und 4 (unten): Sie erhalten die Zahl im unteren Feld des jeweiligen Diagramms.

27 – 9
Lesen Sie jede Reihe als 3-stellige Zahl: Es sind, von oben nach unten, die Quadrate der Zahlen 11, 12, 13.

28 – P
Von oben links aus geht es spiralförmig im Uhrzeigersinn in jedem zweiten Feld jeweils 6 Buchstaben im Alphabet weiter.

29 – A: 42
B: 52
Im ersten Oval sind alle Zahlen Vielfache von 4. Im zweiten Oval sind alle Zahlen Vielfache von 3.

30 – 5
Bei jeder Reihe addieren Sie die linke und die rechte Zahl, dann addieren Sie 2, und Sie haben die Zahl in der Mitte.

LÖSUNGEN

TEST 14

1 – 156
Beginnend mit 1, ergibt die erste Zahl, verdoppelt und zu 4 addiert, jeweils die nächste.

2 – 1
In jeder Reihe ist die gerade Zahl minus die beiden ungeraden gleich 10.

3 – Auf die 4
Die Summe der von beiden Zeigern angezeigten Zahlen ist jeweils 11.

4 – C
Die Summe der Zahlenwerte der zwei Buchstaben, die sich jeweils genau gegenüberliegen, ist immer 20 (der Zahlenwert des Buchstabens im Zentrum).

5 – 5
Die Zahlen im mittleren Kreis oben sind jeweils die Summe der beiden Zahlen in gleichen Segmenten der Kreise links und rechts oben. Die Zahlen im mittleren Kreis unten sind jeweils die Differenz der beiden Zahlen in gleichen Segmenten der Kreise links und rechts unten.

6 – M
Jeweils vom Feld oben links aus geht es linksherum weiter im Alphabet: im Diagramm oben links jeweils 7 Buchstaben, im mittleren 8, im rechten 9, im unteren 10 Buchstaben.

7 – B
Von oben nach unten geht es erst 8, dann 9, 10, ... Buchstaben im Alphabet weiter.

8 – 37
Verdoppelt man von oben nach unten eine Zahl und subtrahiert 5, erhält man die nächste Zahl.

9 – K
Halbieren Sie das Diagramm senkrecht und waagerecht. In jedem Viertel geht es vom oberen linken Feld im Uhrzeigersinn in den anderen Feldern weiter im Alphabet: oben links jeweils 2 Buchstaben, oben rechts 3, unten links 4 und unten rechts 5 Buchstaben.

10 – U
Vom D aus fahren Sie außen im Uhrzeigersinn fort, dann vom N aus innen gegen den Uhrzeigersinn. Es geht immer wieder 3, 5 und 6 Buchstaben im Alphabet weiter.

11 – J
Der rückläufige Zahlenwert des unteren Buchstabens im Kreis ist immer gleich der Summe der Zahlenwerte der beiden oberen Buchstaben.

12 – B
Von links oben aus geht zuerst nach unten, in der nächsten Spalte wieder nach oben usw. Dabei geht es in jedem zweiten Feld jeweils 7 Buchstaben im Alphabet weiter.

13 – 6
In jeder Reihe ist der Zahlenwert des Buchstabens in der Mitte plus 3 gleich der Summe der linken und der rechten Zahl.

14 – 17
Die Zahl im Zentrum des Sterns ist jeweils die Differenz zwischen der Summe der geraden Zahlen und der Summe der ungeraden Zahlen an den Spitzen.

15 – R
Die Zahlenwerte von zwei Buchstaben in gegenüberliegenden Segmenten des Kreises haben immer die Summe 22.

16 – 26
Von oben links geht es nach rechts, eine Reihe darunter nach links, dann in der unteren Reihe wieder nach rechts. Die Zahlen in den Kreisen werden abwechseln um 8 größer und um 3 kleiner.

17 – A
In jedem Raster gibt es zwei Reihen schwarzer Punkte, die einen Winkel bilden. Der Winkel macht von Rasterfeld zu Rasterfeld jeweils eine Vierteldrehung im Uhrzeigersinn.

18 – H
Die Zahlenwerte der Buchstaben in den Ovalen haben, von oben nach unten, die Summen 20, 22, 24 usw.

19 – 5
Die Zahlenpaare an gegenüberliegenden Enden der Reihe haben jeweils die Summe 10.

20 – M
Vom Quadrat oben links aus geht es im Uhrzeigersinn weiter. Im Quadrat oben links ist die Summe der Zahlenwerte der vier Buchstaben 20, oben rechts 25, unten links 30 und im Quadrat unten rechts 35.

21 – D
Vom Kreis oben links aus geht es nach unten, in der nächsten Zeile nach oben und in der dritten wieder nach unten, jeweils abwechselnd 6 und 8 Buchstaben im Alphabet weiter. Nach diesem Schema geht es vom Kreis rechts unten aus nach oben, in der dritten Zeile nach unten und in der zweiten wieder nach oben.

22 – 11
Die Zahl im Zentrum des Dreiecks ist immer gleich der Summe der beiden geraden äußeren Zahlen minus die ungerade.

23 – N
In jeder Figur geht es vom Kreis oben links aus im Uhrzeigersinn weiter, jeweils so viele Buchstaben im Alphabet, wie der Zahlenwert des Buchstabens im Zentrum angibt.

25 – 5
Gehen Sie jeweils von der Spitze des Stern aus im Uhrzeigersinn weiter. Wenn Sie zwei Zahlen addieren und vom Ergebnis 2 abziehen, haben Sie jeweils die nächste Zahl.

25 – E
Von links nach rechts geht es in alphabetische Folge weiter: 8 Stellen vor, dann 2 zurück, dann 7 Stellen vor, dann 3 zurück usw.

26 – 8
Multipliziert man die jeweils die beiden unteren Zahlen miteinander und zieht vom Ergebnis die obere Zahl ab, erhält man die Zahl im Zentrum des Dreiecks.

27 – 10
Addieren Sie jeweils die linke und die rechte Zahl im Kreis, und notieren Sie die Summe im unteren Segment des nächsten Kreises.

28 – D
Auf der zweiten Uhr (von links) ist es 2 Stunden 3 Minuten später als auf der ersten, auf der dritten ist es 1 Stunde 16 Minuten früher als auf der zweiten, usw. im Wechsel.

29 – W
Vom Kreis links oben aus geht es im Uhrzeigersinn spiralförmig zur Mitte, jeweils 6 Buchstaben im Alphabet weiter.

30 – Z
Von links nach rechts sind die Buchstaben in alphabetischer Folge notiert, allerdings nur jeder zweite der aus geraden Linien bestehenden.

LÖSUNGEN

TEST 15

1 – 7
Notieren Sie das 2-stellige Produkt der oberen und der unteren Zahl in der Raute mit Buchstaben des Zahlenwerts der Ziffern.

2 – M
Die Zahlenwerte der Buchstabens sind gleich der Summe der Zahlen in der jeweiligen Spalte.

3 – I
Vom äußeren Segment oben links aus geht es außen im Uhrzeigersinn, dann innen gegen den Uhrzeigersinn um den Kreis herum, jeweils 7 Buchstaben im Alphabet weiter.

4 – 0
Die Zahl im linken Feld ist die Summe der geraden Zahlenwerte im mittleren Feld, die Zahl rechts die Summe der ungeraden.

5 – 9
Ziehen Sie vom Produkt der Zahlen in zwei benachbarten Ovalen diese Zahlen ab. Das Ergebnis ist die Zahl dazwischen.

6 – S
In der linken Spalte von oben nach unten, in der nächsten hinauf, in der dritten hinunter usw. geht es weiter im Alphabet: im Gitter oben links jeweils 5 Buchstaben, oben rechts 6, unten links 7 und im Gitter unten rechts 8 Buchstaben.

7 – 1
Berechnen Sie bei jedem Stern die Differenz der beiden Zahlen links und die Differenz der beiden rechts. Das Produkt beider Resultate ist die Zahl oben, ihre Differenz die Zahl unten.

8 – F
In jeder Figur geht es von links unten aus in Form eine N jeweils 4, 5, 6, 7, 8 und 9 Buchstaben im Alphabet weiter.

9 – 6
Berechnen Sie für jede Figur die Differenz der beiden Zahlen links und die Differenz der beiden rechts. Die Zahl oben ist das Produkt der Resultate.

10 – 43
Es geht immer in der längsten Reihe von links nach rechts, dann in der mittleren nach links, zuletzt in die Spitze: Die erste plus die zweite Zahl minus 1 ergibt jeweils die dritte.

11 – 2
Liest man jede Reihe als 3-stellige Zahl, sind es von oben nach unten die Quadrate der Zahlen von 11 bis 15, aber von rechts nach links geschrieben.

12 – 6
In jeder der fünf waagerechten Reihen ist die Summe der Zahlen in den Kreisen immer 23.

13 – 6
Die Summen der Zahlen in gleichen Feldern der vier äußeren Kreuze stehen im mittleren Kreuz, aber um eine Vierteldrehung rechtsherum versetzt.

14 – Z
Von oben nach unten, immer von links nach rechts, geht es jeweils 10, 11, 12, 13, … Buchstaben im Alphabet weiter.

15 – 9
Addieren Sie die Zahlen in gleichen Feldern der vier äußeren Gitter, ziehen Sie jeweils von der Summe 5 ab, und notieren Sie das Ergebnis im zentralen Gitter, um eine Vierteldrehung rechtsherum versetzt.

16 – Pik-Drei
Teilen Sie die Auslage senkrecht in zwei Hälften. Jeweils von der Karte oben links aus geht es nach rechts, in der mittleren Reihe nach links, in der unteren wieder nach rechts; der Kartenwert steigt in der linken Hälfte abwechselnd um 3 und um 4, in der rechten Hälfte abwechselnd um 4 und um 5. Die Kartenfarben sind, von links nach rechts abwechselnd nach unten und nach oben: Herz, Karo, Kreuz und Pik.

17 – I
Beginnen Sie im Feld ganz unten links. Im Uhrzeigersinn geht es außen herum jeweils 7 Buchstaben im Alphabet weiter. Der Buchstabe im inneren Feld ergibt sich, indem Sie die Zahlenwerte der anderen drei Buchstaben im Quadrat addieren, von der 2-stelligen Summe die 1-stellige Quersumme bilden und den Buchstaben mit dem entsprechenden Zahlenwert einsetzen.

18 – M
Mit dem zweiten Feld von rechts in der oberen Reihe beginnend, geht es im Gitter immer diagonal nach rechts unten, jeweils 5 Buchstaben weiter im Alphabet.

19 – Auf die 2

20 – C
Nehmen Sie die Differenz der beiden Ziffern im linken und die Differenz der beiden Ziffern im rechten Oval. Das Produkt der beiden Werte ist der Zahlenwert des Buchstabens im mittleren Oval.

21 –

Teilnehmer	Rang	Stil	Preis
Markus	3.	Franz.	Küchenuhr
Heidi	2.	Ital.	Geschirr
Sarah	1.	Chines.	Präsentkorb

22 – B
Von ganz oben aus geht es schräg nach rechts unten 6, dann 7 Buchstaben weiter im Alphabet. Machen Sie vom nächsten Kreis oben links aus so weiter usw.

23 – S
Vom Buchstaben oben links aus bilden die Zahlenwerte der Buchstaben im Uhrzeigersinn die Folge der Primzahlen von 2 bis 19.

24 – B

25 – A
Von links nach rechts geht es Reihe für Reihe jeweils 6, 7 und 8 Buchstaben im Alphabet weiter.

26 – 5 Jahre

27 – O
Von ganz links in der mittleren Reihe aus geht es nach rechts durch alle vier Kreuze jeweils 2, 3, 4, … Buchstaben weiter im Alphabet. Zusätzlich geht es in den einzelnen Kreuzen von oben nach unten: im ersten jeweils 2, im zweiten 3, dann 4 und im rechten 5 Buchstaben weiter.

28 – 4
Teilen Sie den linken und den rechen Kreis senkrecht in zwei Hälften. Der Zahlenwert des Buchstabens links oben im mittleren Kreis ist die Summe der Zahlen in der linken Hälfte des linken Kreises, der des Buchstabens oben rechts die Summe der Zahlen in der rechten Hälfte. Die beiden unteren Buchstaben beziehen sich entsprechend auf die beiden Hälften des rechten Kreises.

29 – J
Vom Buchstaben ganz links oben aus geht es in waagerechten Reihen von links nach rechts durch alle vier Diagramme, immer wieder 7 Buchstaben im Alphabet voran und 2 zurück.

30 – 6
Betrachten Sie die Dominosteine paarweise: Von links nach rechts ist die Differenz der Augenzahl beider Steine 4, 6, 8, 10.

LÖSUNGEN

TEST 16

1 – Y
Vom G aus geht es im Uhrzeigersinn 3, dann 4, dann 5, … Buchstaben im Alphabet weiter.

2 – V
In jedem der vier äußeren Quadrate geht es von links oberen Ecke aus im Uhrzeigersinn alphabetisch weiter: oben links jeweils 4 Buchstaben, oben rechts 5, unten links 6 und unten rechts 7 Buchstaben. Zudem nehmen die vier inneren Buchstaben den rückläufigen Zahlenwert des ursprünglichen Buchstabens an.

3 – Anker
Fernglas = 1, Anker = 3, Boje = 5

4 – 6
Von oben nach unten entsprechen die Buchstabenpaare als 2-stellige Zahlen den umgekehrten Zahlenwerten der Buchstaben, die, beginnend mit A, aus 3 geraden Linien bestehen.

5 – 1
Von links nach rechts und von oben nach unten haben die Zahlen in den Kreisen die Summen 12, 15, 18, 21, 24, 27.

6 – B
In der linken Spalte haben die Zahlenwerte der Buchstaben die Summe 20. Diese Wert erhöht sich bei jeder weiteren Spalte um 1.

7 – S
Von oben links geht es in Z-Form jeweils 5 Buchstaben weiter im Alphabet.

8 – 4
Teilen Sie das Diagramm waagerecht in zwei 5er-Gruppen. In beiden ist die mittlere Zahl oben die Summe der vier übrigen Zahlen.

9 – 110
Von links nach rechts erhält man die nächste Zahl, indem man die erste verdoppelt und 2 addiert.

10 – 4
Liest man die vier Ziffernpaare als 2-stellige Zahlen, ist die Zahl ganz oben deren Summe.

11 – 12
Die Zahl unten im Kreis ist jeweils die doppelte Differenz der beiden oberen Zahlen.

12 – 5
Die rechte Zahl in der Reihe ist jeweils die Summe der linken und der mittleren minus 2.

13 – 2
Lesen Sie die Ziffernreihen als 2- bzw. 3-stellige Zahlen: Die obere Zahl minus die mittlere ist gleich der unteren.

14 – Y
Von oben aus im Uhrzeigersinn geht es beim linken Stern jeweils 5 Buchstaben im Alphabet weiter, beim mittleren 6, beim rechten 7 Buchstaben.

15 – Q
Der Zahlenwert des unteren Buchstabens in der Spalte ist immer die Summe der Zahlenwerte der beiden oberen Buchstaben.

16 – 10
Wenn man zu den Zahlen im linken Kreis jeweils 4 addiert und den Kreis um 1 Position nach rechts dreht, hat man die Zahlen im oberen Kreis. Addiert man zu diesen jeweils 5 und dreht noch einmal, hat man die Zahlen im unteren Kreis.

17 – 30
Wird die obere Zahl in der Spalte halbiert, hat man die mittlere; wird diese verdreifacht, die untere.

18 – 281
Von oben nach unten sind die Zahlen Vielfache von 14 (112 bis 182), wobei die Ziffern von rechts nach links notiert sind!

19 – M
Von den Buchstaben im Kreis oben links aus geht es rechtsherum in gleichen Segmenten der anderen Kreise weiter, jeweils 6 Buchstaben im Alphabet. Dabei rücken die Buchstaben von Kreis zu Kreis jeweils um eine Vierteldrehung weiter.

20 – 20
Die Summe der linken und der rechten Zahl steht jeweils im linken Feld der nächsten Reihe, die Differenz im rechten Feld.

21 – 22
Die mittlere Zahl in der Reihe ist jeweils die Summe der übrigen Zahlen minus 2.

22 – Y
Von der Spitze des linken Dreiecks aus geht es oben, auf halber Höhe und unten horizontal von links nach rechts jeweils 4 Buchstaben weiter im Alphabet.

23 – 3
Die Summe der beiden unteren Zahlen in der Figur ist gleich der Summe der drei obern.

24 – Z
Von der linken unteren Spitze geht es rechtsherum weiter im Alphabet, beim linken Stern jeweils 6 Buchstaben, beim mittleren 7, beim rechten 8 Buchstaben.

25 – N
Von links nach rechts geht es 2, dann 3, dann 4, … Buchstaben weiter im Alphabet.

26 – T
Von der linken unteren Spitze geht es bei jedem Dreieck rechtsherum immer so viele Buchstaben im Alphabet weiter, wie der Zahlenwert des Buchstabens im Zentrum angibt.

27 – 6
Die untere Zahl im Kreis ist jeweils die Summe der beiden oberen plus 3.

28 – 4
Teilen Sie das Gitter in vier 5x5 Felder große Quadrate. Jedes enthält das Alphabet, wobei die im Uhrzeigersinn folgenden Quadrate jeweils eine Vierteldrehung linksherum machen.

29 – 1
Vom oberen linken Kreis aus geht es W-förmig weiter: Die Summen der jeweils vier Zahlen sind: 10, 12, 14, 16, 18.

30 – Q
Von links nach rechts geht es in jedem zweiten Kreis weiter im Alphabet: vom A aus jeweils 5 Buchstaben, vom H aus jeweils 3 Buchstaben.

LÖSUNGEN

TEST 17

1 – A
Legt man, unten wie oben, das linke und das rechte Raster übereinander, ergibt sich das mittlere.

2 – B
Addieren Sie jedes Mal 1 zu jeder Ziffer der Anzeige, und verschieben Sie die Ziffern dabei um eine Stelle nach links.

3 – O
Der Zahlenwert des Buchstabens ist jeweils die Summe der Zahlen in der Reihe.

4 – 13
Die Zahl an der Spitze ist jeweils gleich der Summe der der unteren Zahlen, geteilt durch 3.

5 – 98
Addieren Sie zur niedrigsten Zahl ihre Quersumme: Das Resultat ist die nächste Zahl im Uhrzeigersinn.

6 – 33
Die Summe der beiden ersten Zahlen minus 4 ist jeweils die nächste Zahl.

7 – B
Von oben nach unten sind die Zahlenwerte der Buchstabenpaare, als 2-stellige Zahlen, Neunfache von 9 (von 27 bis 72).

8 – V
Von oben nach unten geht es von links nach rechts jeweils 5 Buchstaben im Alphabet weiter.

9 – 13
Sie verdoppeln die linke Zahl in der Reihe und erhalten die mittlere; zu dieser addieren Sie 3 und erhalten die rechte.

10 – Y
Vom H oben links aus geht es linksherum jeweils 6, dann 7, dann 8 Buchstaben im Alphabet weiter, zunächst außen, dann innen.

11 – R
Von oben nach unten geht es abwechselnd 2, dann 3 Buchstaben im Alphabet weiter.

12 – 2
Teilen Sie das Gitter senkrecht in zwei je 2 Ziffern breite Spalten: Als 2-stellige Zahlen sind die Ziffernpaare um 1 verminderte Vielfache von 7.

13 – 11
Die obere Zahl in der Spalte plus 4 ergibt die mittlere, diese plus 6 die untere.

14 – I
Die Summe der Zahlenwerte des oberen, mittleren und unteren Buchstabenpaars ist jeweils 20.

15 – 4
Bei den Zahlen auf halber Höhe ist die mittlere Zahl die Summe der linken und der rechten, bei der oberen Reihe die mittlere Zahl unten, bei der unteren Reihe die mittlere Zahl oben.

16 – Auf die 4
Auf dem oberen Zifferblatt zeigt der Minutenzeiger auf eine um 3 niedrigere Zahl als der Stundenzeiger. Bei den rechtsherum folgenden Uhren beträgt der Unterschied 4, 5 und 6.

17 – 25
Von links nach rechts ergibt jeweils die halbierte erste Zahl plus die zweite jeweils die dritte Zahl.

18 – 6
Von oben nach unten entsprechen die Zahlen den rückläufigen Zahlenwerten der Vokale A, E, I, O, U.

19 – V
Auf den beiden Vertikalen und den beiden Horizontalen durch die Zentren der vier Quadrate geht es von oben bzw. von links aus jeweils 5 Buchstaben im Alphabet weiter.

20 – 93
Die Zahlen in den beiden ersten Kettengliedern oben ergeben, addiert und um 7 vermindert, die nächste im Uhrzeigersinn.

21 – 6
Die Zahlen in der oberen Reihe, von links nach rechts, sind mit 2 multipliziert jeweils die Zahlen in der unteren Reihe, aber von rechts nach links.

22 – U
Von oben links aus geht es im Uhrzeigersinn immer um so viele Buchstaben im Alphabet weiter, wie der Zahlenwert des Buchstabens im Zentrum angibt.

23 – 8
Die Zahlen in der linken Hälfte des Kreises unten links sind jeweils die Summe der Zahlen in gleichen Segmenten der beiden oberen Kreise. Die Zahlen in der rechten Hälfte des Kreises unten links sind jeweils die Differenz der Zahlen in gleichen Segmenten der beiden oberen Kreise. Beim Kreis unten rechts sind die Zahlen in der linken Hälfte jeweils die Differenz der Zahlen in gleichen Segmenten der oberen Kreise, die Zahlen in der rechten Hälfte jeweils die Summe.

25 – 33
Die Summe von zwei benachbarten Zahlen der unteren Reihe steht jeweils im Feld direkt darüber usw.

25 – 9
Die vier Ziffern in der Reihe stellen jeweils die 4-stelligen 3. Potenzen der Zahlen von 16 bis 19 dar.

26 – F
Die Differenz der Zahlenwerte der beiden oberen Buchstaben plus 1 ergibt den Zahlenwert des unteren Buchstabens.

27 – U
Von links nach rechts, immer von oben nach unten, geht es 2, dann 4, dann 6, dann 8, … Buchstaben im Alphabet weiter.

28 – 1
Teilen Sie das Gitter in drei jeweils 2 Felder breite Spalten, lesen Sie die Ziffernpaare als 2-stellige Zahlen. Addieren Sie jeweils zur obersten Zahl in der Spalte die Quersumme dieser Zahl, und Sie erhalten die nächste Zahl.

29 – A: 18
B: 72
Im oberen Oval müssen alle Zahlen durch 8 teilbar sein, im unteren durch 7.

30 – 5
Die mittlere Zahl in der Reihe ist die Differenz der beiden äußeren plus 2.

LÖSUNGEN

TEST 18

1 – 2
Die linke und rechte Ziffer in der Raute geben jeweils das 2-stellige Produkt der oberen und der unteren Zahl wieder.

2 – 1
Die mittlere Zahl in der Reihe ist jeweils die Summe der übrigen Zahlen.

3 – 8
Die Zahl im inneren Segment ist jeweils das Produkt der beiden äußeren Zahlen im gegenüberliegenden Segment plus 1.

4 – 5
Die beiden Zahlen außen bilden jeweils die zweistellige Summe der Zahlenwerte der drei Buchstaben in der Reihe.

5 – B
Von oben aus geht es im Uhrzeigersinn jeweils 10 Buchstaben im Alphabet weiter.

6 – 3
Teilen sie jedes Gitter in zwei je 2 Felder breite Spalten, und lesen Sie jedes Ziffernpaar als 2-stellige Zahl: Links, dann rechts von oben nach unten nimmt der Wert jeweils um 1, 12, 13, 14 und 15 zu.

7 – 11
Die Zahl im Zentrum ist jeweils die Differenz der Summe des oberen und der des unteren Zahlendreiecks.

8 – H
Addieren Sie die Zahlenwerte der oberen und der unteren Buchstaben auf beiden Säulen. Das Ergebnis ist gleich der Summe der beiden Werte in der Mitte. Deren Differenz wiederum ist gleich dem Wert im Zentrum.

9 – 2
Multiplizieren Sie die beiden Zahlen in den „Händen", addieren Sie die Zahl im „Kopf": Das 2-stellige Ergebnis bilden die beiden Ziffern in den „Füßen".

10 – F
In der oberen Reihe geht es von links nach rechts, dann in der zweiten nach links und in der dritten nach rechts jeweils 5 Buchstaben im Alphabet weiter.

11 – P
Der rückläufige Zahlenwert des Buchstabens ist jeweils die Summe der linken und der rechten Zahl.

12 – C
Vom A unten links aus geht es im Uhrzeigersinn spiralförmig jeweils 6 Buchstaben weiter im Alphabet.

13 – 0
Die Zahlen im Kreuz unten links sind jeweils die Summe der Zahlen in gleichen Feldern der beiden Kreuze oben, die Zahlen im zentralen Kreuz sind deren Produkt, die Zahlen im Kreuz unten rechts deren Differenz.

14 – 4
In jeder Spalte beträgt der Durchschnitt der Zahlen 8.

15 – P
Von oben links aus geht es durch die anderen Gittern spiralförmig im Uhrzeigersinn bis zur Mitte jeweils 2, 3, 4 und 4 Buchstaben im Alphabet weiter. Jedes Mal machen die Gitter dabei eine Vierteldrehung nach rechts.

16 – Kreuz-Neun
Die Summe der Werte der oberen und der unteren Karte minus 2 ergibt jeweils den Wert der mittleren Karte.

17 – 9
Die Zahlen im linken unteren Gitter sind jeweils die Summe der Zahlen in gleichen Feldern der beiden oberen Gitter minus 1, die Zahlen im rechten unteren Gitter deren Differenz plus 1.

18 – 19
Teilen Sie dass Gitter in vier 3x3 Felder große Viertel. Die Zahl im Zentrum ist jeweils die Summe der Zahlen an den vier Ecken.

19 – Auf die 5
Die Summe der jeweils von beiden Zeigern angezeigten Zahlen ist, vom Zifferblatt oben links aus im Uhrzeigersinn: 3, 6, 9, 12 und 15.

20 – T
Addieren Sie in jeder Reihe die Zahlenwerte der beiden linken und der beiden rechten Buchstaben. Die Differenz der beiden Summen ist der Zahlenwert des Buchstabens im Zentrum.

21 –

Leser	Buchtyp	Held	Buchumfang
Anna	Liebesroman	Peter Paul	120 S.
Bert	Krimi	Maja Mertens	250 S.
Frank	Biografie	Ilona Weiß	400 S.

22- K
Vom Kreis ganz links aus geht es im Uhrzeigersinn immer 9 Buchstaben im Alphabet weiter.

23 – 9
Auf jeder Seite ist die Summe der fünf Zahlen 25.

24 – B

25 – M

26 – Mark erhält 150 €, Patrick 450 € und Peter 900 €.

27 – 29
Addieren Sie zur Summe der der vier äußeren Zahlen beim linken Diagramm 2, beim zweiten 4, beim dritten 6, beim rechten 8, und Sie haben jeweils die Zahl im Zentrum.

28 – 1
Die Summen der Zahlen im linken und im rechten Kreis sind jeweils 2-stellige Zahlen. Die linke Summe ist in den beiden oberen Segmenten des mittleren Kreises notiert, die rechte in den beiden unteren Segmenten.

29 – 56
Wenn Sie die Zahl links mit der mittleren Zahl oben multiplizieren, erhalten Sie die mittlere Zahl darunter. Wenn Sie die rechte Zahl mit der mittleren Zahl oben multiplizieren, erhalten Sie die mittlere Zahl unten.

30 – 4
Betrachten Sie die Dominosteine paarweise. Die Augenzahl der Paare erhöht sich von links nach rechts von 5 auf 10, 15 und 20.

LÖSUNGEN

TEST 19

1 – B
In beiden Reihen gibt es im linken Raster jeweils 1, im mittleren 2 und im rechten 3 Linien schwarzer Punkte.

2 – A
Auf jeder Anzeige kommt eine Ziffer zweimal vor.

3 – Z
Von links nach rechts und von oben nach unten geht es wiederholt jeweils 6, dann 7, dann 8 Buchstaben im Alphabet weiter.

4 – Q
Von links oben aus geht es gegen den Uhrzeigersinn erst außen, dann innen um das ganze Diagramm herum jeweils 5 Buchstaben im Alphabet weiter.

5 – 3
Teilen Sie den Kreis senkrecht in zwei Hälften. Lesen Sie die Ziffern auf gleicher Höhe links und rechts jeweils als 2-stellige Zahlen: Es sind Vielfache von 9.

6 – 5
Man erhält jeweils die nächste Zahl, indem man abwechselnd 8 abzieht und durch 2 teilt.

7 – 89
Hier folgen – ohne die erste Ziffer – die Quadratzahlen von 144 bis 289 aufeinander.

8 – G
Von oben aus geht es linksherum jeweils 3, 4, 5, ... Buchstaben im Alphabet weiter.

9 – 8
Der mittlere Wert ist jeweils die Summe des linken und des rechten Werts plus 2 (oben) bzw. plus 4 (Mitte) bzw. plus 6 (unten).

10 – D
Vom H aus geht es im Uhrzeigersinn, immer von außen nach innen, jeweils 6 Buchstaben im Alphabet weiter.

11 – 38
Die oberste Zahl plus 4 ergibt die zweite, diese plus 5 die dritte, diese plus 6 die vierte usw.

12 – 0
Die Zahl ganz rechts in der Reihe ist jeweils die Summe der ungeraden Zahlen links von ihr.

13 – 3
In jeder Spalte ist die Summe der Zahlen 21.

14 – L
Vom H aus geht es linksherum jeweils 10, dann 8, 6, 4 und 2 Buchstaben im Alphabet weiter.

15 – 7
Die Summe einer Zahl an der Ecke und der beiden benachbarten Zahlen ist immer 15.

16 – Auf die 8
Von oben aus rechtsherum ist die Summe der beiden jeweils angezeigten Zahlen 5, 10, 15, 20.

17 – 17
Die zweite Zahl erhält man, indem man die erste verdoppelt, die dritte, indem man von der zweiten 5 abzieht. Wiederholung.

18 – J
Addieren Sie jeweils zur Anzahl der geraden Linien im ersten Buchstaben dessen Zahlenwert, und Sie haben den zweiten usw.

19 – F
Vom A im Quadrat oben links aus geht es in gerader Linie senkrecht nach unten, von links nach rechts. Die Buchstaben folgen alphabetisch aufeinander, überspringen dabei aber 1, dann 2, dann 3, ... Stellen.

20 – 518
Wenn man von der ersten Zahl 3 abzieht und das Ergebnis verdoppelt, erhält man jeweils die nächste Zahl im Uhrzeigersinn.

21 – E
Von oben links aus weiter in Z-Form erhöhen sich die Zahlenwerte der Buchstaben abwechselnd jeweils um 6 und um 3.

22 – E
Nehmen Sie die Zahlenwerte der Buchstaben, und lesen Sie jede Reihe als 2- oder 3-stellige Zahl. Die Zahl in der Mitte ist die Summe der oberen und der unteren.

23 – 1
Die Zahlen im Kreis oben links sind jeweils das Produkt der Zahlen in gleichen Segmenten der beiden Kreise unten, die Zahlen im Kreis oben rechts jeweils die Summe.

24 – 12
Von unten nach oben ist die Quersumme 15, 14, 13, 12.

25 – K
Von oben nach unten geht es in der ersten Spalte jeweils 5 Buchstaben im Alphabet weiter, in der zweiten 7, dann 9 und 11 Buchstaben.

26 – O
Den Zahlenwert des unteren Buchstabens erhält man jeweils, indem man die Zahlenwerte der beiden oberen Buchstaben addiert, das Ergebnis halbiert und dann 2 abzieht.

27 – 6
Senkrecht und waagerecht ist die Summe der Zahlen in der Reihe immer 15.

28 – A
Halbieren Sie das Gitter senkrecht und waagerecht. Gehen Sie bei jedem Viertel vom Feld oben links aus im Uhrzeigersinn spiralförmig weiter bis zur Mitte. Es geht in jedem zweiten Feld weiter im Alphabet: oben links jeweils 7 Buchstaben, oben rechts 6, unten links 5 und unten rechts 4 Buchstaben.

29 – A: 319
B: 424
Die Quersumme der 3-stelligen Zahlen ist im oberen Oval immer 9, im unteren 7.

30 – C
In jeder Reihe ist die Quersumme der Zahlenwerte 29.

LÖSUNGEN

TEST 20

1 – U
Die Summe der Zahlenwerte von zwei Buchstaben in gegenüberliegenden Segmenten ist immer 26.

2 – J
Vom J aus im Uhrzeigersinn durch die anderen äußeren Quadrate folgen die Buchstaben dem Alphabet, überspringen dabei immer 4 Stellen. Vom X durch die inneren Quadrate werden immer 5 Buchstaben übersprungen.

3 – 82
Addieren Sie die beiden Ziffern der oberen Zahl zu dieser selbst: Das Resultat ist die nächste Zahl. Von dieser ziehen Sie 12 ab und erhalten die dritte. So geht es abwechselnd weiter.

4 – 4
Lesen Sie jedes Zahlenpaar als 2-stellige Zahl: Das ergibt, von oben nach unten, die Quadratzahlen von 16 bis 49, aber mit vertauschten Ziffern.

5 – 1
In beiden Reihen sind die Zahlen im mittleren Kreis jeweils die Summe der Zahlen in den entsprechenden Segmenten der beiden äußeren Kreise.

6 – D
Teilen Sie das Raster waagerecht in drei Doppelreihen. Vom Kreis oben links aus geht es, abwechselnd auf und ab, nach rechts weiter im Alphabet: in der oberen Doppelreihe jeweils 5 Buchstaben, in der mittleren 6, in der unteren 7.

7 – 2
Teilen Sie das Diagramm senkrecht in drei Spalten. In jeder ist die Summe der Zahlen 17.

8 – X
Von oben links nach rechts, in der nächsten Reihe nach links, und weiter im Wechsel geht es jeweils 9 Buchstaben weiter im Alphabet.

9 – 31
Verdoppeln Sie jeweils die Zahl, und ziehen Sie 4, dann 3, dann 2, dann 1 ab, und Sie erhalten die nächste.

10 – 7
Die Addition jeder vierten Zahl im Uhrzeigersinn ergibt immer 15.

11 – 5
Die Zahl im Kreis gibt jeweils an, aus wie vielen Strichen die beiden Buchstaben bestehen.

12 – 5
In jeder Spalte ist die mittlere Zahl der Durchschnitt der beiden anderen.

13 – B
Vom J aus geht es in Form einer Sanduhr gegen den Uhrzeigersinn jeweils um 11 Buchstaben weiter im Alphabet.

14 – 14
Die Zahl im Zentrum ist jeweils die Summe der obersten und der beiden unteren Zahlen minus die Zahlen oben links und rechts.

15 – 1
Lesen Sie jede Reihe als 3-stellige Zahl. Die untere ist die Summe der beiden oberen.

16 – O
Addiert man jeweils 4 zum Zahlenwert der Buchstaben im oberen Kreis, erhält man die Buchstaben in entsprechenden Segmenten des rechten Kreises, addiert man jeweils 4, erhält man die im unteren Kreis.

17 – 21
In jeder Reihe ergibt die Summe der linken und der mittleren Zahl, verdoppelt und um 1 erhöht, die rechte Zahl.

18 – F M R
Zu geraden Zahlenwerten von Buchstaben wird jeweils 5, zu ungeraden 7 addiert. So erhält man die drei Buchstaben im nächsten Oval.

19 – L
Zu den Zahlenwerten der Buchstaben im oberen linken Kreis wird jeweils 3 addiert; das ergibt die Buchstaben in gleichen Segmenten des oberen rechten Kreises. Entsprechend ergibt die Addition von 4 die Buchstaben im Kreis unten links und die von 5 die Buchstaben im Kreis unten rechts. Alle Zielkreise machen dabei eine Vierteldrehung nach rechts.

20 – 73, 48
Ziehen Sie jeweils von der Summe der oberen beiden Zahlen 5 ab, erhalten Sie die linke Zahl des nächsten Paars. Addieren Sie 2 zur oberen linken Zahl, erhalten Sie die untere rechte.

21 – U
Reihe für Reihe von oben diagonal nach links unten geht es abwechselnd 9 Buchstaben weiter und dann 3 zurück im Alphabet.

22 – 80
Die Zahl im Zentrum ist jeweils die Differenz des Produkts der drei äußeren Zahlen und ihrer Summe.

23 – Q
Im Diagramm geht es von oben links im Uhrzeigersinn jeweils so viele Buchstaben im Alphabet weiter, wie der Zahlenwert des Buchstabens im Zentrum angibt.

24 – N
Die Summe der Zahlenwerte der Buchstaben ist bei jedem Stern 25.

25 – 1
Von links nach rechts geht es wiederholt jeweils 5, dann 3, dann 7 Buchstaben weiter im Alphabet.

26 – 9
Die Zahl im Zentrum ist jeweils die Summe der oberen Zahl und des Produkts der beiden unteren.

27 – C
Die Zahl unten im Kreis ist das Produkt des Zahlenwerts des rechten und des rückläufigen Zahlenwerts des linken Buchstabens.

28 – 5
Halbiert man das Gitter senkrecht und waagerecht, stellen die dunklen Felder jeweils die Buchstaben W, X, Y und Z dar.

29 – 3
Wir gehen immer von den beiden Kreisen unten aus: Die Summe der Zahlen in gleichen Segmenten dieser Kreise steht jeweils im gleichen Segment des linken oberen Kreises, das Produkt im mittleren oberen Kreis, die Differenz im oberen rechten Kreis.

30 – 6
Von links außen nach innen ergibt jeweils die Summe der beiden äußeren Zahlen minus 3 die nächste, von rechts außen nach innen jeweils die Summe plus 1. usw.